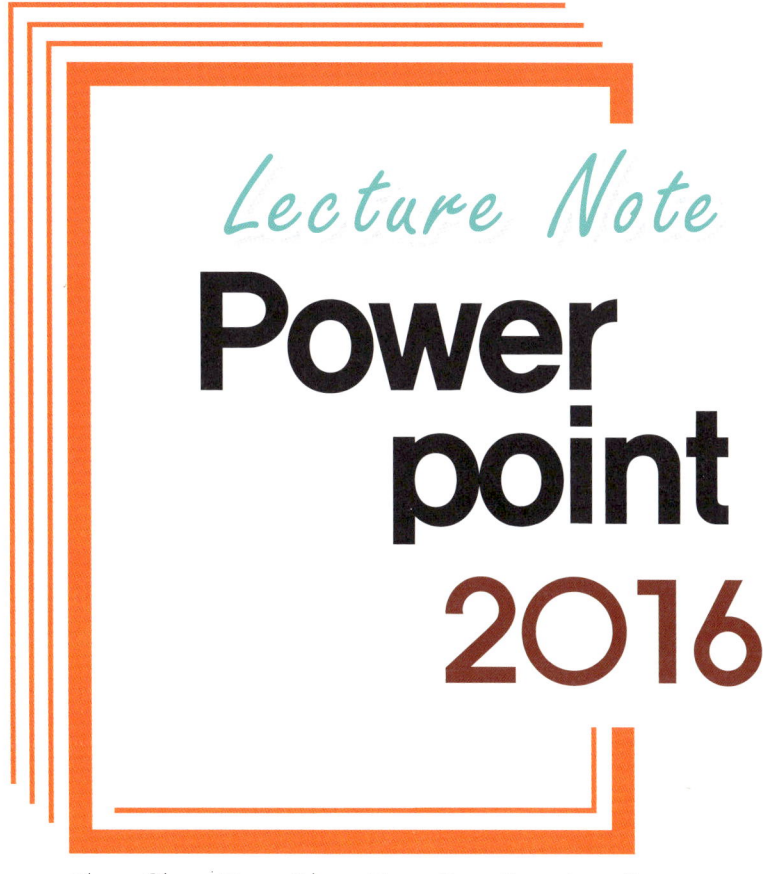

Contents

파워포인트 2016

PART 1   파워포인트 2016 기초 다지기

- **Chapter 1**   파워포인트 2016 시작하기
  - 01. 파워포인트 화면 구성 알아보기 ………………………………………… 6
  - 02. 프레젠테이션 문서 저장하기 …………………………………………… 12

- **Chapter 2**   파워포인트 슬라이드 다루기
  - 01. 텍스트 입력 및 보기 방법 알아보기 …………………………………… 17
  - 02. 슬라이드 복제/이동/삭제하기 …………………………………………… 20

- **Chapter 3**   기호 및 한자 삽입하고 글머리 기호 수정하기
  - 01. 기호 및 한자 삽입하기 …………………………………………………… 25
  - 02. 글머리 기호 변경하기 …………………………………………………… 29

- **Chapter 4**   글자 모양 및 단락 수준 변경하기
  - 01. 글자 모양 변경하기 ……………………………………………………… 33
  - 02. 목록 수준 및 간격 조정하기 …………………………………………… 36

- **Chapter 5**   WordArt 스타일로 제목 슬라이드 작성하기
  - 01. 제목 텍스트에 WordArt 스타일 지정하기 …………………………… 40
  - 02. 슬라이드에 그라데이션 배경 채우기 ………………………………… 45

- **Chapter 6**   도형 스타일을 이용한 제목 슬라이드 작성하기
  - 01. 제목 텍스트에 도형 스타일로 지정하기 ……………………………… 49
  - 02. 슬라이드 배경에 그림 삽입하기 ……………………………………… 53

- **Chapter 7**   디자인 테마를 이용한 슬라이드 작성하기
  - 01. 초간편 디자인 테마 지정하기 ………………………………………… 57
  - 02. 디자인 테마 서식 변경하기 …………………………………………… 60

- **Chapter 8**   화면 전환 효과와 슬라이드 쇼 설정하기
  - 01. 화면 전환 효과 지정하기 ……………………………………………… 64
  - 02. 슬라이드 쇼 설정하기 ………………………………………………… 67

- **Chapter 9**   프레젠테이션 문서 인쇄하기
  - 01. 슬라이드의 크기 지정 및 필요한 슬라이드만 따로 인쇄하기 ……… 73
  - 02. 유인물 슬라이드 인쇄 및 인쇄 방향 지정하기 ……………………… 77

파워포인트 2016

Contents

PART 2 파워포인트 2016 실력 다지기

- **Chapter 1** 슬라이드에 도형 삽입하기
  - 01. 도형 삽입하고 도형 서식 지정하기 …………………………… 82
  - 02. 도형의 좌우 대칭 및 그룹 설정하기 …………………………… 88

- **Chapter 2** 도형에 텍스트 입력 및 그림 삽입하기
  - 01. 눈금선을 이용하여 자유형 도형 완성하기 …………………… 94
  - 02. 그림 삽입하고 다시 칠하기 ……………………………………… 99

- **Chapter 3** SmartArt를 이용한 목록형 슬라이드 작성하기
  - 01. 텍스트 문서 작성하기 …………………………………………… 104
  - 02. SmartArt 그래픽 꾸미기 ………………………………………… 108

- **Chapter 4** SmartArt를 이용한 SWOT 분석 슬라이드 작성하기
  - 01. SmartArt로 행렬형 슬라이드 작성하기 ……………………… 112
  - 02. SmartArt 그래픽 도형의 서식 변경하기 …………………… 117

- **Chapter 5** 온라인 그림으로 수출통계 슬라이드 작성하기
  - 01. 온라인 그림 삽입하기 …………………………………………… 121
  - 02. 스크린샷을 활용하여 슬라이드 배경 만들기 ………………… 127

- **Chapter 6** 그림으로 사진 앨범 작성하기
  - 01. 사진 앨범 작성하기 ……………………………………………… 131
  - 02. 사진 앨범 편집하기 ……………………………………………… 136

- **Chapter 7** SmartArt를 이용한 조직도 슬라이드 작성하기
  - 01. SmartArt로 조직도 작성하기 ………………………………… 141
  - 02. 조직도 모양 변경하기 …………………………………………… 146

- **Chapter 8** 하이퍼링크와 실행 설정하기
  - 01. 하이퍼링크 삽입하기 …………………………………………… 150
  - 02. 실행 설정하기 …………………………………………………… 155

Contents

파워포인트 2016

PART 3 파워포인트 2016 실력 높이기

- **Chapter 1** 표를 이용한 슬라이드 작성하기
  - 01. 표 그리기 ………………………………………………………… 162
  - 02. 표 디자인 설정하기 …………………………………………… 168

- **Chapter 2** 입체 모양의 표 슬라이드 작성하기
  - 01. 표 슬라이드 작성하기 ………………………………………… 172
  - 02. 도형을 이용한 표 슬라이드 꾸미기 ………………………… 176

- **Chapter 3** 세로 막대형 차트 작성하기
  - 01. 묶은 세로 막대형 차트 작성하기 …………………………… 181
  - 02. 차트 스타일 변경하기 ………………………………………… 185

- **Chapter 4** 비율을 한눈에 원형 차트 작성하기
  - 01. 원형 차트 작성하기 …………………………………………… 191
  - 02. 원형 차트 꾸미기 ……………………………………………… 195

- **Chapter 5** 애니메이션 효과로 생동감 있는 슬라이드 작성하기
  - 01. 애니메이션 효과 지정하기 …………………………………… 200
  - 02. 애니메이션 효과 수정하기 …………………………………… 204

- **Chapter 6** 동영상 슬라이드로 청중들 시선 사로잡기
  - 01. 슬라이드에 동영상 삽입하기 ………………………………… 209
  - 02. 슬라이드에 윈도우 미디어 플레이어 삽입하기 …………… 214

- **Chapter 7** 슬라이드 마스터 작성하기
  - 01. 슬라이드 마스터에서 디자인 테마 수정하기 ……………… 221
  - 02. 슬라이드 마스터에 도형 및 페이지 번호 삽입하기 ……… 227

자료 다운로드 렉스미디어 홈페이지(www.rexmedia.net)에 접속합니다. 그런다음 [자료실]–[대용량 자료실]을 클릭한 후 렉스미디어 자료실 페이지가 나타나면 [Lecture Note] 폴더를 선택한 다음 [(Lecture Note) 파워포인트 2016.zip] 자료를 다운로드 받습니다.

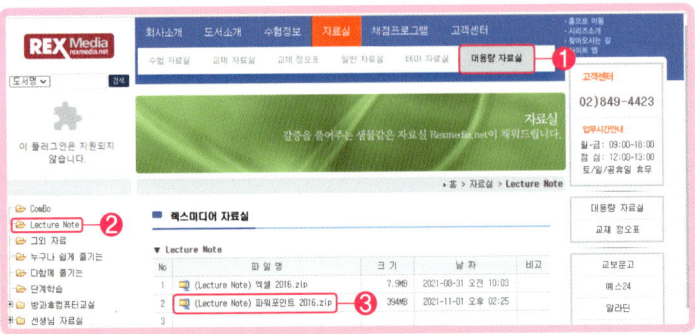

PART 01

파워포인트 2016
기초 다지기

제01장 • 파워포인트 2016 시작하기
제02장 • 파워포인트 슬라이드 다루기
제03장 • 기호 및 한자 삽입하고 글머리 기호 수정하기
제04장 • 글자 모양 및 단락 수준 변경하기
제05장 • WordArt 스타일로 제목 슬라이드 작성하기
제06장 • 도형 스타일을 이용한 제목 슬라이드 작성하기
제07장 • 디자인 테마를 이용한 슬라이드 작성하기
제08장 • 화면 전환 효과와 슬라이드 쇼 설정하기
제09장 • 프레젠테이션 문서 인쇄하기

01 파워포인트 2016 시작하기

파워포인트 2016은 사용자 위주의 인터페이스로 아이콘 및 도구, 메뉴 등을 구성하여 화려한 프레젠테이션 제작물을 손쉽게 만들 수 있습니다. 그럼 파워포인트 2016을 실행하여 화면 구성 및 저장 방법 등 기본 환경에 대해 알아보겠습니다.

Step 1 파워포인트 화면 구성 알아보기

파워포인트 2016을 사용하기 위해서는 먼저 파워포인트 2016을 실행시키고 화면 구성이 어떻게 되는지 살펴보아야 합니다. 그럼 파워포인트 2016을 실행시켜 화면 구성이 어떻게 되어 있는지 확인해보고 간단한 문서를 작성해 보겠습니다.

01 파워포인트를 실행하기 위해 작업 표시줄에서 ⊞[시작] 단추를 클릭한 후 앱 뷰에서 [PowerPoint 2016]을 클릭합니다.

02 파워포인트 2016이 실행되면 [새 프레젠테이션]을 클릭합니다.

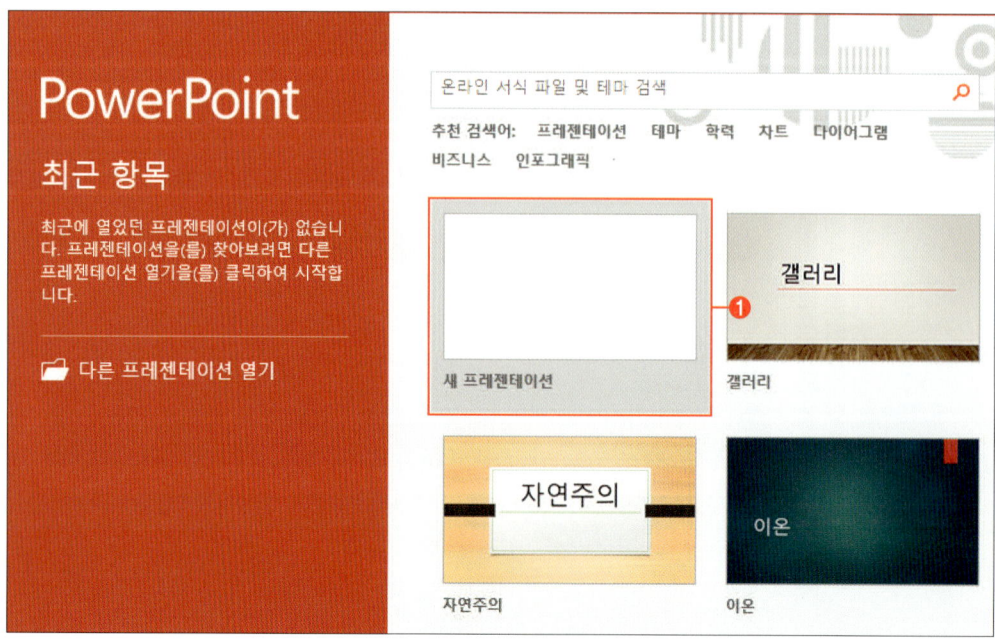

파워포인트 2016 화면 구성

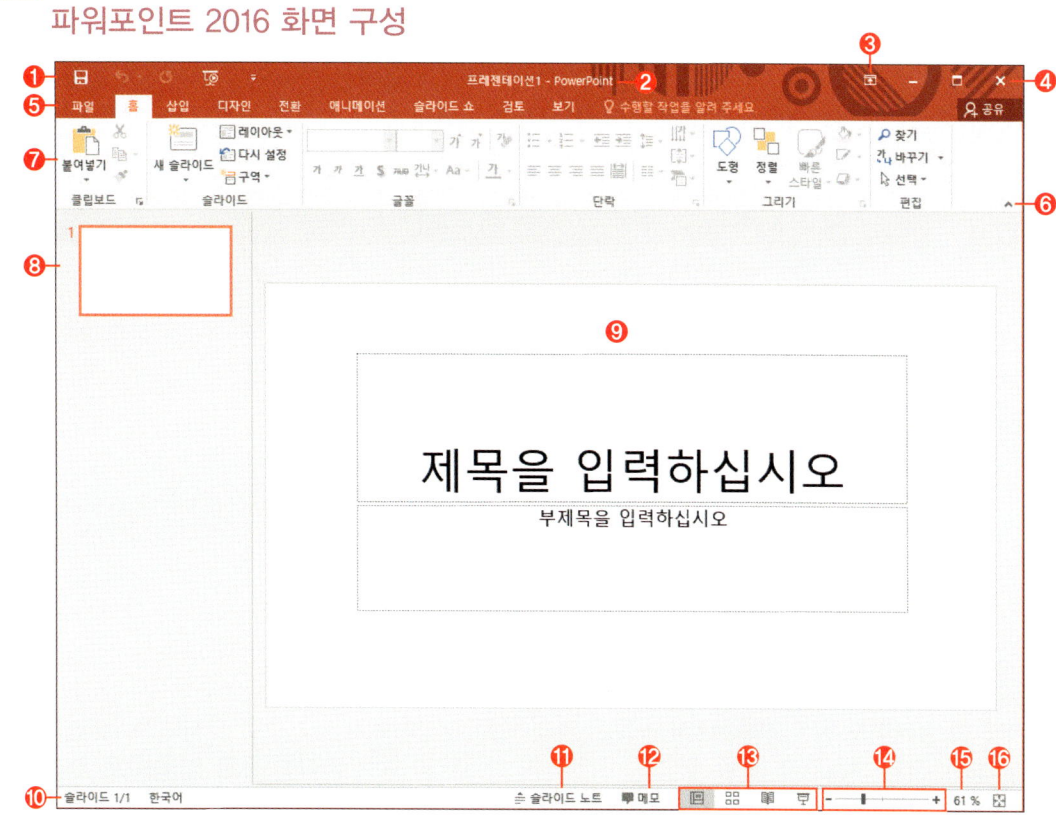

❶ **빠른 실행 도구 모음** : 자주 사용하는 명령을 빠르게 실행할 수 있도록 도구를 모아 놓은 곳입니다. [빠른 실행 도구 모음 사용자 지정]을 클릭하면 빠른 실행 도구 모음에 [저장], [취소], [다시 실행] 등을 추가하거나 제거할 수 있습니다.

❷ **제목 표시줄** : 문서의 파일 이름과 프로그램 이름(PowerPoint)이 표시되는 곳입니다. 문서를 저장하지 않아서 문서의 파일 이름이 없는 경우, '프레젠테이션1'과 같이 표시됩니다.

❸ **리본 메뉴 옵션** : [리본 메뉴 옵션]을 클릭하면 [리본 메뉴 자동 숨기기], [탭 표시], [탭 및 명령 표시]로 변경할 수 있습니다.
- **리본 메뉴 자동 숨기기** : 리본 메뉴를 숨깁니다. 리본 메뉴를 표시하려면 응용 프로그램 위쪽을 클릭합니다.
- **탭 표시** : 리본 메뉴 탭만 표시합니다. 명령을 표시하려면 탭을 클릭합니다.
- **탭 및 명령 표시** : 리본 메뉴 탭과 명령을 항상 표시합니다.

❹ **창 조절 단추** : 파워포인트 창([최소화], [최대화])을 조절하거나 파워포인트를 [종료]할 수 있는 단추입니다.

❺ **파일 탭** : [파일] 탭을 클릭하면 백스테이지(Backstage)로 전환됩니다. 백스테이지는 파일과 파일에 대한 데이터를 관리할 수 있는 곳으로 [정보], [새로 만들기], [열기], [저장], [다른 이름으로 저장] 등으로 구성되어 있습니다. 다시 기본 보기로 전환하려면 [뒤로]를 클릭합니다.

❻ **리본 메뉴 축소** : 화면이 좁아 보기 불편하다면 리본 메뉴를 축소하고 탭 이름만 표시합니다. 리본 메뉴를 다시 표시하기 위해서는 [리본 메뉴 옵션]을 클릭한 후 [탭 및 명령 표시]를 클릭합니다.

❼ **리본 메뉴** : 메뉴와 도구 모음이 하나로 통합된 메뉴입니다. [홈], [삽입], [디자인] 등의 탭으로 구성되어 있고, 탭은 서로 관련 있는 명령들을 묶어서 표시한 그룹으로 구성되어 있습니다. [추가 옵션]을 클릭하면 그룹에 표시된 명령 이외의 추가 옵션을 지정할 수 있는 대화 상자가 나타납니다.

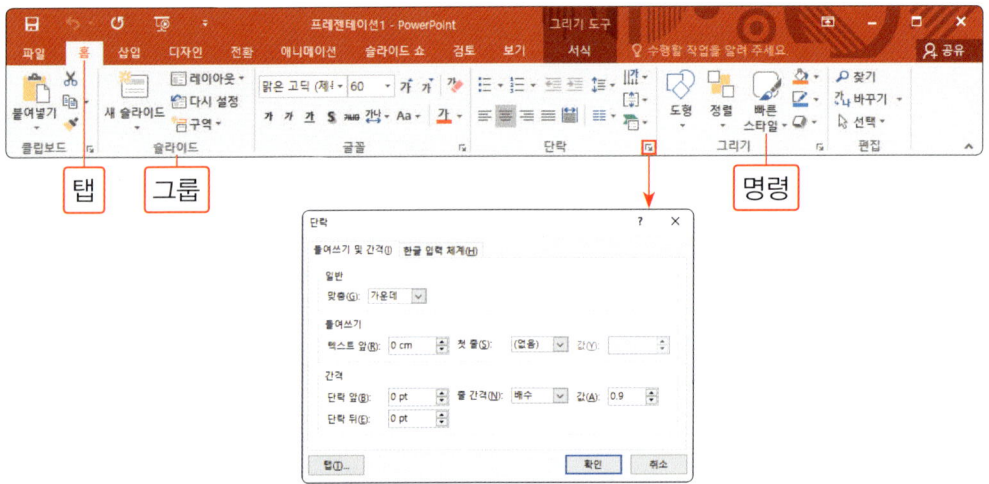

❽ **개요 및 슬라이드 창** : 프레젠테이션 문서 안의 모든 슬라이드가 순서대로 표시되며, [슬라이드] 탭은 작은 그림으로 볼 수 있고 [개요] 탭은 각 슬라이드에 입력한 제목 및 내용을 텍스트로 볼 수 있습니다.

❾ **슬라이드 창** : 슬라이드를 편집하는 영역으로 도형, 표, 차트, 그림, 비디오 등의 개체를 삽입하거나 텍스트를 입력할 수 있습니다.

❿ **상태 표시줄** : 현재 작업 중인 슬라이드의 번호, 슬라이드에 적용한 디자인 테마 파일 이름, 사용하고 있는 언어 등의 정보가 표시됩니다.

⓫ **슬라이드 노트 창** : 슬라이드 창에 표시된 슬라이드 내용에 대한 부연 설명을 입력하는 영역입니다. 이곳에 입력한 내용을 유인물 형태로 인쇄할 수 있습니다.

⓬ **메모** : [메모] 작업 창이 나타납니다.

⓭ **화면 보기 단추**
  • [기본] : 개요 및 슬라이드 창, 슬라이드 창, 슬라이드 노트 창을 모두 표시할 수 있습니다.
  • [여러 슬라이드] : 프레젠테이션 파일 안의 모든 슬라이드를 화면에 순서대로 표시할 수 있습니다.
  • [읽기용 보기] : 전체화면 슬라이드 쇼 보기가 아닌 현재 창 크기에서 쉽게 검토할 수 있도록 간단한 컨트롤이 포함된 보기 방식입니다.
  • [슬라이드 쇼] : 현재 슬라이드부터 화면 전체에 표시하는 슬라이드 쇼를 실행할 수 있습니다.

⓮ **확대/축소 슬라이더** : ➕[확대]나 ➖[축소]를 클릭하거나 [확대/축소]를 드래그하여 시트 화면의 확대/축소 배율을 지정할 수 있는 곳입니다.

⓯ **확대/축소** : 시트 화면의 확대/축소 배율이 퍼센트(%)로 표시되는 곳입니다.

⓰ **슬라이드 창 맞춤** : 슬라이드 창의 크기를 현재 작업 중인 창의 크기에 맞출 수 있습니다.

03 파워포인트 작업 화면이 표시되면 제목 슬라이드에 내용을 입력하기 위해 [제목을 입력하십시오] 부분을 클릭한 후 '파워포인트 2016 활용하기'를 입력합니다.

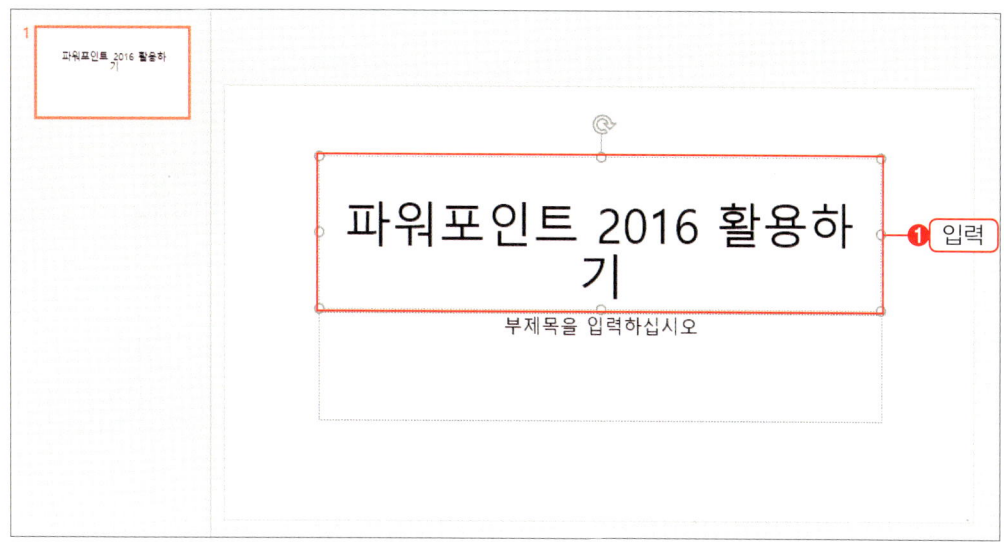

04 같은 방법으로 부제목 개체에 '렉스미디어 출판사'를 입력한 후 [홈] 탭-[슬라이드] 그룹에서 [새 슬라이드]를 클릭한 다음 [제목 및 내용]을 클릭합니다.

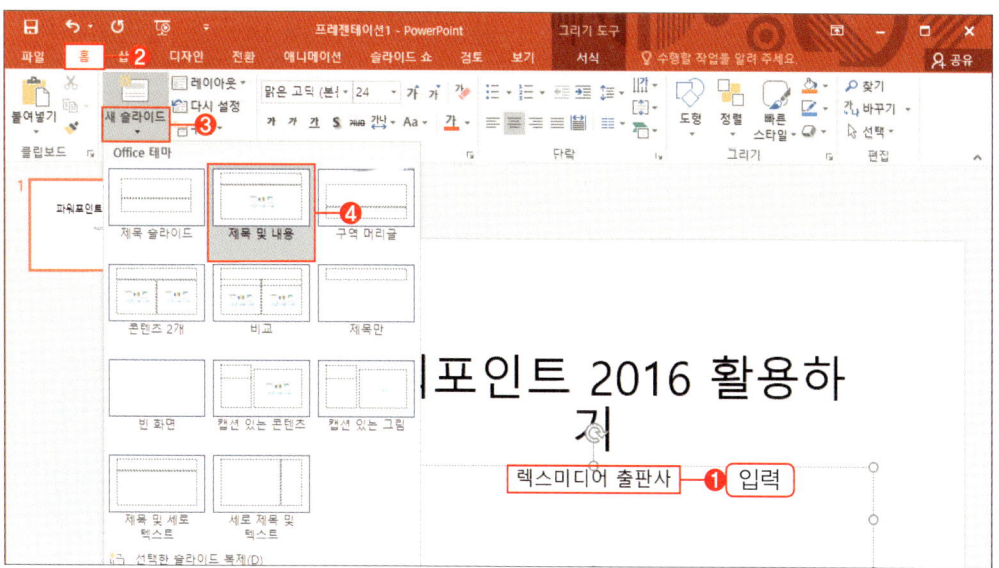

Tip

새 슬라이드 삽입 방법
- **방법1** : [홈] 탭-[슬라이드] 그룹에서 [새 슬라이드]를 클릭합니다.
- **방법2** : [개요 및 슬라이드] 창에서 마우스 오른쪽 단추를 눌러 바로 가기 메뉴의 [새 슬라이드]를 선택합니다.
- **방법3** : [개요 및 슬라이드] 창에서 슬라이드를 선택한 후 Enter를 누릅니다.

PLUS α

레이아웃 변경

파워포인트 2016의 레이아웃에는 텍스트, 표, 차트, 스마트아트, 그림, 온라인 그림, 비디오 삽입 등을 입력할 수 있는 개체 틀을 포함하고 있습니다. 슬라이드 레이아웃의 변경은 [홈] 탭-[슬라이드] 그룹에서 [레이아웃]을 클릭한 후 배치된 레이아웃 모양을 보고 원하는 슬라이드를 클릭합니다.

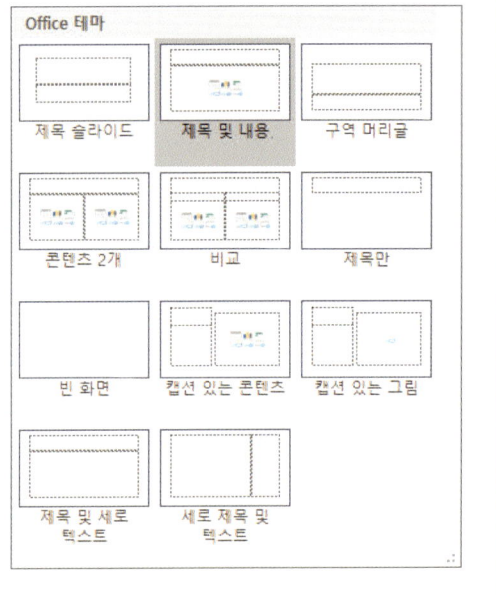

05 두 번째 슬라이드가 삽입되면 같은 방법으로 제목과 내용을 입력합니다.

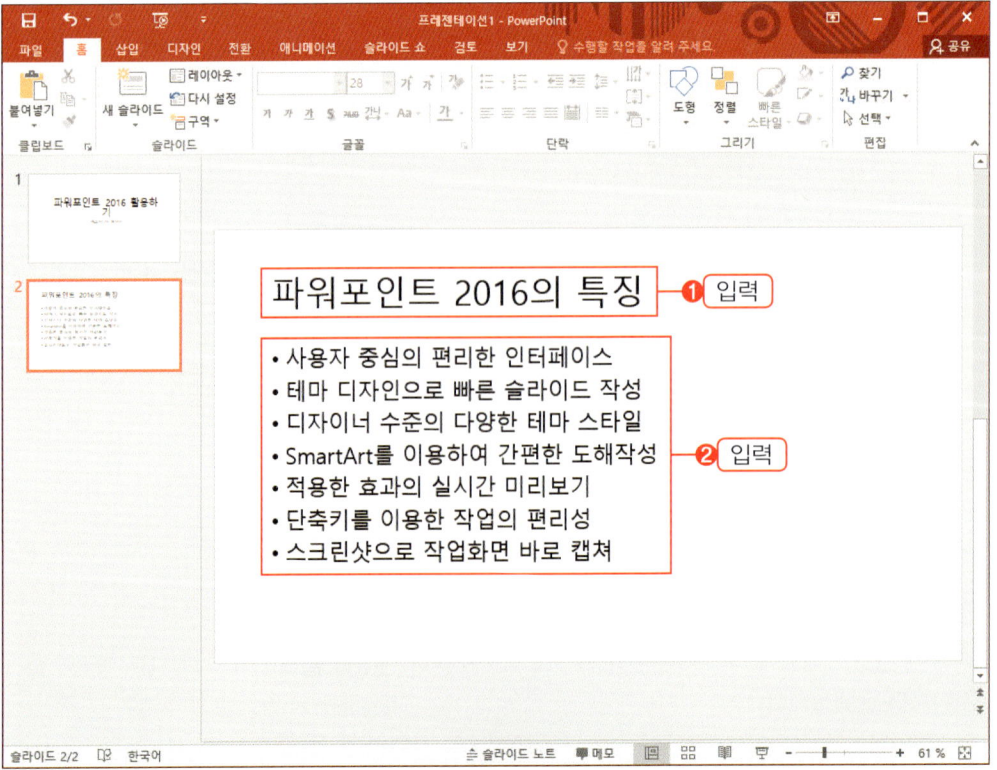

① 파워포인트 2016을 실행한 후 다음과 같이 슬라이드를 작성해 보세요.

- 제목 슬라이드

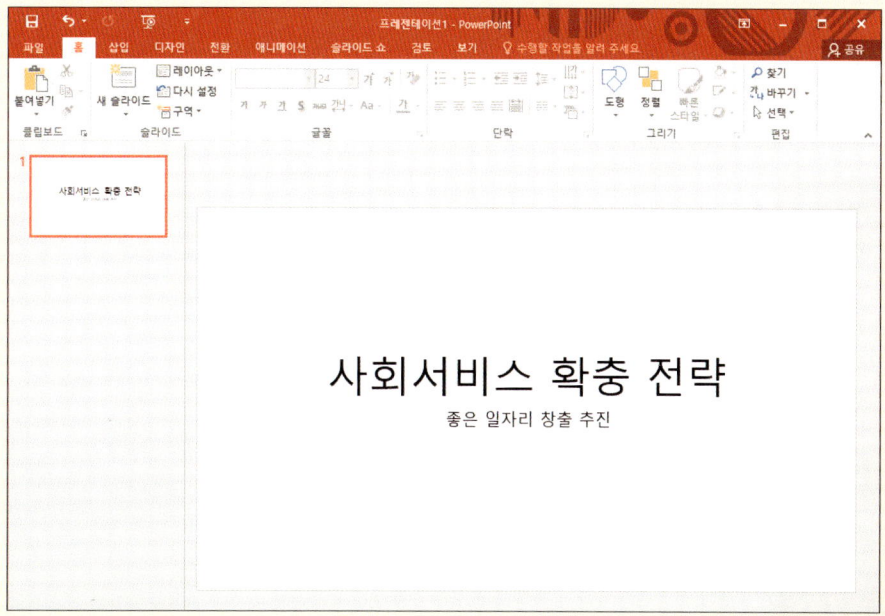

- 슬라이드 추가 : 제목 및 내용

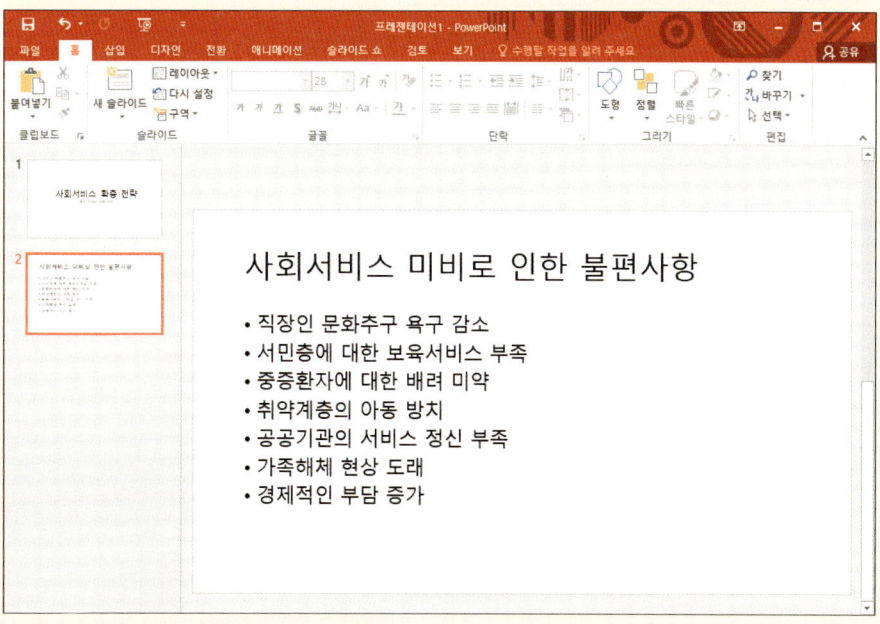

Step 2 프레젠테이션 문서 저장하기

파워포인트 2016에서 작성한 문서를 수정하거나 보관하기 위해서는 문서를 저장해야 합니다. 하지만 저장한 문서가 다른 컴퓨터의 파워포인트에서 열리지 않는 경우가 있는데 이는 버전이 낮은 파워포인트에서 열기 때문입니다. 이런 문제점을 해결하기 위해 낮은 버전에서도 열 수 있도록 저장하는 방법을 배워보겠습니다.

01 문서를 저장하기 위해 [파일] 탭에서 [다른 이름으로 저장]을 클릭한 후 [찾아보기]를 클릭합니다.

> **Tip**
>
> **저장하는 다른 방법**
> 빠른 실행 도구 모음에서 [저장]을 클릭하거나 Ctrl+S를 눌러 문서를 저장할 수도 있습니다.
>
> **빠른 실행 도구 모음**
> 사용자가 많이 사용하는 도구를 표시하며, [빠른 실행 도구 모음 사용자 지정]을 클릭하여 자주 사용하는 도구를 추가/삭제하여 사용할 수 있습니다.

02 [다른 이름으로 저장] 대화상자가 나타나면 위치(내 PC\문서)를 지정한 후 파일 이름(파워포인트 2016 활용하기)을 입력한 다음 [저장] 단추를 클릭합니다.

Tip

파일 형식

파워포인트는 다음과 같이 여러 가지 프레젠테이션 파일 형식을 지원합니다.

❶ **PowerPoint 프레젠테이션** : 컴퓨터에서 최신 버전으로 열수 있는 프레젠테이션입니다.

❷ **PowerPoint 매크로 사용 프레젠테이션** : VBA 코드를 포함하는 프레젠테이션입니다.

❸ **PowerPoint 97-2003 프레젠테이션** : 97-2003 프로그램 등 낮은 버전에서도 열 수 있게 저장합니다.

❹ **PDF** : 문서 포스트 스크립트 유지 및 파일 공유를 가능하게 하는 전자파일 형식입니다.

❺ **XPS 문서** : 문서를 최종 형식으로 변경하기 위한 새 전자 용지 형식입니다.

❻ **Office 테마** : 색 테마, 글꼴 테마 및 효과 테마의 정의를 포함하는 스타일 스트입니다.

❼ **PowerPoint 쇼** : 일반 보기가 아닌 슬라이드 쇼 보기로 열리는 프레젠테이션입니다.

03 문서가 저장되면 제목 표시줄에 저장된 파일 이름이 표시됩니다.

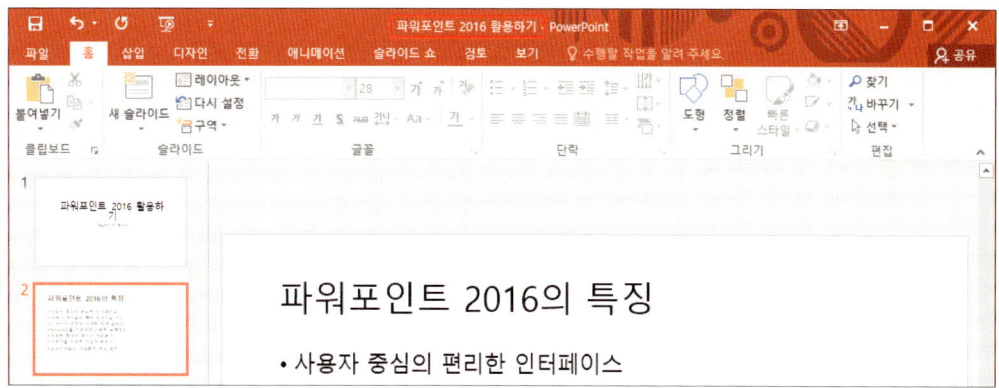

04 파워포인트를 종료하기 위해 창 조절 단추에서 ❌[닫기]를 클릭합니다.

05 파워포인트가 종료됩니다.

문서 열기

[파일] 탭-[열기]를 클릭하거나 Ctrl+O를 누르면 [열기] 대화상자가 나타납니다. [열기] 대화상자에서 위치를 지정한 후 파일을 선택한 다음 [열기] 단추를 클릭하면 문서를 열 수 있습니다.

다른 이름으로 문서 저장하기

문서를 열어서 데이터를 수정한 후 [파일] 탭-[저장]을 클릭하면 [다른 이름으로 저장] 대화상자가 나타나지 않고 기존 파일 이름으로 문서가 저장됩니다. 기존 문서를 그대로 둔 상태에서 다른 파일 이름으로 문서를 하나 더 만들려면 다음과 같이 [파일] 탭-[다른 이름으로 저장]을 클릭하거나 F12를 눌러 다른 이름으로 문서를 저장해야 합니다.

암호를 이용하여 저장하기

문서의 보안 기능으로 [파일] 탭-[저장]을 클릭 후 [다른 이름으로 저장] 대화상자에서 [도구] 단추를 클릭한 다음 [일반 옵션]을 클릭합니다.

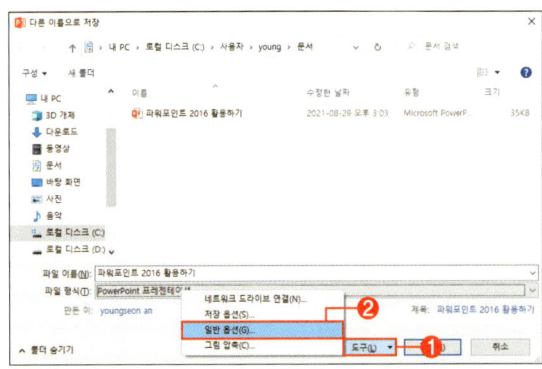

❶ **열기 암호** : 암호를 모를 경우 파워포인트 문서를 열 수 없습니다.
❷ **쓰기 암호** : 암호를 모를 경우 파워포인트 문서는 열 수 있지만 내용을 수정할 수는 없습니다.

배운 내용을 확인하는!

1 파워포인트 2016을 실행한 후 다음과 같이 슬라이드를 작성해 보세요.

- 제목 슬라이드

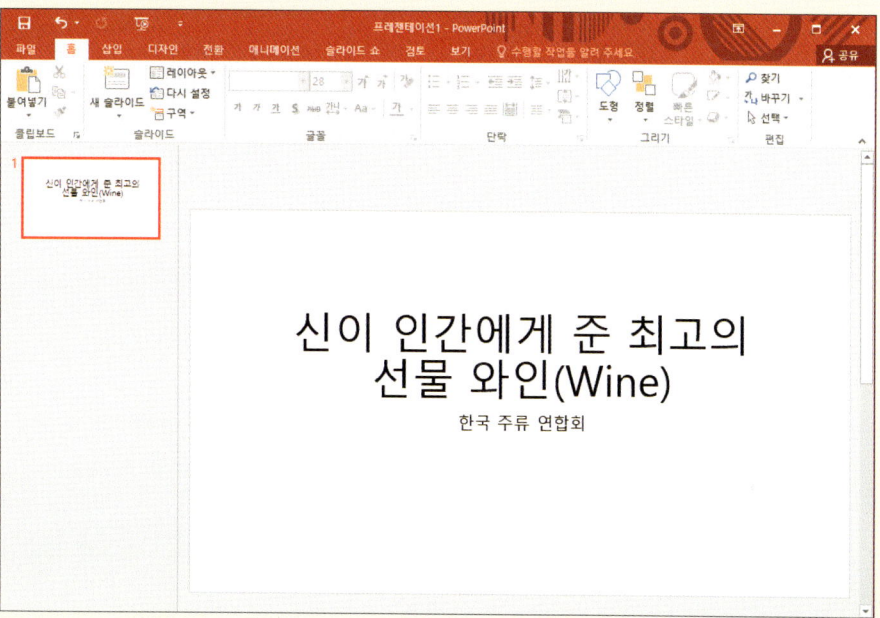

- 제목 및 내용 슬라이드

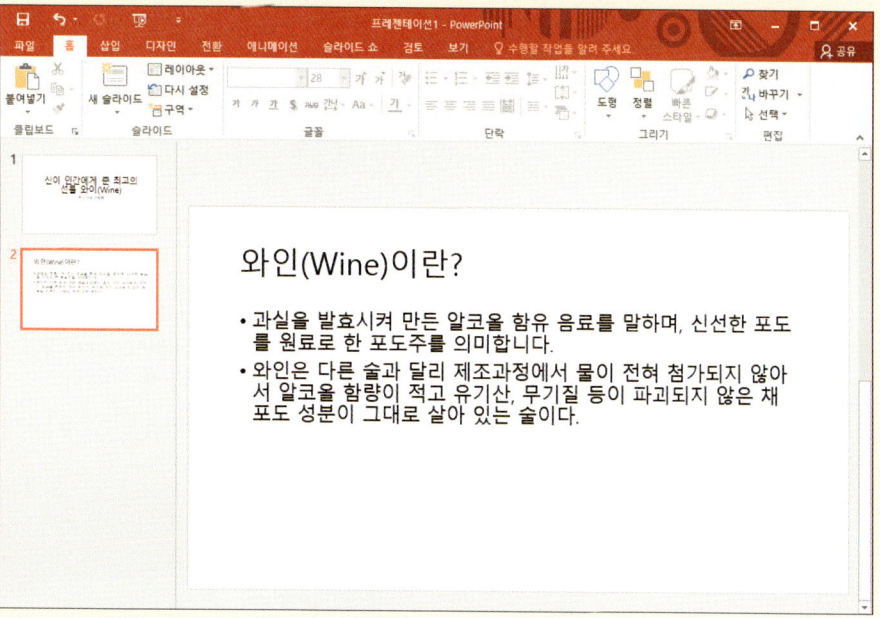

마무리 실전문제

1 파워포인트 2016에서 다음과 같이 프레젠테이션을 작성한 후 '미디어 산업의 발전'으로 저장해 보세요.

미디어(Media) 산업의 발전
한국미디어 산업 연합회

현재 미디어의 현실
- 1990년대 말부터 신문구독률과 TV 시청률이 지속적으로 하락
- 광고 수주에 있어서 전통 매체의 영향력 감소세 뚜렷
- 온라인, 케이블 TV 등 미디어 광고비는 지난 3년간 2.5배 증가
- 국내 총 광고비의 신문과 TV가 차지하는 점유율 하락 추세

2 문서를 다른 이름(미디어 산업(보안설정))으로 저장한 후 열기 암호(1234)를 지정해 보세요.

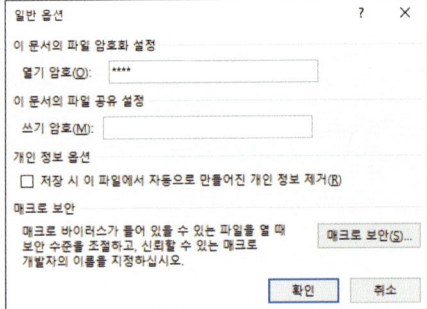

3 문서를 다른 이름(미디어 산업(낮은버전용))으로 입력한 후 파워포인트 2003 버전에서도 사용할 수 있도록 저장해 보세요.

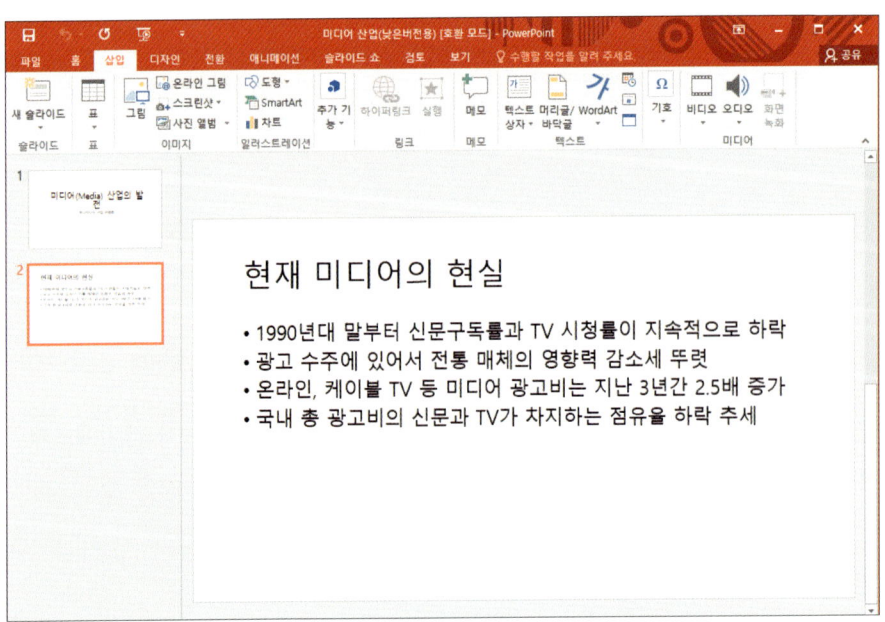

 파워포인트 슬라이드 다루기

파워포인트에서 프레젠테이션을 제작하는데 있어서 가장 기본적인 작업은 슬라이드 다루기입니다. 슬라이드란 프레젠테이션을 이루고 있는 각각의 문서로 텍스트, 도형, 그림 등의 개체를 삽입해 제작합니다. 이번 Chapter에서는 프레젠테이션을 이루는 슬라이드의 보기 방법과 슬라이드의 복사, 이동, 삭제 방법에 대해 알아보겠습니다.

Step 1 텍스트 입력 및 보기 방법 알아보기

프레젠테이션의 보기 방법은 기본 보기, 여러 슬라이드 보기, 슬라이드 노트 보기, 슬라이드 쇼 등이 있으며, 작업 상황에 따라 보기 방법을 바꿔가며 작업하는 것이 좋습니다.

01 새 프레젠테이션 문서를 다음과 같이 작성합니다.

▲ 1번 제목 슬라이드

▲ 2번 제목 및 내용 슬라이드

02 [보기] 탭-[프레젠테이션 보기] 그룹에서 [개요 보기]를 클릭합니다.

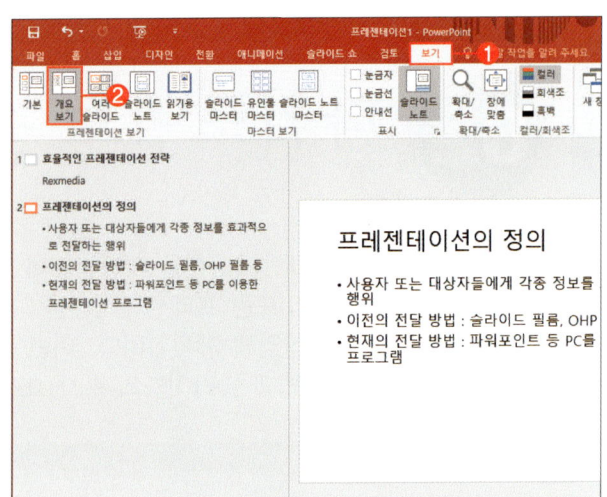

> **Tip**
>
> **[개요 및 슬라이드] 작업 창**
>
> [개요] 작업 창은 [슬라이드] 탭과 [개요] 탭이 있으며, [슬라이드] 탭은 현재 프레젠테이션 문서의 모든 슬라이드를 작은 그림으로 볼 수 있고 [개요] 탭은 각 슬라이드의 제목 및 내용을 텍스트로 볼 수 있습니다.

03 [홈] 탭-[슬라이드] 그룹에서 [새 슬라이드]의 [목록] 단추를 클릭한 후 [제목 및 내용]을 클릭합니다.

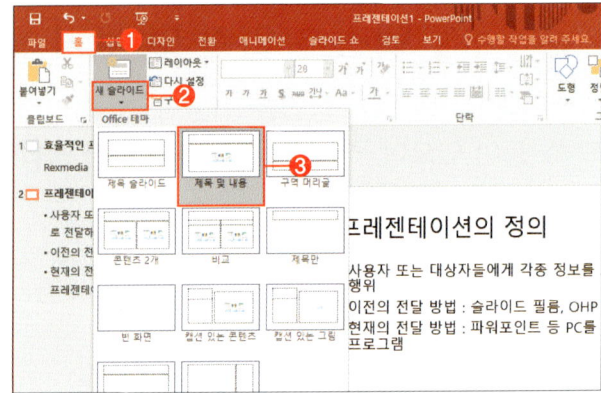

04 개요 창의 [새 슬라이드] 뒤를 클릭한 후 "프레젠테이션 전략"을 입력한 다음 Ctrl+Enter를 눌러 내용 개체 틀로 이동합니다. 내용 개체에 커서가 위치하면 다음과 같이 내용을 입력합니다.

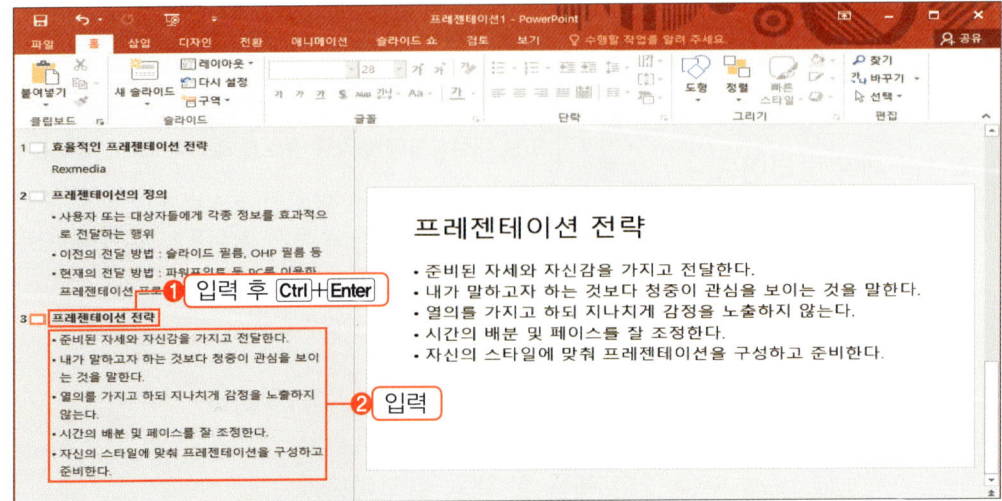

배운 내용을 확인하는!

1 새 프레젠테이션 문서를 작성한 후 "블루투스"로 저장해 보세요.

블루투스(Bluetooth)
한국 정보통신 진흥회

▲ 1번 제목 슬라이드

블루투스의 정의

- '푸른 이빨'이란 뜻으로 바이킹으로 유명한 헤럴드 블루투스의 이름에서 유래
- 사무실, 회의실, 가정 등 사용자 주변 공간 등 근거리 내에서 무선으로 서로 다른 통신장치들을 연결하도록 개발
- 블루투스를 이용한 무선 네트워크에는 TV, 노트북, 스마트폰 등의 모든 정보기기 간에 자유로운 데이터 교환이 가능

▲ 2번 제목 및 내용 슬라이드

블루투스의 역사

- 블루투스 1.0 : 초기 제품간의 상호 호환성에 문제, 익명(IP와 같은 주소 없이)의 연결에 문제점 발생
- 블루투스 1.1 : 2002년 802.15.1 IEEE 표준으로 승인, 비암호화 채널 지원
- 블루투스 2.0 : 평균 3배, 최대 10배의 전송 속도 향상
- 블루투스 3.0 : 속도를 최대 24Mbps로 향상
- 블루투스 4.0 : 2010년 6월 30일 채택되었으며, 블루투스와 블루투스 하이 스피드, 블루투스 로우 에너지를 포함한 기능을 가짐

▲ 3번 제목 및 내용 슬라이드

> **Step 2** 슬라이드 복제/이동/삭제하기

프레젠테이션 작업을 하다보면 슬라이드 단위로 추가, 삭제, 복사, 이동 등의 작업 상황이 발생하게 됩니다. 그럼 이번에는 추가한 슬라이드를 복제 및 이동하고 삭제하는 방법에 대해 알아보겠습니다.

01 여러 슬라이드를 보기 위해 상태 표시줄에서 🔡[여러 슬라이드 보기]를 클릭합니다.

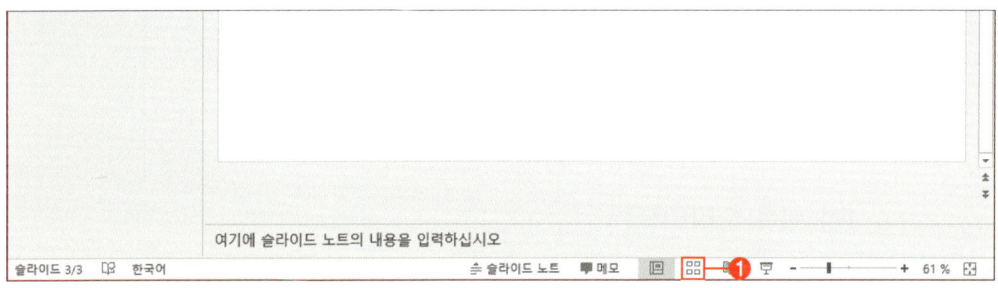

Tip

여러 슬라이드 보기
[보기] 탭–[프레젠테이션 보기] 그룹에서 🔡[여러 슬라이드]를 이용하면 프레젠테이션 문서 안에 모든 슬라이드를 표시할 수도 있습니다.

02 두 번째 슬라이드를 이동하기 위해 두 번째 슬라이드를 선택한 다음 세 번째 슬라이드 뒤로 드래그합니다.

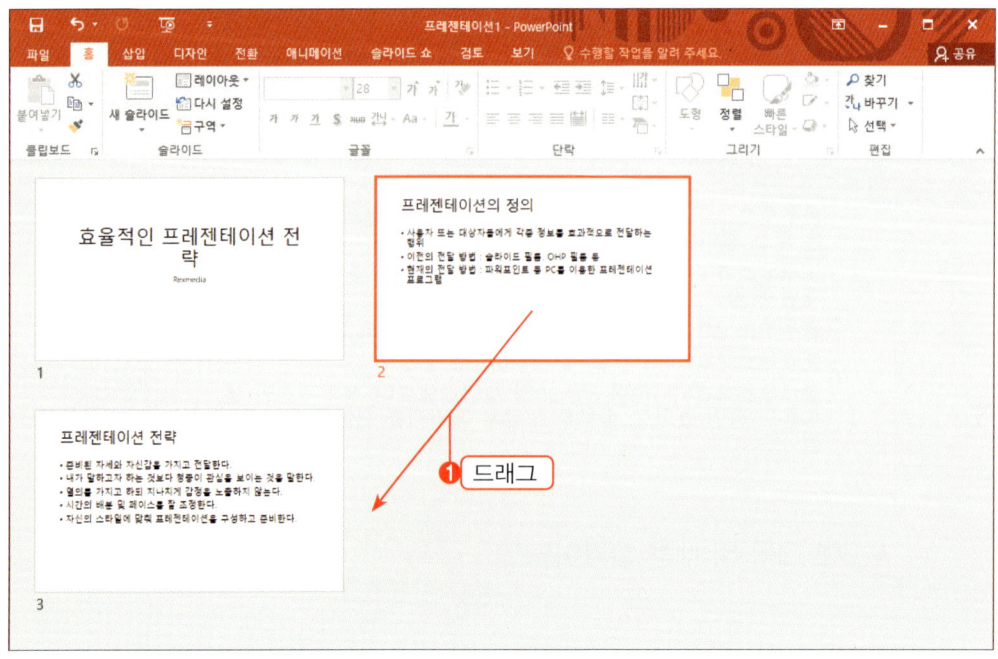

03 두 번째 슬라이드가 세 번째 슬라이드 뒤로 이동됩니다. 두 번째 슬라이드를 복제하기 위해 선택한 다음 [홈] 탭-[클립보드] 그룹에서 [복사]를 클릭합니다.

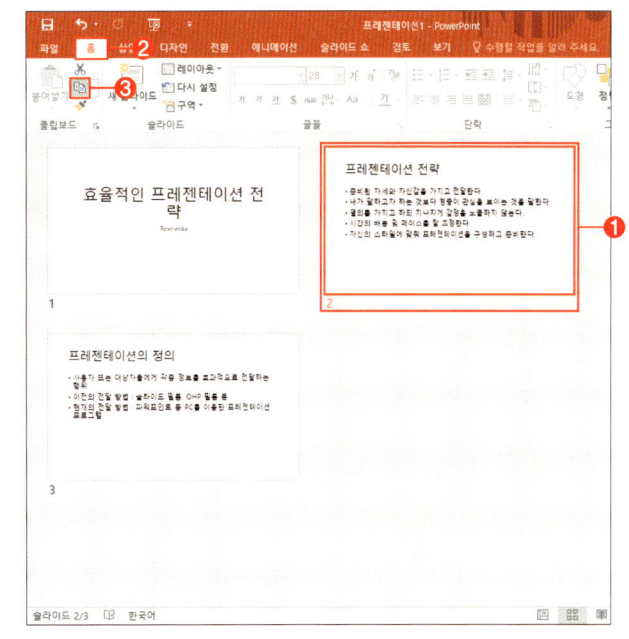

Tip

슬라이드 복제 방법
- **방법1** : [홈] 탭-[클립보드] 그룹의 [복사]를 선택한 후 붙여 넣을 위치에서 [붙여넣기]를 클릭합니다.
- **방법2** : 바로 가기 메뉴의 [복사] 또는 [슬라이드 복제]를 선택한 후 붙여 넣을 위치에서 바로 가기 메뉴의 [붙여넣기]를 클릭합니다.
- **방법3** : Ctrl + C 를 눌러 복사한 후 붙여넣을 위치에서 Ctrl + V 를 눌러 붙여넣기 합니다.

04 마지막 슬라이드 끝에 복사한 슬라이드를 붙여넣기 위해 클릭 후 [홈] 탭-[클립보드] 그룹에서 [붙여넣기]를 클릭합니다.

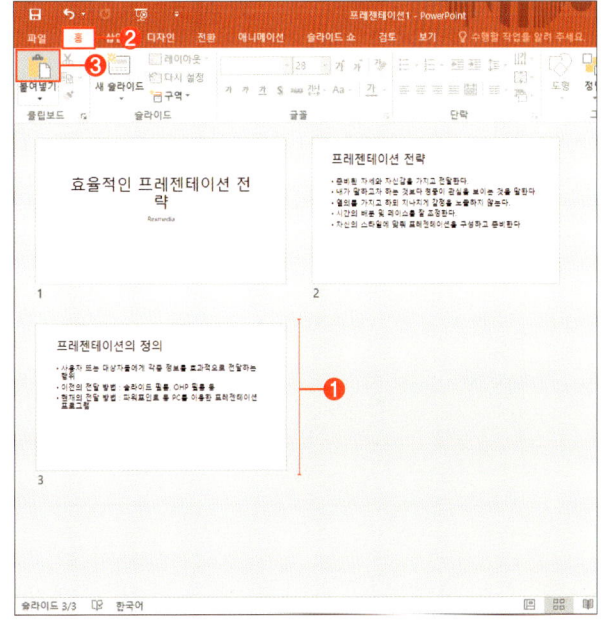

Chapter 02 파워포인트 슬라이드 다루기

05 선택한 슬라이드가 복제되어 하나 더 만들어집니다. 슬라이드를 삭제하기 위해 삭제할 슬라이드를 선택한 후 마우스 오른쪽 단추를 눌러 바로 가기 메뉴의 [슬라이드 삭제]를 클릭합니다.

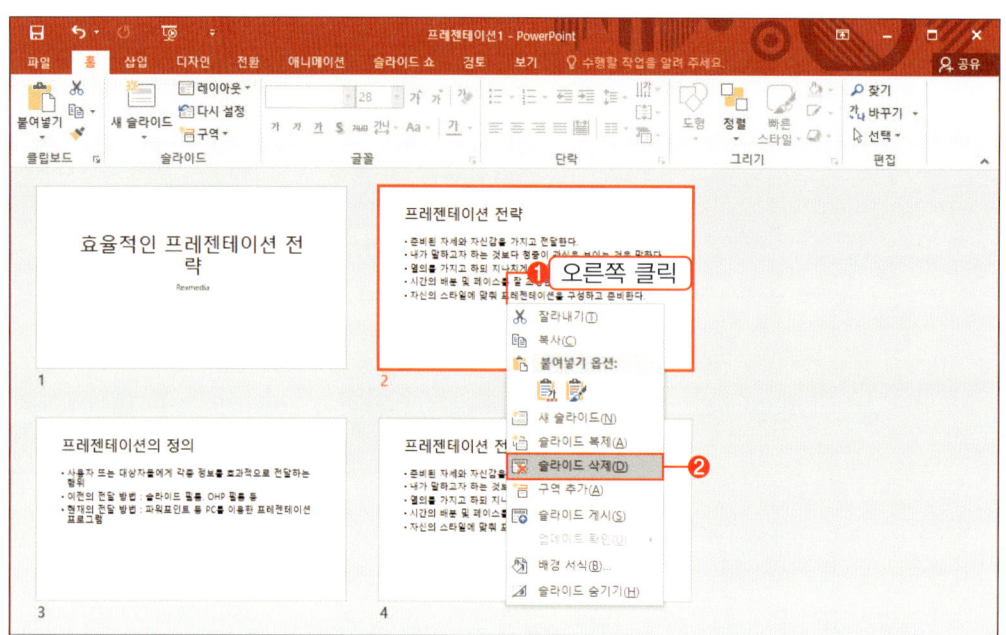

06 선택한 슬라이드가 삭제되면 [기본]를 클릭합니다.

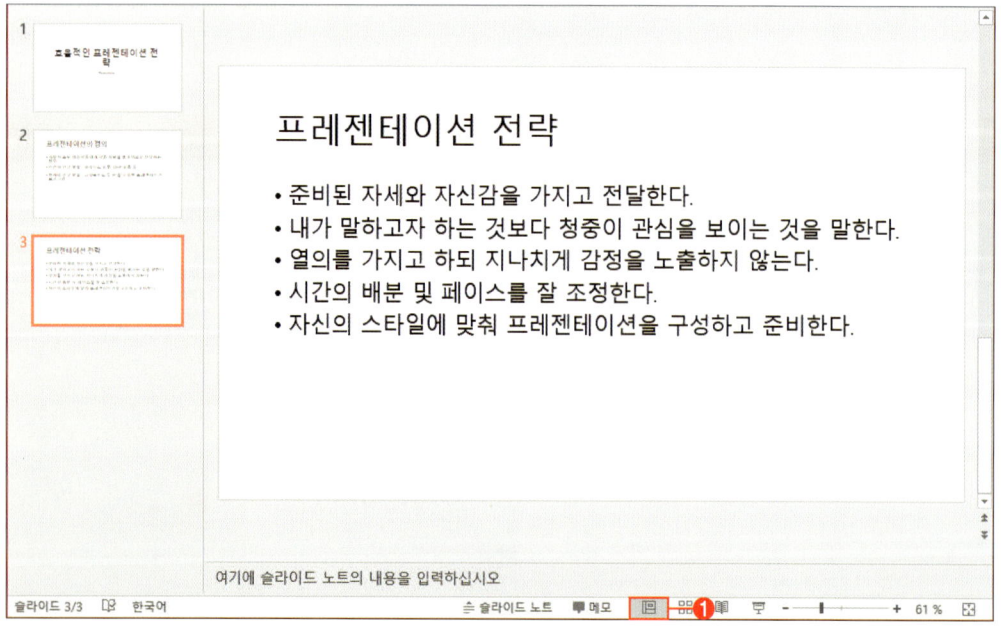

07 슬라이드가 완성되면 '효율적인 프레젠테이션 전략'으로 저장합니다.

배운 내용을 확인하는!

1 '블루투스' 파일을 열고 다음과 같이 2번 슬라이드를 복제하여 마지막 슬라이드에 붙여넣기해 보세요.

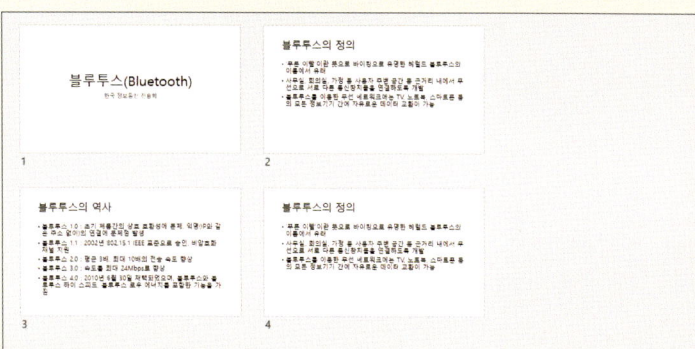

2 '블루투스' 파일에서 2번 슬라이드(블루투스의 정의)를 삭제하여 다음과 같이 만들어 보세요.

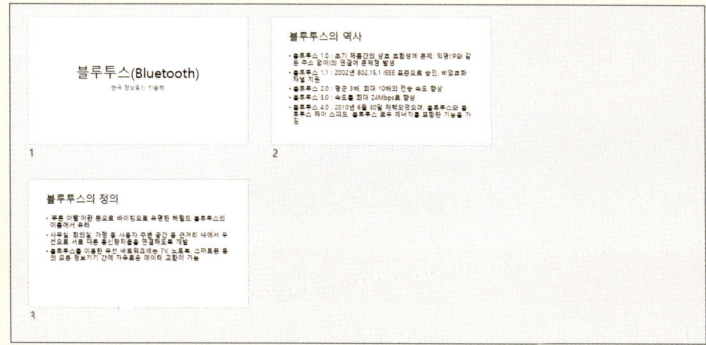

3 '블루투스' 파일에서 3번 슬라이드(블루투스의 정의)를 이동하여 2번 슬라이드 앞에 위치해 보세요.

마무리 실전문제

1 새 프레젠테이션 문서를 다음과 같이 작성한 후 '사업 계획서'로 저장해 보세요.

신규 사업 계획서
바이오 디젤(BIO DIESEL)

▲ 1번 제목 슬라이드

바이오산업의 사업성
• 미국 : 총 소비량의 50% 내외인 해외 석유 수입을 2050년까지 0%로 줄일 예정
• 유럽연합 : 2013년까지 총 에너지의 12%를 바이오에너지로 대체할 계획
• 스웨덴 : 2020년까지 석유 의존도를 0%로 줄일 계획 및 정책 수립
• 우리나라 : 석유대체연료사업법에 근거한 바이오디젤 생산 업체의 수가 증가

▲ 2번 제목 및 내용 슬라이드

사업개요 및 추진배경
• 원유 가격 인상 및 에너지 수요의 증가
  (향후 30~40년 이내에 석유 자원의 고갈)
• 화석 에너지의 환경 파괴 심각
  기후 변화(기상 이변 및 해수면의 상승 등)
• 선진국을 위주로 대체 에너지 개발 추진
• 현재 미국 및 유럽 등에서 바이오 에너지의 실제 활용

▲ 3번 제목 및 내용 슬라이드

2 다음과 같이 슬라이드의 순서를 바꾸어 보세요.

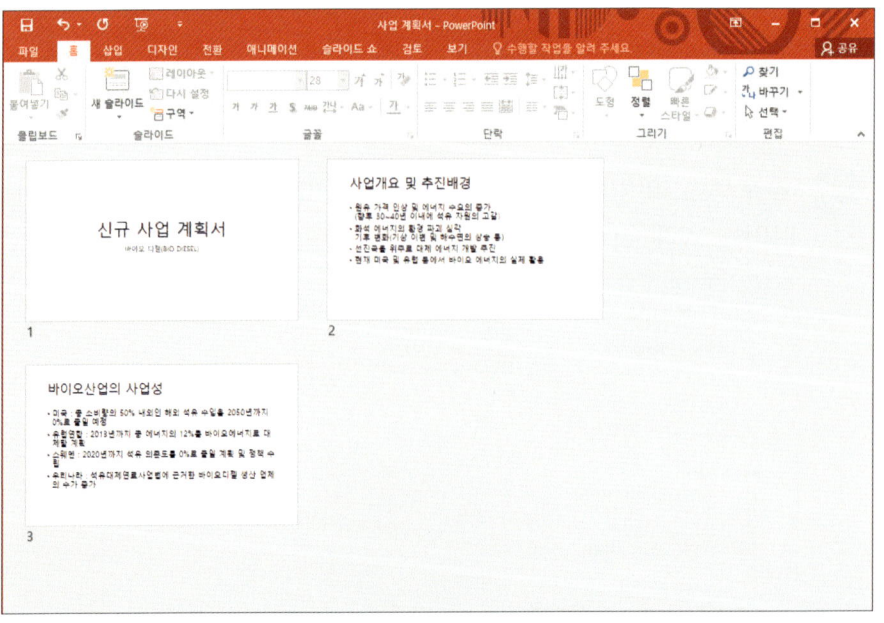

03 기호 및 한자 삽입하고 글머리 기호 수정하기

텍스트 슬라이드 내에는 한글뿐만 아니라 영문, 특수 기호 및 한자 등 여러 가지 내용이 입력되며, 단락과 단락을 구분 지을 수 있는 글머리 기호로 좀 더 내용을 쉽게 알아 볼 수 있도록 효과적인 텍스트 슬라이드를 작성할 수 있습니다.

Step 1 기호 및 한자 삽입하기

기호는 텍스트 도구로 텍스트를 입력할 수 있는 상태에서 사용할 수 있으며, 한자 변경 또한 마찬가지입니다. 그럼 이번에는 새로운 슬라이드에 기호와 한자를 삽입하는 방법에 대해 알아보겠습니다.

01 새 프레젠테이션 문서를 다음과 같이 작성합니다.

> 기후변화에 관한 기본 협약
>
> 한국 환경 연합

▲ 1번 제목 슬라이드

> 기후 변화에 관한 협약
>
> - 온실 기체에 의해 벌어지는 지구 온난화를 줄이기 위한 국제 협약이다.
> - 기후변화협약은 1992년 6월 브라질의 리우데자네이루에서 체결되었다.
> - 기후변화협약은 이산화 탄소를 비롯 각종 온실 기체의 방출을 제한하고 지구 온난화를 막는데 주요 목적이 있다.

▲ 2번 제목 및 내용 슬라이드

02 2번 제목 및 내용 슬라이드에서 기호를 삽입하기 위해 제목 앞을 클릭한 후 [삽입] 탭-[기호] 그룹에서 [기호]-[기호]를 선택합니다.

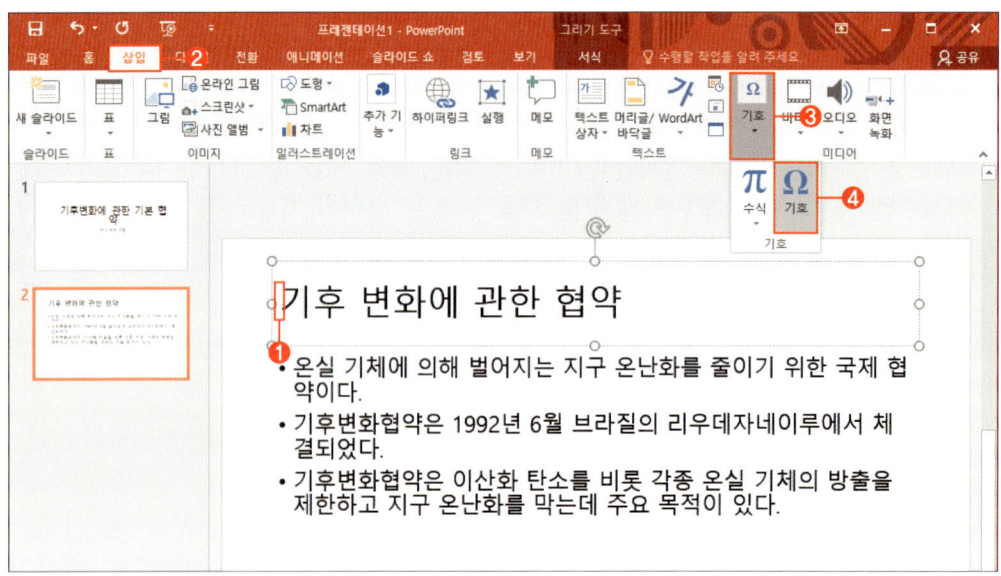

03 [기호] 대화상자가 나타나면 글꼴(Wingdings)을 선택한 후 원하는 모양의 기호를 선택한 다음 [삽입]과 [닫기] 단추를 클릭합니다.

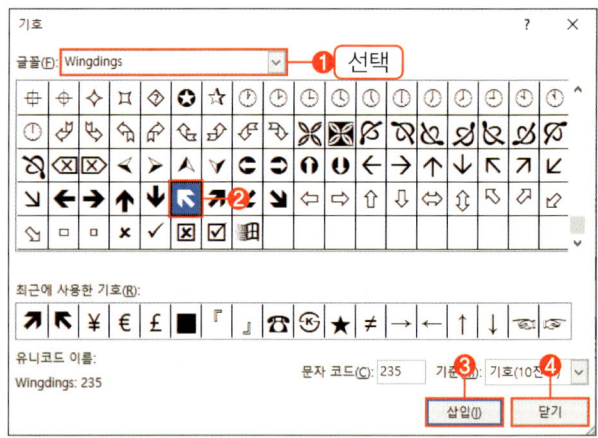

04 제목 앞에 기호가 삽입됩니다. 같은 방법으로 제목 뒤를 선택한 후 기호를 삽입합니다.

Tip

자음을 이용한 기호 삽입
한글 자음(ㄱ~ㅎ)을 입력한 후 [한자]를 눌러 기호 목록이 표시되면 삽입할 기호를 클릭하여 삽입할 수 있습니다.

05 본문 개체의 '국제' 단어의 앞이나 뒤에 커서를 위치시킨 후 [검토] 탭-[언어] 그룹에서 [한글/한자 변환]을 클릭합니다.

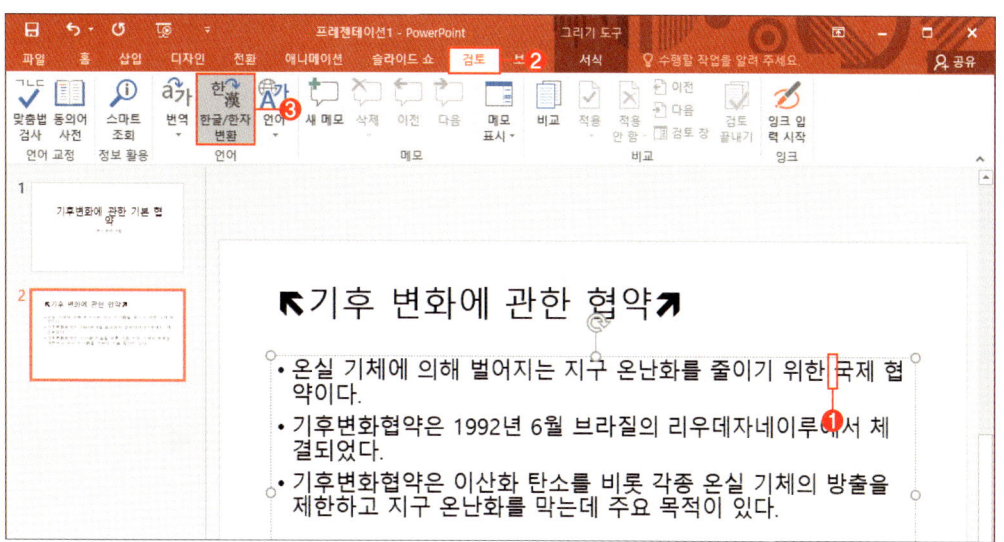

06 [한글/한자 변환] 대화상자가 나타나면 한자 선택(國際) 및 입력 형태(漢字)를 선택한 후 [변환] 단추를 클릭합니다.

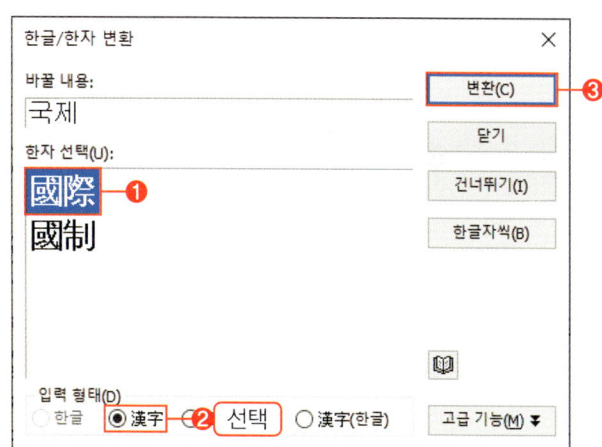

Tip

키보드를 이용한 한자 입력
한글 단어 또는 글자를 입력하고 한자를 눌러 [한글/한자 변환] 대화상자가 표시되면 원하는 한자로 변경할 수 있습니다.

07 '국제' 단어가 '國際'로 변경됩니다.
같은 방법으로 입력 형태를 변경하여 다음과 같이 한자로 변경합니다.

↖기후 변화에 관한 협약↗

- 온실 기체에 의해 벌어지는 지구 온난화를 줄이기 위한 國際 脅約이다.
- 기후변화협약은 1992년 6월 브라질의 리우데자네이루에서 체결되었다.
- 기후변화협약은 이산화 탄소를 비롯 각종 온실 기체의 방출을 제한하고 지구 온난화를 막는데 주요(主要) 目的(목적)이 있다.

Chapter 03 기호 및 한자 삽입하고 글머리 기호 수정하기

실습문제 배운 내용을 확인하는!

1 새 프레젠테이션 문서를 다음과 같이 작성한 후 '경영사례'로 저장해 보세요.

- 1번 제목 슬라이드

- 2번 제목 및 내용 슬라이드

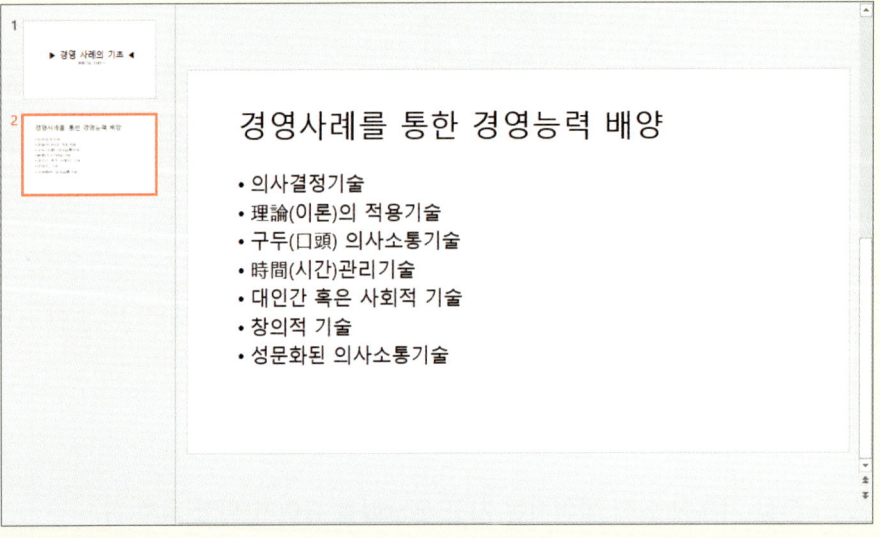

Step 2 글머리 기호 변경하기

글머리 기호는 단락과 단락을 구분 짓는 기호로 여러 가지 모양이 있으며, 사용자에 의해 원하는 글머리 기호 모양으로 바꿀 수 있습니다. 그럼 이번에는 글머리 기호를 그림으로 변경하는 방법에 대해 알아보겠습니다.

01 글머리 기호를 변경하기 위해 내용 부분을 드래그하여 블록으로 설정한 후 [홈] 탭-[단락] 그룹에서 ≡ ▾[글머리 기호]의 ▾[목록] 단추를 클릭한 다음 [글머리 기호 및 번호 매기기]를 클릭합니다.

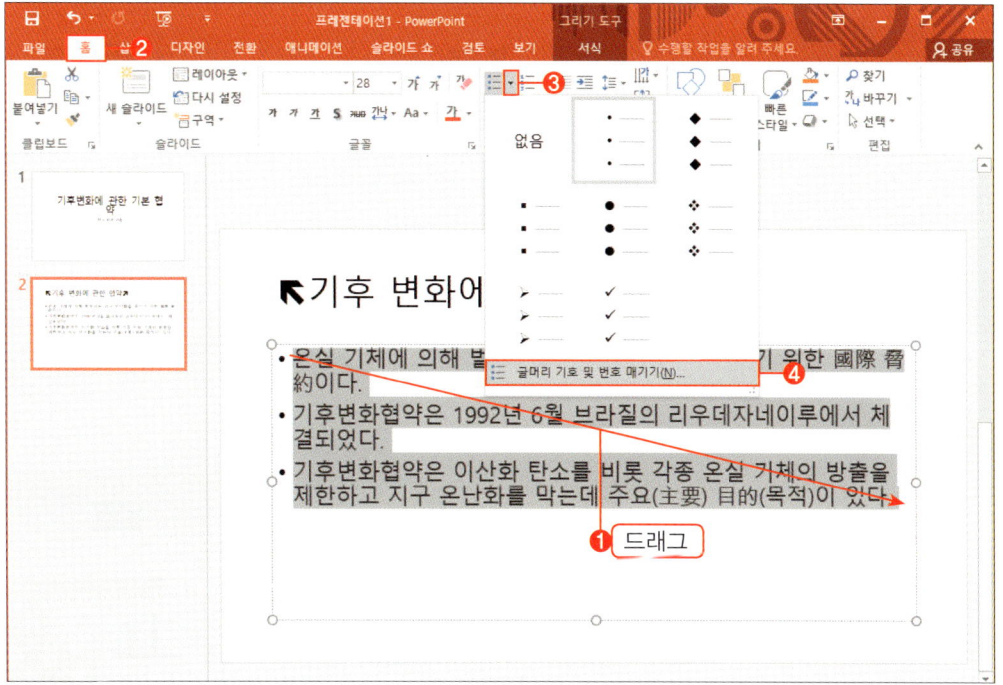

02 [글머리 기호 및 번호 매기기] 대화상자가 나타나면 [글머리 기호] 탭에서 [그림] 단추를 클릭합니다.

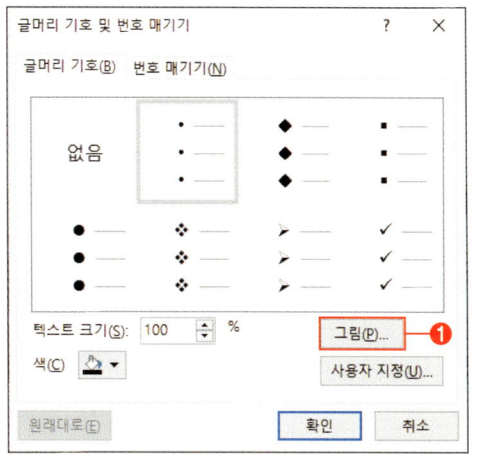

Chapter 03 기호 및 한자 삽입하고 글머리 기호 수정하기

03 [그림 삽입] 대화상자가 나타나면 [Bing 이미지 검색]을 클릭합니다.

04 bing 검색창이 나타나면 '기호'를 입력한 후 [검색] 단추를 클릭합니다.

05 그림이 검색되어 나타나면 그림을 선택한 후 [삽입] 단추를 클릭합니다.

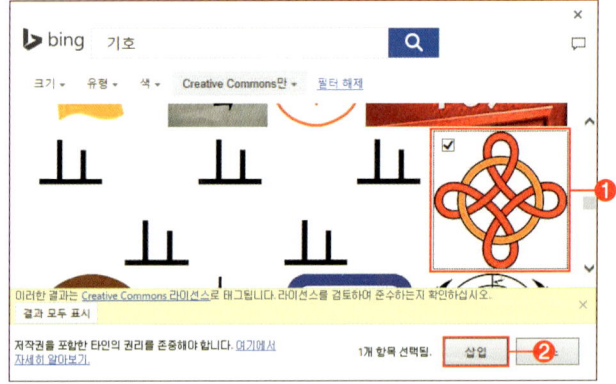

06 글머리 기호가 선택한 그림 형식의 글머리 기호로 바뀐 것을 확인할 수 있습니다.

배운 내용을 확인하는!

1 '경영사례' 문서를 열고 슬라이드를 추가한 후 글머리 기호를 수정해 보세요.

지식경영의 필수 조건
➢업무 중심의 통합 시스템
➢서비스와 고객 데이터의 효율적인 통합
➢통합 데이터를 이용한 새로운 서비스 지원
➢비용 최소화에 따른 처리 방식의 변경
➢시장 상황 및 고객 요구에 신속한 변화
➢경쟁 기업과 관계에 맞게 업무처리 변화

2 그림 글머리 기호를 이용하여 다음과 같이 슬라이드를 수정해 보세요.

• 검색 : 원

지식경영의 필수 조건
●업무 중심의 통합 시스템
●서비스와 고객 데이터의 효율적인 통합
●통합 데이터를 이용한 새로운 서비스 지원
●비용 최소화에 따른 처리 방식의 변경
●시장 상황 및 고객 요구에 신속한 변화
●경쟁 기업과 관계에 맞게 업무처리 변화

3 글머리 기호를 번호 매기기를 사용하여 다음과 같이 수정해 보세요.

지식경영의 필수 조건
1. 업무 중심의 통합 시스템
2. 서비스와 고객 데이터의 효율적인 통합
3. 통합 데이터를 이용한 새로운 서비스 지원
4. 비용 최소화에 따른 처리 방식의 변경
5. 시장 상황 및 고객 요구에 신속한 변화
6. 경쟁 기업과 관계에 맞게 업무처리 변화

마무리 실전문제

1 새 프레젠테이션 문서를 만든 후 다음과 같이 문서를 작성해 보세요.

신제품 개발 조사
중소기업 경제인 연구소

▲ 1번 제목 슬라이드

신제품 마케팅
- 신제품 마케팅의 이해
- 신제품 개발의 촉진 요인, 성공/실패 요인
- 신제품 개발에서 마케팅의 역할
- 신제품 마케팅의 절차
- 신제품 마케팅의 주요기법
- 다차원 척도법
- 컨조인트 분석

▲ 2번 제목 및 내용 슬라이드

2 다음과 같이 한자 및 목록 수준을 변경해 보세요.

신제품 開發(개발) 조사
중소기업 경제인 연구소

▲ 1번 제목 슬라이드

신제품(新製品) 마케팅
I. 신제품 마케팅의 이해
　1. 신제품 개발의 촉진 요인, 성공/실패 요인
　2. 신제품 개발에서 마케팅의 역할
　3. 신제품 마케팅의 절차
II. 신제품 마케팅의 주요기법
　1. 다차원 척도법
　2. 컨조인트 분석

▲ 2번 제목 및 내용 슬라이드

Hint
- 2~4번째 단락을 드래그한 후 [홈] 탭-[단락] 그룹에서 [목록 수준 늘림]을 클릭합니다.
- 6~7번째 단락을 드래그한 후 [홈] 탭-[단락] 그룹에서 [목록 수준 늘림]을 클릭합니다.

04 글자 모양 및 단락 수준 변경하기

프레젠테이션 진행에서 텍스트 내용을 좀 더 효과적으로 전달하기 위해서는 글꼴 종류가 읽기 쉽고 보기 편하도록 크게 작성해야 하며, 단락의 구분도 명확해야 합니다. 그럼 이번에는 [글꼴] 및 [단락] 그룹을 이용하여 텍스트 슬라이드를 작성해보겠습니다.

Step 1 글자 모양 변경하기

[글꼴] 그룹에는 글꼴의 종류, 크기, 색 및 속성 등을 변경할 수 있으며, 4pt 단위로 글꼴 크기를 크게 또는 작게 지정할 수 있습니다.

01 새 프레젠테이션 문서를 다음과 같이 작성합니다.

애니메이션 제작 강좌
한길 직업개발 능률센터

▲ 1번 제목 슬라이드

애니메이션의 종류
- 용도에 따른 분류
- 극장용 장편 애니메이션
- TV, 광고 제작용 애니메이션
- 교육용 애니메이션
- 실험 및 예술용 애니메이션
- 작화 기법에 따른 분류
- 풀(Full) 애니메이션
- 리미티드(Limited) 애니메이션

▲ 2번 제목 및 내용 슬라이드

02 제목 슬라이드를 선택합니다. 그런다음 '애니메이션 제작 강좌'를 드래그하여 범위를 지정한 후 [홈] 탭-[글꼴] 그룹에서 글꼴의 [목록] 단추를 클릭한 다음 글꼴(HY헤드라인M)로 선택합니다.

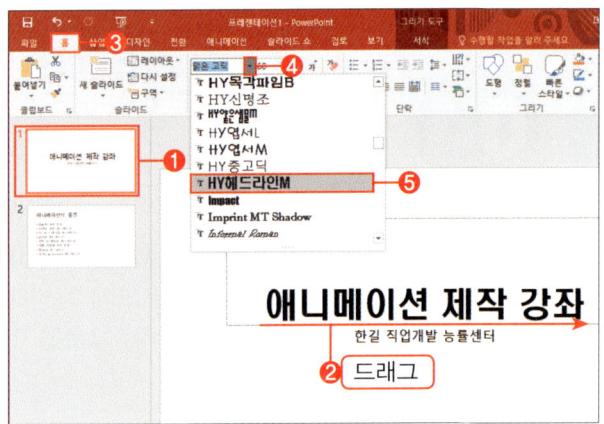

> **Tip**
> **선택 기능의 실시간 미리보기**
> 리본 메뉴의 원하는 기능에 커서를 위치하면 해당 기능의 결과를 바로 표시합니다.

03 글꼴 크기를 변경하기 위해 범위가 지정된 상태에서 [홈] 탭-[글꼴] 그룹에서 글꼴 크기의 [목록] 단추를 클릭한 후 글꼴 크기(54)를 선택하거나 직접 입력합니다.

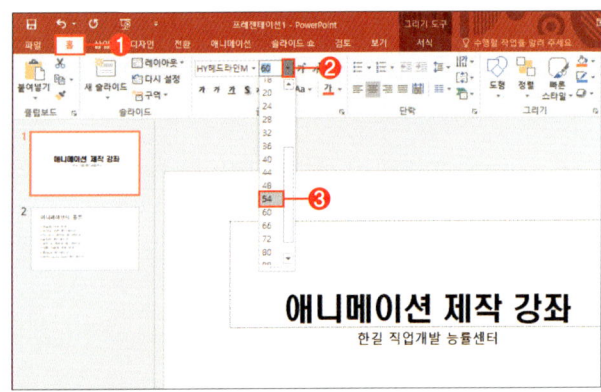

> **Tip**
> **문서 전체에 글꼴 바꾸기**
> ① [홈] 탭-[편집] 그룹에서 [바꾸기]를 클릭한 후 [글꼴 바꾸기]를 클릭합니다.
> ② [글꼴 바꾸기] 대화상자에서 현재 글꼴 및 새 글꼴을 지정한 후 [바꾸기] 단추를 클릭합니다.

▲ PLUS α

[홈] 탭-[글꼴] 그룹 살펴보기

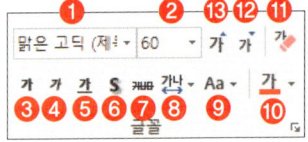

❶ 글꼴　　❷ 글꼴 크기　　❸ 굵게(Ctrl+B)
❹ 기울임(Ctrl+I)　　❺ 밑줄(Ctrl+U)　　❻ 텍스트 그림자
❼ 취소선　　❽ 문자 간격　　❾ 대/소문자 바꾸기
❿ 글꼴 색　　⓫ 모든 서식 지우기
⓬ 글꼴 크기 작게(Ctrl+Shift+<)　⓭ 글꼴 크기 크게(Ctrl+Shift+>)

PLUS α

[글꼴] 대화상자 살펴보기

[글꼴] 대화상자는 [홈] 탭–[글꼴] 그룹에서 [추가 옵션]을 클릭하여 표시하며, 글꼴과 관련된 모든 서식을 변경하거나 선택한 텍스트 상자의 서식을 지정할 수 있습니다.

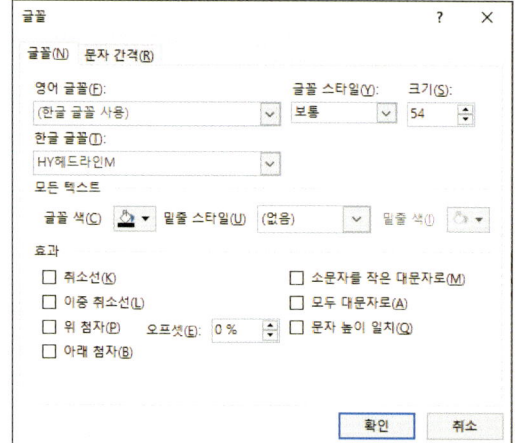 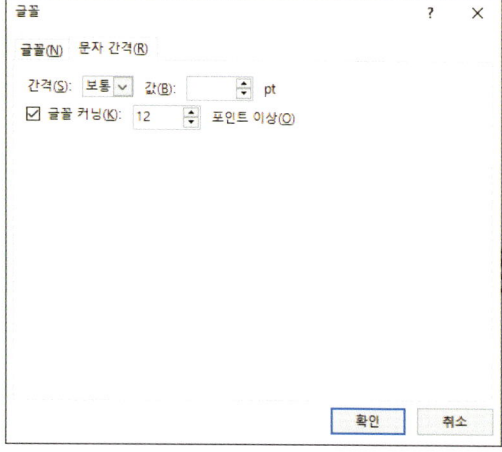

배운 내용을 확인하는! 실습문제

1 "미디어 산업의 발전" 문서를 열고 다음과 같이 글자 모양을 변경해 보세요.

❶ 글꼴(휴먼엑스포), 글꼴 크기(54)
❷ 글꼴(휴먼옛체), 글꼴 크기(40)
❸ 글꼴(휴먼옛체), 글꼴 크기(32)

❶ 미디어(Media) 산업의 발전
　❷ 한국 미디어 산업 연합회

❶ 현재 미디어의 현실
❸ • 1990년대 말부터 신문구독률과 TV시청률이 지속적으로 하락
• 광고 수주에 있어서 전통 매체의 영향력 감소세 뚜렷
• 온라인, 케이블 TV 등 신규 미디어 광고비는 지난 3년간 2.5배 증가
• 국내 총 광고비의 신문과 TV가 차지하는 점유율 하락 추세

Step 2 목록 수준 및 간격 조정하기

목록 수준이나 단락의 간격 및 맞춤 방식은 기본 설정을 그대로 사용하기보다 여러 가지 상황이나 디자인 의도에 맞춰 변경하는 것이 좋습니다.

01 두 번째 슬라이드의 내용 개체에서 2~5단락을 마우스로 드래그하여 범위를 지정한 후 [홈] 탭-[단락] 그룹에서 [목록 수준 늘림]을 클릭합니다.

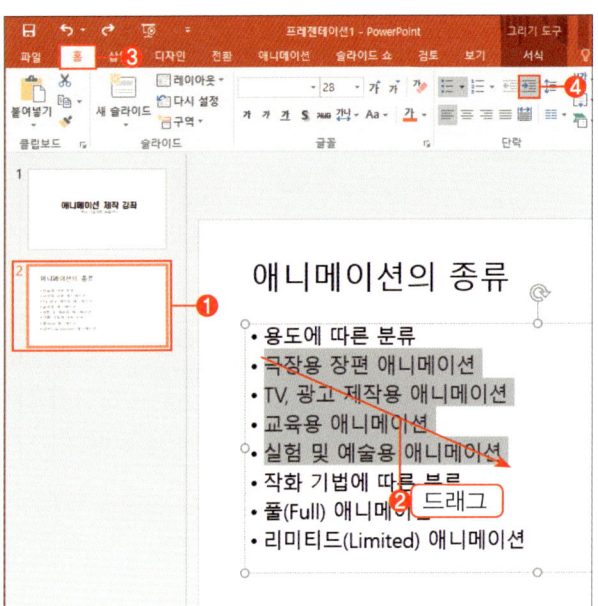

Tip
목록 수준
- 목록 수준 늘림 : [목록 수준 늘림]을 클릭하거나 `Tab`을 누릅니다.
- 목록 수준 줄임 : [목록 수준 줄임]을 클릭하거나 `Shift`+`Tab`을 누릅니다.

▲ PLUS α

[홈] 탭-[글꼴] 그룹 살펴보기

❶ **글머리 기호** : 문장 또는 단락에 글머리 기호를 표시합니다.
❷ **번호 매기기** : 문장 또는 단락의 글머리 부분에 숫자를 표시합니다.
❸ **목록 수준 줄임** : 들여쓰기 수준을 낮춥니다.
❹ **목록 수준 높임** : 들여쓰기 수준을 높입니다.
❺ **줄 간격** : 줄 간격을 지정합니다.
❻ **왼쪽 맞춤** : 텍스트 상자나 개체 틀의 텍스트를 왼쪽 맞춤으로 정렬합니다.
❼ **가운데 맞춤** : 텍스트 상자나 개체 틀의 텍스트를 가운데 맞춤으로 정렬합니다.
❽ **오른쪽 맞춤** : 텍스트 상자나 개체 틀의 텍스트를 오른쪽 맞춤으로 정렬합니다.
❾ **양쪽 맞춤** : 텍스트 상자나 개체 틀의 텍스트를 양쪽 맞춤으로 정렬합니다.
❿ **균등 분할** : 텍스트 사이에 공백을 삽입하여 왼쪽과 오른쪽 여백에 단락을 맞춥니다.
⓫ **열 추가 또는 제거** : 텍스트 상자나 개체 틀의 텍스트를 둘 이상의 열로 나눕니다.
⓬ **텍스트 방향** : 텍스트의 방향을 지정합니다.
⓭ **텍스트 맞춤** : 텍스트 상자 내에서 텍스트가 정렬되는 방법을 변경합니다.
⓮ **SmartArt 그래픽으로 변환** : 현재 레이아웃을 SmartArt 그래픽으로 변환합니다.

02 2~5단락이 오른쪽으로 한 칸 들여쓰기가 되면서 텍스트 크기가 작아집니다. 7~8단락에도 같은 방법으로 지정합니다.

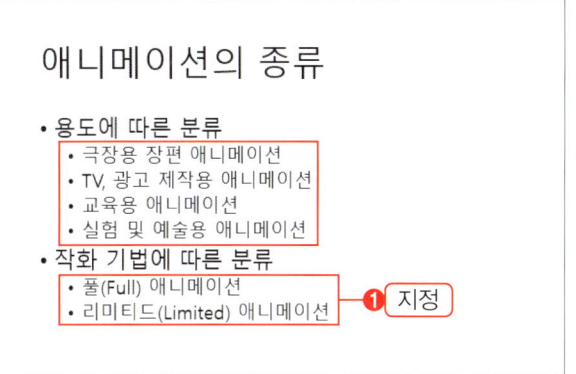

03 단락의 간격을 조절하기 위해 1번 단락과 6번 단락을 선택한 후 [홈] 탭-[단락] 그룹에서 [추가옵션]을 클릭합니다.

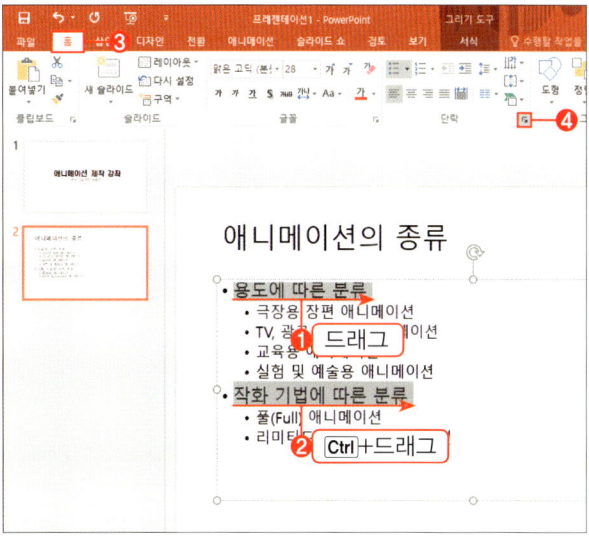

> *Tip*
> **떨어져있는 범위 지정 방법**
> 1번 단락을 범위로 지정하고 Ctrl을 누른 상태에서 6번 단락을 드래그하면 떨어진 1번과 6번 단락을 함께 범위로 지정할 수 있습니다.

04 [단락] 대화상자가 나타나면 [들여쓰기 및 간격] 탭에서 줄 간격(1줄)을 선택한 후 단락 앞(20)과 단락 뒤(5)를 입력한 다음 [확인] 단추를 클릭합니다.

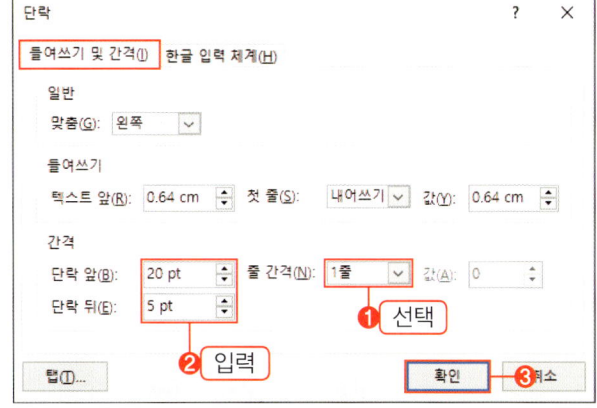

> *Tip*
> **줄 간격 조절하기**
> 커서의 위치 또는 범위, 텍스트 개체 전체를 지정한 후 [홈] 탭-[단락] 그룹에서 줄 간격을 지정하여 간격을 넓혀줄 수 있습니다.

05 선택한 범위의 단락 앞과 뒤에 지정한 값의 간격으로 변경됩니다.

애니메이션의 종류

- 용도에 따른 분류　[5pt]
    - 극장용 장편 애니메이션
    - TV, 광고 제작용 애니메이션
    - 교육용 애니메이션
    - 실험 및 예술용 애니메이션　[20pt]
- 작화 기법에 따른 분류　[5pt]
    - 풀(Full) 애니메이션
    - 리미티드(Limited) 애니메이션

▲ PLUS α

미니 도구 모음

미니 도구 모음은 빠른 서식 편집을 위한 기능으로 텍스트를 드래그하여 블록으로 지정하면 표시됩니다. 주로 단어 및 텍스트의 일부분에 서식을 편집할 경우 사용합니다.

실습문제 배운 내용을 확인하는!

① "평생 학습도시 육성" 문서를 열고 다음과 같이 수정해 보세요.

❶ 글꼴(HY헤드라인M), 글꼴 크기(60)
❷ 글꼴(휴먼모음T), 글꼴 크기(54)
❸ 글꼴(HY그래픽M), 글꼴 크기(28), 간격 - 단락 앞(15pt), 줄 간격(1.5줄)

❶ 평생 학습도시 육성
　❷ 평생 교육 진흥원

❶ 평생 학습도시의 개념
❸ • 개인의 자아실현, 사회적 통합 증진, 경제적 경쟁력을 재고하여 개인의 삶의 질을 제고하고 도시 전체의 경쟁력을 향상시킬 수 있도록 학습 공동체 건설을 도모하는 총체적 도시
• 재구조화 운동이며 지역사회의 모든 교육자원과 기관, 지역사회, 국가간의 연계를 통하여 네트워킹 학습 공동체를 형성하는 교육운동

마무리 실전문제

❶ "신제품 개발 조사" 문서를 열고 다음과 같이 수정해 보세요.

- ❶ 글꼴(HY견명조), 글꼴 크기(54)
- ❷ 글꼴(휴먼엑스포), 글꼴 크기(40)
- ❸ 글꼴(휴먼엑스포), 글꼴 크기(30)
- ❹ 단락 – 단락 앞(30pt), 단락 뒤(10pt), 줄 간격(1줄)

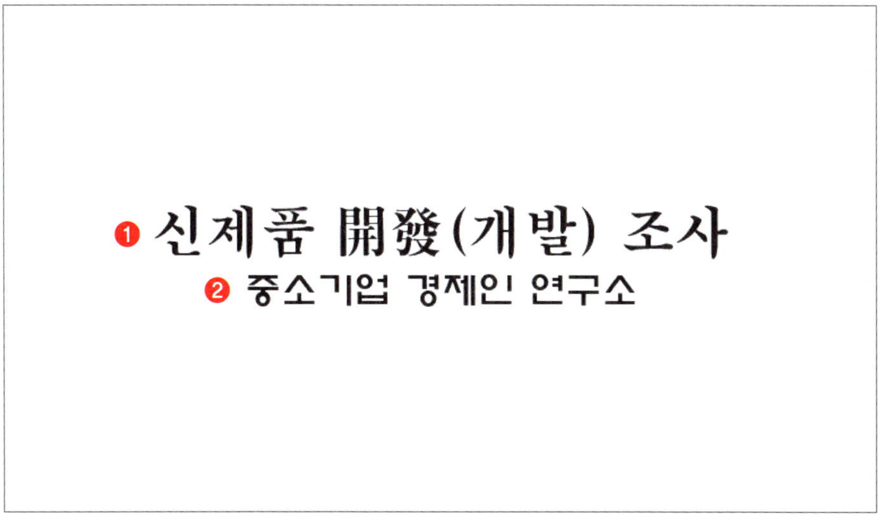

❶ 신제품 開發(개발) 조사

❷ 중소기업 경제인 연구소

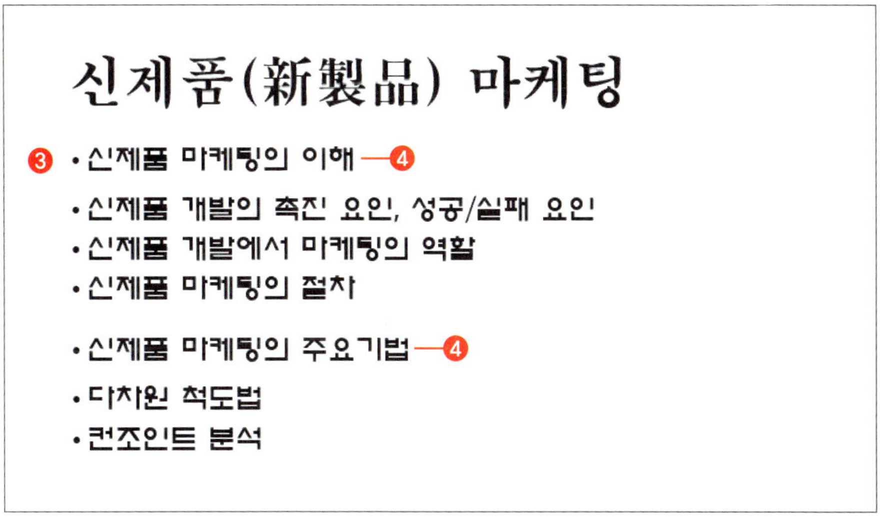

신제품(新製品) 마케팅

❸
- 신제품 마케팅의 이해 ─❹
- 신제품 개발의 촉진 요인, 성공/실패 요인
- 신제품 개발에서 마케팅의 역할
- 신제품 마케팅의 절차
- 신제품 마케팅의 주요기법 ─❹
- 다차원 척도법
- 컨조인트 분석

05 WordArt 스타일로 제목 슬라이드 작성하기

WordArt 스타일은 일반 텍스트에 여러 가지 색 및 효과가 적용된 스타일 목록에서 원하는 스타일을 선택하여 빠르게 효과적인 슬라이드를 작성할 수 있도록 도와주는 기능입니다. 그럼 이번 Chapter에서는 WordArt 스타일을 이용하여 멋진 제목 슬라이드를 만들어보겠습니다.

Step 1 제목 텍스트에 WordArt 스타일 지정하기

WordArt 스타일의 빠른 스타일은 선택된 텍스트 전체 또는 범위를 지정한 부분에 WordArt 스타일 효과를 지정하는 기능으로 간단하게 멋진 텍스트 스타일로 만들 수 있는 기능입니다.

01 새 프레젠테이션 문서를 다음과 같이 작성합니다.
- 제목 : 글꼴(휴먼둥근헤드라인), 글꼴 크기(54)
- 부제목 : 글꼴(휴먼둥근헤드라인), 글꼴 크기(40)

징검다리 장학 사업 설명회
징검다리 장학 복지 재단

02 제목 텍스트를 꾸미기 위해 제목 개체를 선택한 후 [그리기 도구] 정황 탭-[서식] 탭-[WordArt 스타일] 그룹에서 [빠른 스타일]을 클릭합니다.

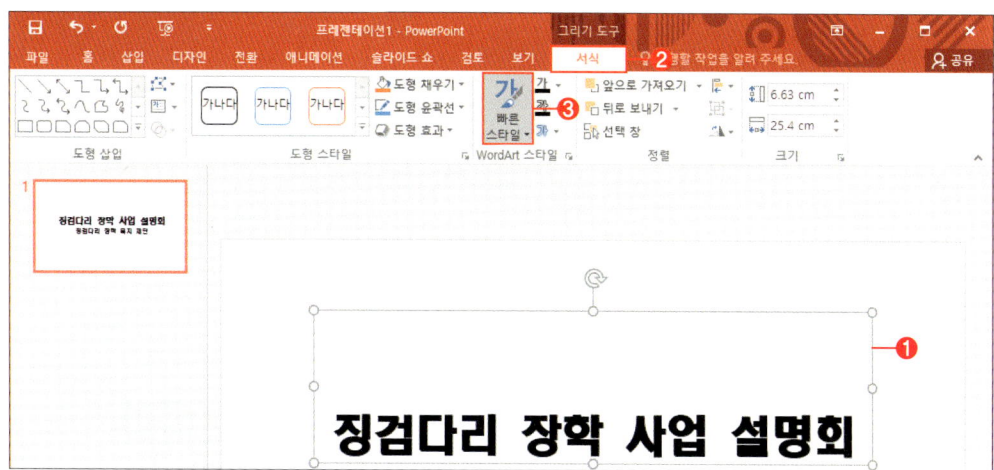

▲ PLUS α

[그리기 도구] 정황 탭-[서식] 탭 살펴보기

[그리기 도구] 정황 탭-[서식] 탭은 도형을 선택했을 때 표시되며, 도형 스타일 및 WordArt 스타일 등을 쉽게 편집할 수 있도록 도와줍니다.

❶ **도형** : 선이나 도형 등을 삽입합니다.
❷ **도형 편집** : 도형 모양 변경, 점 편집, 연결선 바꾸기 등을 지정합니다.
❸ **가로 텍스트 상자 그리기** : 가로나 세로 텍스트 상자를 그립니다.
❹ **도형 스타일 자세히** : 도형이나 선 등에 빠른 스타일을 지정합니다.
❺ **도형 채우기** : 도형에 단색, 그라데이션, 그림 또는 질감 등을 채웁니다.
❻ **도형 윤곽선** : 도형의 윤곽선의 색, 두께 및 선 스타일을 변경합니다.
❼ **도형 효과** : 도형에 그림자, 네온, 반사 또는 3차원 회전 효과를 지정합니다.
❽ **WordArt 스타일 자세히** : 텍스트에 빠른 WordArt 스타일을 지정합니다.
❾ **텍스트 채우기** : 텍스트에 단색, 그라데이션, 그림 또는 질감을 채웁니다.
❿ **텍스트 윤곽선** : 텍스트의 윤곽선 색, 두께 및 선 스타일을 변경합니다.
⓫ **텍스트 효과** : 텍스트에 그림자, 네온, 반사 또는 3차원 회전 효과를 지정합니다.
⓬ **앞으로 가져오기** : 선택한 개체를 맨 앞으로 또는 앞으로 가져옵니다.
⓭ **뒤로 보내기** : 선택한 개체를 맨 뒤로 또는 뒤로 보냅니다.
⓮ **선택 창** : 선택 창을 표시합니다.
⓯ **개체 맞춤** : 선택한 개체를 맞춤 방법에 따라 지정합니다.
⓰ **개체 그룹화** : 개체를 그룹으로 지정하거나 그룹을 해제합니다.
⓱ **개체 회전** : 선택한 개체를 회전시키거나 대칭시킵니다.
⓲ **도형 높이** : 도형이나 그림의 높이를 수정합니다.
⓳ **도형 너비** : 도형이나 그림의 너비를 수정합니다.

03 빠른 스타일 목록이 표시되면 A[채우기 효과 – 파랑, 강조 1, 윤곽선 – 배경 1, 진한 그림자 – 강조 1]을 클릭합니다.

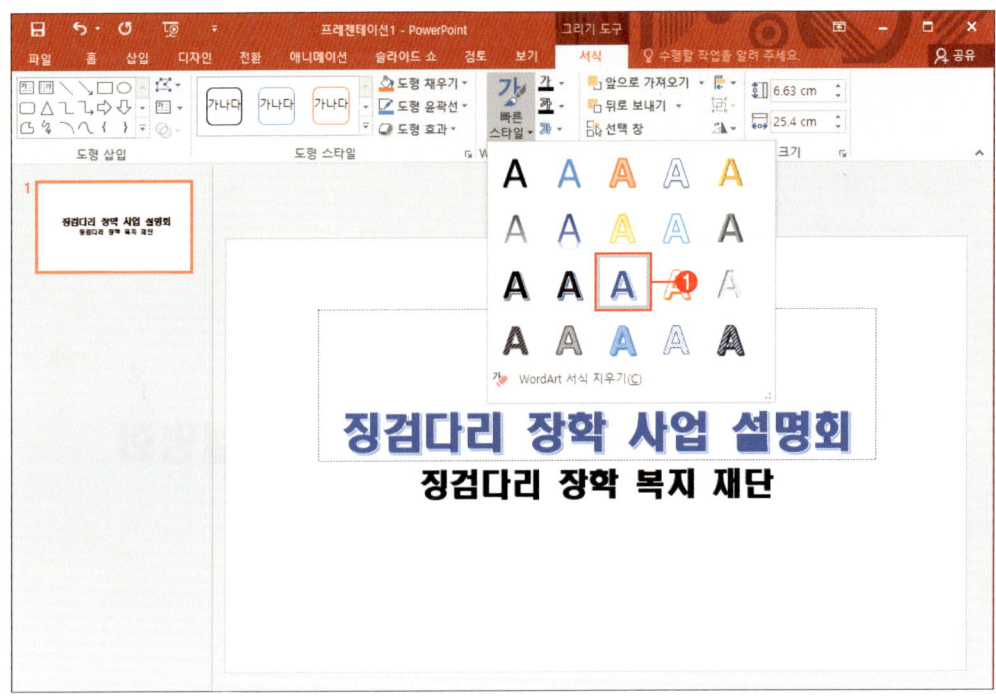

▲ PLUS α

빠른 스타일 목록

- **선택한 텍스트에 적용** : 원하는 범위를 지정하여 해당되는 범위의 텍스트에만 스타일을 적용합니다.
- **도형의 모든 텍스트에 적용** : 선택한 개체 틀의 모든 텍스트에 스타일을 적용합니다.

04 제목 텍스트 스타일이 변경되면, 같은 방법으로 부제목 개체를 선택한 후 [그리기 도구] 정황 탭-[서식] 탭-[WordArt 스타일] 그룹에서 가 -[텍스트 채우기]의 [목록] 단추를 클릭한 다음 [진한 파랑]을 클릭합니다.

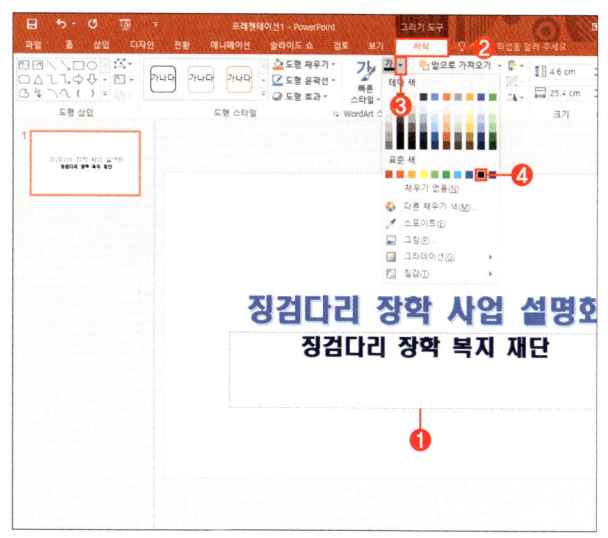

▲ PLUS α

다른 채우기 색

[텍스트 채우기]의 [테마 색]과 [표준 색] 이외에 [다른 채우기 색]을 선택하면 사용자가 원하는 색을 텍스트 색으로 지정할 수 있습니다.

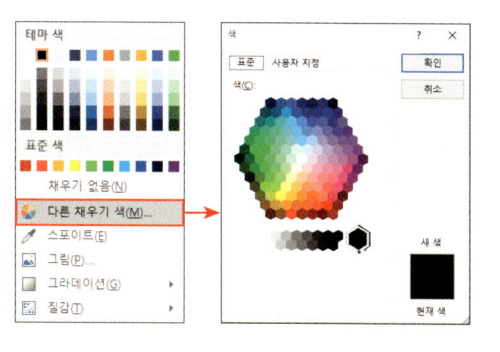

05 [그리기 도구]정황 탭-[서식] 탭-[WordArt] 그룹에서 [텍스트 효과]를 클릭한 후 [반사]-[1/2 반사, 4 pt 오프셋]을 클릭합니다.

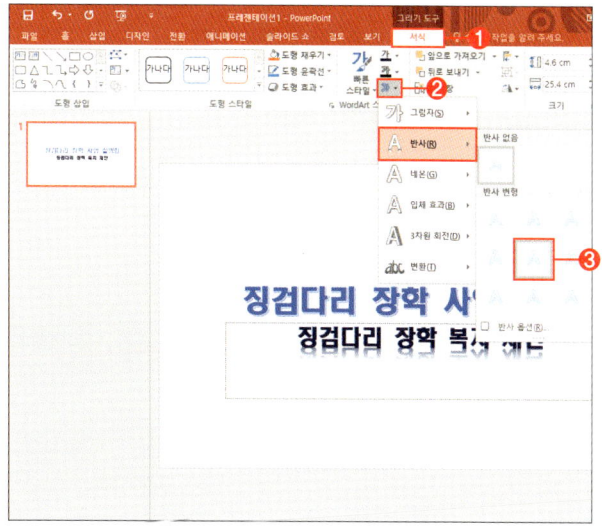

실습문제 배운 내용을 확인하는!

1 새 프레젠테이션 문서를 만든 후 다음과 같이 작성해 보세요.

- ① 글꼴(휴먼둥근헤드라인), 글꼴 크기(60)
  WordArt 스타일 : '무늬 채우기 – 파랑, 강조 1, 50% 진한 그림자 – 강조 1'
- ② 글꼴(HY헤드라인M), 글꼴 크기(48)
  WordArt 스타일 : '그라데이션 채우기 – 황금색, 강조 4, 윤곽선 – 강조 4'

① 장기 요양 병원 신청
② 서울 화정 중앙 병원

2 새 프레젠테이션 문서를 만든 후 다음과 같이 작성해 보세요.

- ① 글꼴(HY목각파임B), 글꼴 크기(60)
  WordArt 스타일 : '채우기 – 흰색, 윤곽선 – 강조 2, 진한 그림자 – 강조 2'
  텍스트 효과 : 변환 – 수축, 반사 – '근접 반사, 터치'
- ② 글꼴(HY엽서M), 글꼴 크기(48)
  WordArt 스타일 : '채우기 – 흰색, 윤곽선 – 강조 1, 그림자'
  텍스트 효과 : 네온 – '파랑, 11 pt 네온, 강조색 5'

① 커피 바리스타 강좌
② 모모 문화센터

Step 2 슬라이드에 그라데이션 배경 채우기

그라데이션 배경은 선택한 단색 색상에서 다른 색상으로 점진적으로 변해가는 기능으로 설정된 그라데이션 목록 중에서 선택하거나 사용자가 직접 그라데이션 색상을 만들어서 사용할 수 있습니다.

01 슬라이드에 그라데이션 배경을 채우기 위해 슬라이드에서 바로 가기 메뉴의 [배경 서식]을 클릭합니다.

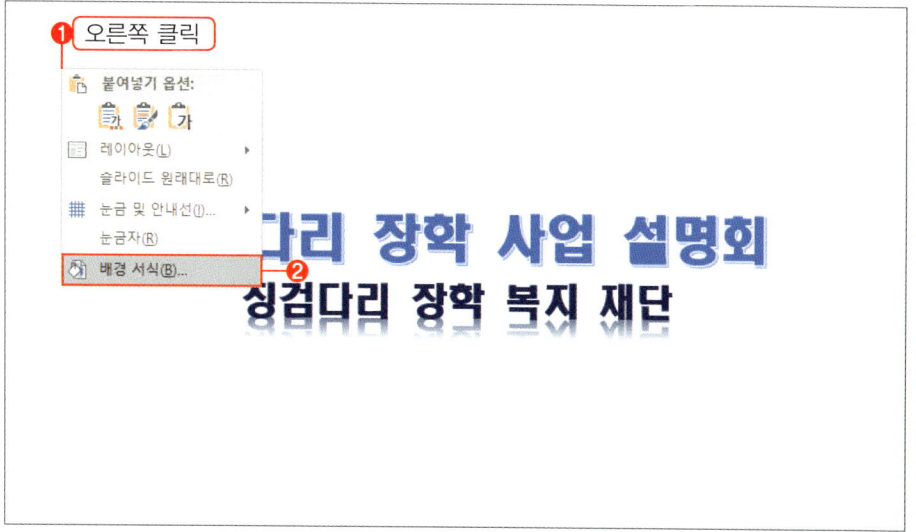

02 [배경 서식] 작업 창이 표시되면 [그라데이션 채우기]를 선택한 후 그라데이션 미리 설정(밝은 그라데이션 – 강조 6), 종류(선형), 방향(선형 아래쪽) 등을 선택한 다음 [모두 적용] 단추를 클릭합니다. 그런다음 ✖[닫기]를 클릭합니다.

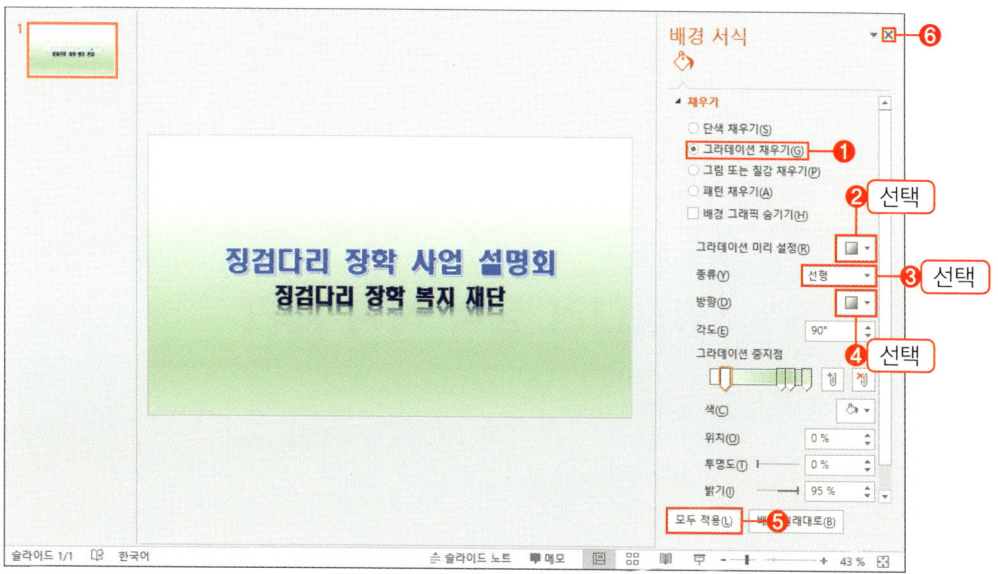

PLUS α

[배경 서식] 작업 창

단색 또는 그라데이션 이미지 설정과 질감, 그림 파일 등을 지정하여 배경으로 설정할 수 있습니다.

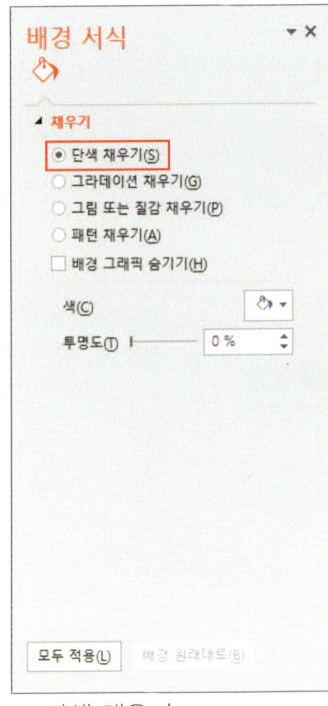
▲ 단색 채우기

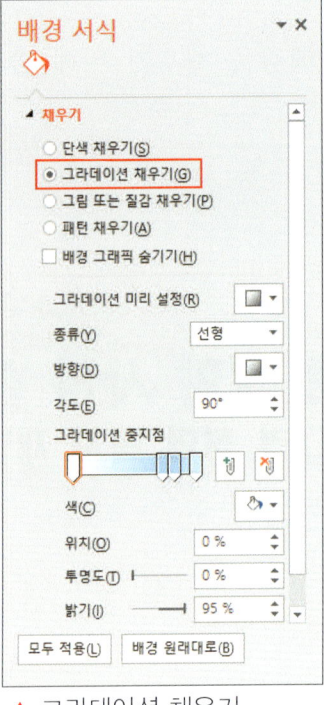
▲ 그라데이션 채우기

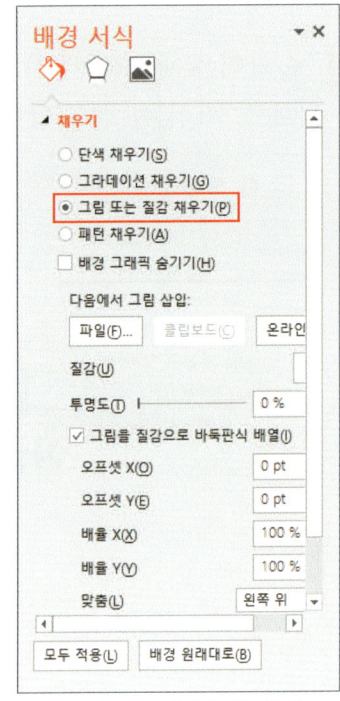
▲ 그림 또는 질감 채우기

03 다음과 같이 미리 설정한 그라데이션 배경으로 채워집니다.

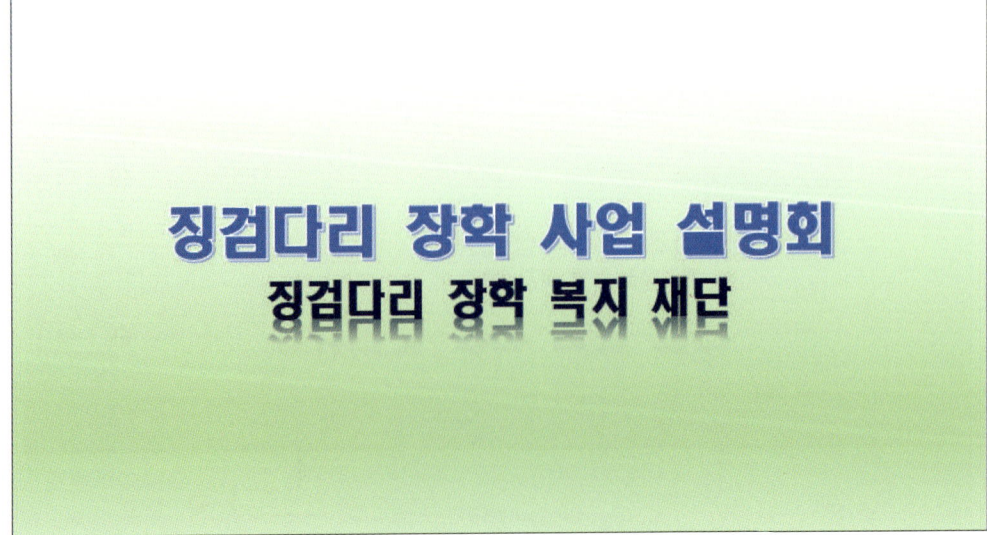

배운 내용을 확인하는! 실습문제

1 새 프레젠테이션 문서를 만든 후 다음과 같이 작성해 보세요.

① 글꼴(휴먼옛체), 글꼴 크기(96)
　WordArt 스타일 : '채우기 – 흰색, 윤곽선 – 강조 2, 진한 그림자 – 강조 2'
② 글꼴(HY헤드라인M), 글꼴 크기(48)
　WordArt 스타일 : '채우기 – 검정, 텍스트 1, 윤곽선 – 배경 1, 진한 그림자 – 배경 1'

① 질병관리청
② COVID-19

▼

배경 서식 : 그라데이션 미리 설정(밝은 그라데이션 – 강조 1), 종류(방사형), 방향(가운데에서)

질병관리청
COVID-19

마무리 실전문제

1 새 프레젠테이션 문서를 열고 다음과 같이 작성해 보세요.

① 글꼴(HY견고딕), 글꼴 크기(60)
  WordArt 스타일 : '채우기 – 흰색, 윤곽선 – 강조 1, 그림자'
② 글꼴(HY견고딕), 글꼴 크기(60)
  WordArt 스타일 : '채우기 – 황금색, 강조 4, 부드러운 입체'

① 세계 아토피 피부염의 날
② 대한아토피피부염학회

배경 서식 : 그라데이션 미리 설정(가운데 그라데이션 – 강조 5),
종류(선형), 방향(선형 위쪽)

세계 아토피 피부염의 날
대한아토피피부염학회

06 도형 스타일을 이용한 제목 슬라이드 작성하기

도형 스타일은 그림, 도형 등의 개체뿐만 아니라 텍스트 개체 등에도 지정할 수 있으며, 쉽고 빠르게 원하는 스타일을 지정할 수 있어 편리한 기능입니다. 그럼 이번 Chapter에서는 도형 스타일을 이용하여 제목 슬라이드를 만들어 보겠습니다.

Step 1 제목 텍스트에 도형 스타일로 지정하기

제목 슬라이드를 빠르게 작성할 수 있도록 텍스트 개체에 도형 스타일을 지정한 후 도형의 크기를 조절하는 방법에 대해 알아보겠습니다.

01 새 프레젠테이션 문서를 다음과 같이 작성합니다.
- 제목 : 글꼴(휴먼둥근헤드라인), 글꼴 크기(60)
- 부제목 : 글꼴(HY헤드라인M), 글꼴 크기(40)

02 제목 텍스트를 수직 가운데로 지정하기 위해 제목 개체를 선택한 후 [홈] 탭-[단락] 그룹에서 [텍스트 맞춤]을 클릭한 다음 [중간]을 클릭합니다.

03 부제목 개체의 크기를 조절하기 위해 개체를 선택한 후 크기 조절점을 드래그하여 크기를 조절합니다.

04 크기가 조절되면 [홈] 탭-[단락] 그룹에서 [텍스트 맞춤]을 클릭한 후 [중간]을 클릭한 다음 드래그하여 위치를 이동합니다.

05 제목 개체를 선택한 후 [그리기 도구] 정황 탭-[서식] 탭-[도형 스타일] 그룹에서 [자세히] 단추를 눌러 [강한 효과 – 파랑, 강조 5]를 클릭합니다.

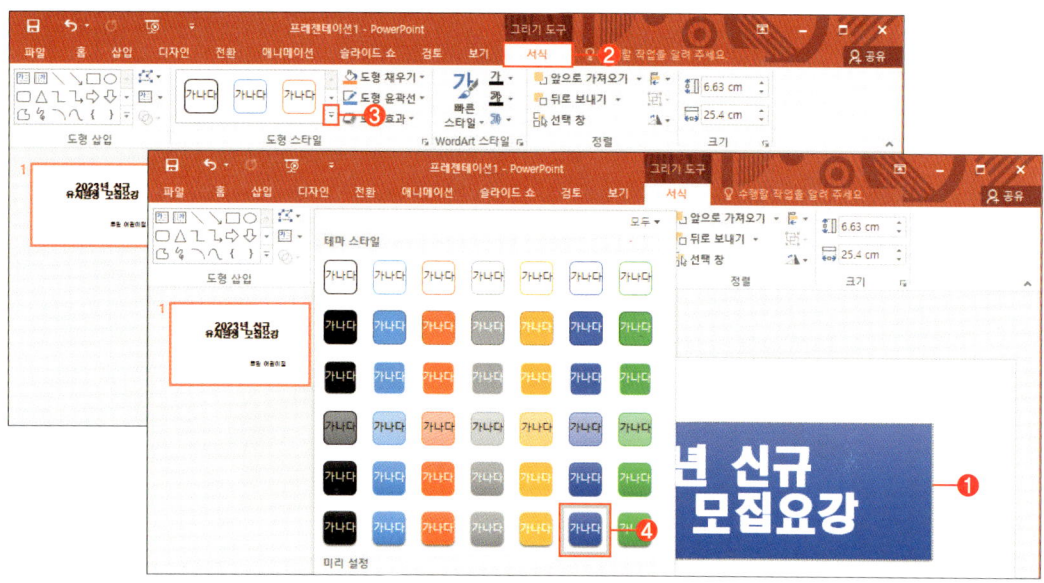

06 부제목 개체를 선택한 후 [그리기 도구] 정황 탭-[서식] 탭-[도형 스타일] 그룹에서 [자세히] 단추를 클릭한 다음 [색 윤곽선 – 주황, 강조 2]를 클릭합니다.

07 제목 및 부제목에 [WordArt 스타일] 그룹에서 [빠른 스타일]을 이용하여 다음과 같이 지정합니다.

❶ 채우기 – 검정, 텍스트 1, 윤곽선 – 배경 1, 진한 그림자 – 배경 1
❷ 채우기 – 흰색, 윤곽선 – 강조 2, 진한 그림자 – 강조 2
❸ 그라데이션 채우기 – 황금색, 강조 4, 윤곽선 – 강조 4
❹ 채우기 – 회색 –50%, 강조 3, 선명한 입체

실습문제 배운 내용을 확인하는!

1 새 프레젠테이션 문서를 다음과 같이 작성한 후 "정보통신 서비스"로 저장해 보세요.

- ① 글꼴(휴먼둥근헤드라인), 글꼴 크기(54)
  도형 스타일('밝은 색 1 윤곽선, 색 채우기 – 주황, 강조 2')
- ② 글꼴(휴먼둥근헤드라인), 글꼴 크기(32)
  도형 스타일('미세 효과 – 황금색, 강조 4')

2 새 프레젠테이션 문서를 다음과 같이 작성한 후 "식품영양학"으로 저장해 보세요.

- ① 글꼴(HY헤드라인M), 글꼴 크기(50), 텍스트 그림자, 글꼴 색(녹색, 강조 6)
  도형 스타일('색 윤곽선 – 녹색, 강조 6')
- ② 글꼴(HY견명조), 글꼴 크기(36)
  도형 스타일('강한 효과 – 파랑, 강조 5'), 도형 효과(네온 – '파랑, 8 pt 네온, 강조색 5')

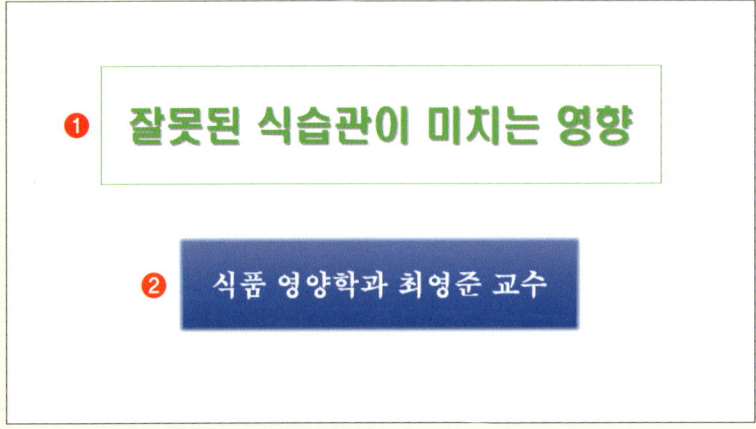

Step 2 슬라이드 배경에 그림 삽입하기

제목 슬라이드가 좀 더 멋진 슬라이드가 되도록 수정하기 위해 슬라이드에 배경 그림을 삽입한 후 해당 그림의 투명도를 조절하는 방법에 대해 알아보겠습니다.

01 슬라이드에 배경 그림을 삽입하기 위해 슬라이드의 빈 공간에서 바로 가기 메뉴의 [배경 서식]을 클릭합니다.

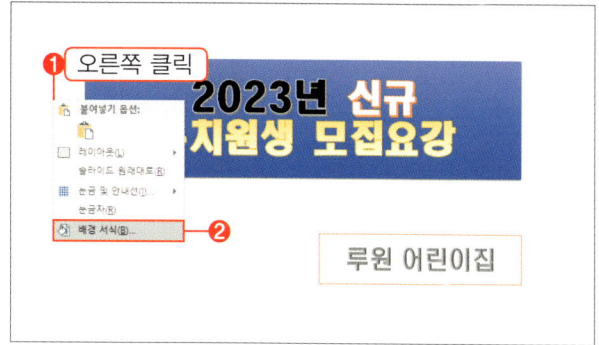

02 [배경 서식] 작업 창이 표시되면 [그림 또는 질감 채우기]를 선택한 후 [파일] 단추를 클릭합니다.

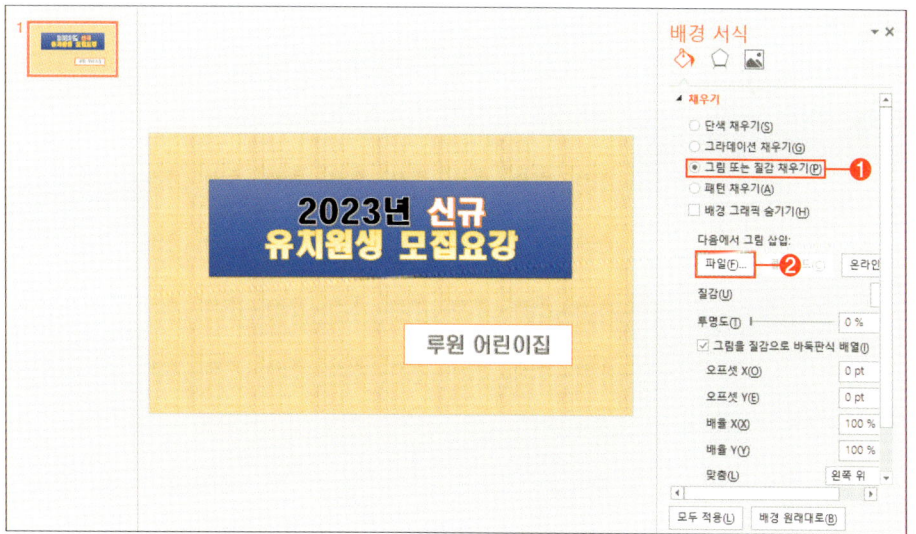

03 [그림 삽입] 대화상자가 나타나면 찾는 위치(C:\(Lecture Note) 파워포인트 2016\Part 1\Chapter06)를 지정한 후 그림(배경2)을 선택한 다음 [삽입] 단추를 클릭합니다.

Chapter 06 도형 스타일을 이용한 제목 슬라이드 작성하기

04 배경그림이 삽입되면 투명도를 조절하기 위해 [배경 서식] 작업 창에서 투명도(50%)를 드래그하거나 직접 입력하여 조절한 후 ✕[닫기]를 클릭합니다.

[배경 서식] 작업 창

❶ **채우기** : 슬라이드의 배경을 단색, 그라데이션, 그림 또는 질감, 패턴 등으로 채울 수 있습니다.
❷ **꾸밈 효과** : 그림에 다양한 효과 목록 중에서 선택하여 변경할 수 있습니다.
❸ **그림 보정** : 그림의 선명도 조절, 밝기 및 대비 등을 조절할 수 있습니다.
❹ **그림 색** : 그림에 색 채도 및 색조 등을 조절할 수 있습니다.

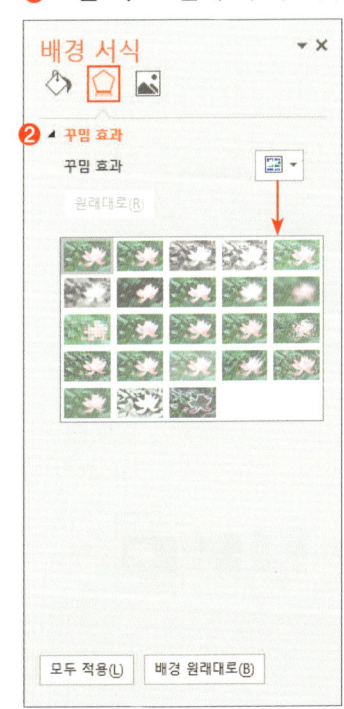

▲ [효과]-[꾸밈 효과]

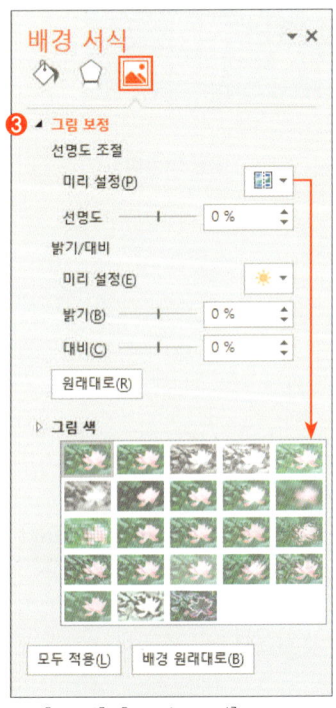

▲ [그림]-[그림 보정]

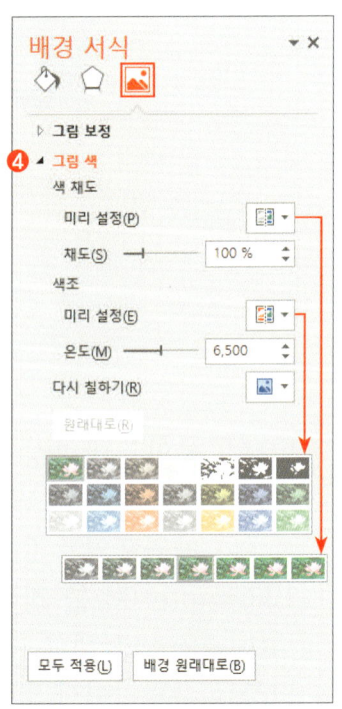

▲ [그림]-[그림 색]

배운 내용을 확인하는!

1 "정보통신 서비스" 문서를 열고 다음과 같이 수정해 보세요.

배경 그림 : 'Phone' 파일, 투명(40%)

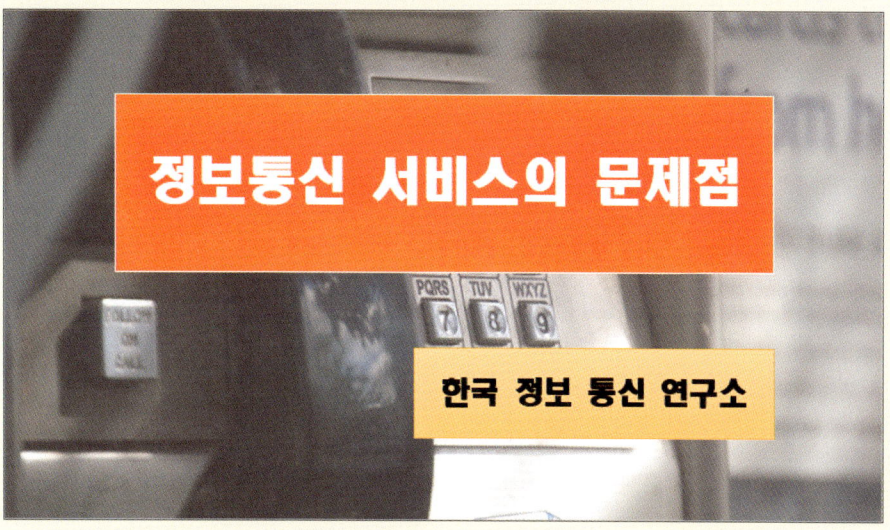

2 "식품영양학" 문서를 열고 다음과 같이 수정해 보세요.

배경 그림 : 'Kook' 파일, 그림 : 밝기(-20%), 대비(20%)

마무리 실전문제

1 새 프레젠테이션 문서에 다음과 같이 작성해 보세요.

- ❶ 글꼴(휴먼옛체), 글꼴 크기(54), 도형 스타일('보통 효과 – 파랑, 강조 1'), 도형 효과(입체 효과 – 디벗, 3차원 회전 – 오른쪽 위 오블리크)
- ❷ 글꼴(휴먼아미체), 글꼴 크기(44), 도형 스타일('미세효과 – 파랑, 강조 1'), 도형 효과(그림자 – 오프셋 가운데)

❶ 친환경 에너지 지원 세미나

❷ 한국 에너지 관리공단

▼

배경 그림 : 'energy', 오프셋 왼쪽(–50%), 오른쪽(–11%), 위쪽(0%), 아래쪽(0%)

디자인 테마를 이용한 슬라이드 작성하기

디자인 테마는 슬라이드의 배경, 색상 구성, 글꼴 서식, 글머리 기호 등을 하나의 테마로 묶어서 디자인을 적용하는 기능입니다. 또한 디자인 테마의 목록에서 원하는 테마를 지정한 후에도 테마 색, 테마 글꼴, 테마 효과 등을 추가로 적용할 수 있어 많은 디자인 테마를 만들 수 있습니다.

Step 1 초간편 디자인 테마 지정하기

디자인 테마를 이용하면 프레젠테이션의 전반적인 디자인을 변경할 수 있는 테마를 제공합니다. 테마를 지정하면 글꼴 서식뿐만 아니라 표나 차트 등의 스타일도 일관성 있게 변경되기 때문에 깔끔하고 세련된 프레젠테이션을 작성할 수 있습니다.

01 새 프레젠테이션 문서를 다음과 같이 작성합니다.

▲ 1번 제목 슬라이드

▲ 2번 제목 및 내용 슬라이드

▲ 3번 제목 및 내용 슬라이드

▲ 4번 제목 및 내용 슬라이드

02 디자인 테마를 적용하기 위해 [디자인] 탭-[테마] 그룹에서 [자세히]를 클릭한 후 [이온] 테마를 클릭합니다.

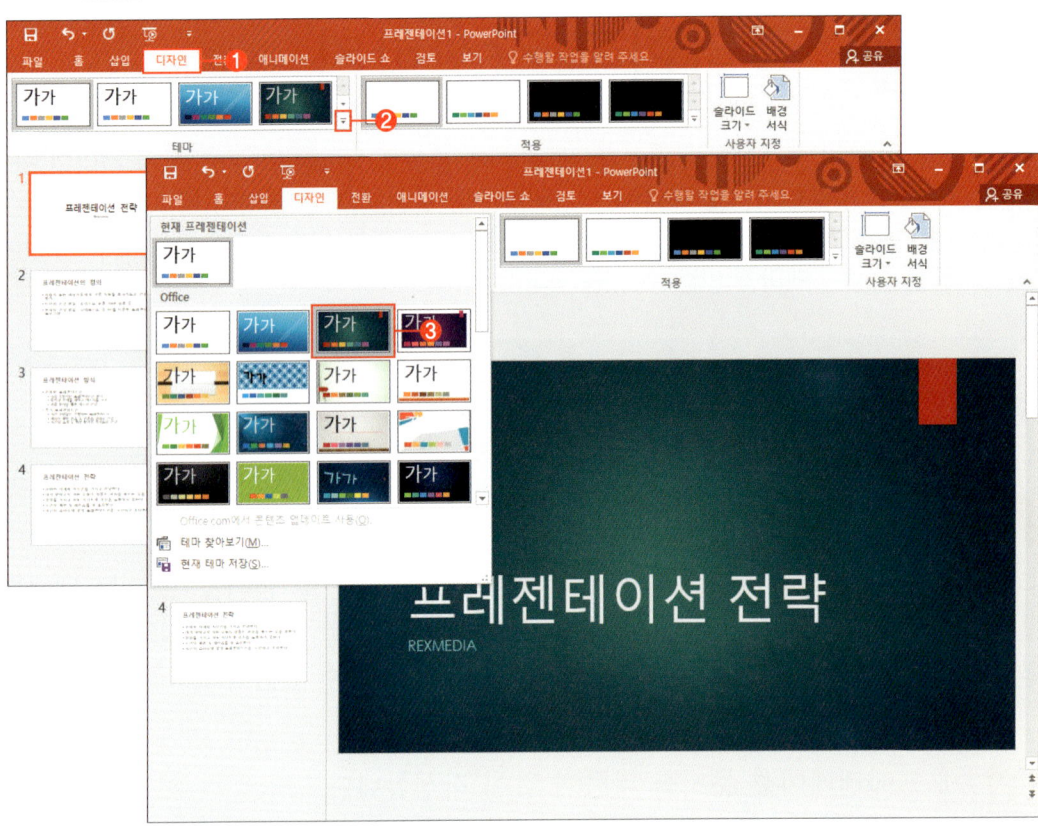

03 모든 슬라이드에 선택한 디자인 테마(이온)가 적용됩니다.

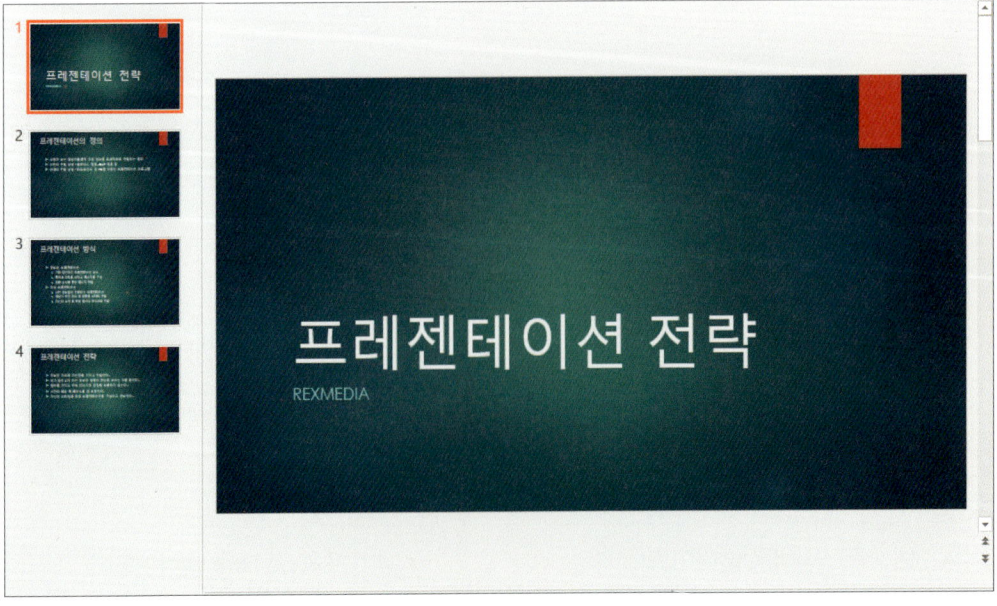

1 새 프레젠테이션 문서에 다음과 같이 작성한 후 "블루투스"로 저장해 보세요.

블루투스(Bluetooth)
한국 정보통신 진흥회

▲ 1번 제목 슬라이드

블루투스의 정의
- '푸른 이빨'이란 뜻으로 바이킹으로 유명한 헤럴드 블루투스의 이름에서 유래
- 사무실, 회의실, 가정 등 사용자 주변 공간 등 근거리 내에서 무선으로 서로 다른 통신장치들을 연결하도록 개발
- 블루투스를 이용한 무선 네트워크에는 TV, 노트북, 스마트폰 등의 모든 정보기기 간에 자유로운 데이터 교환이 가능

▲ 2번 제목 및 내용 슬라이드

블루투스의 역사
- 블루투스 1.0 : 초기 제품간의 상호 호환성에 문제, 익명(IP와 같은 주소 없이)의 연결에 문제점 발생
- 블루투스 1.1 : 2002년 802.15.1 IEEE 표준으로 승인, 비암호화 채널 지원
- 블루투스 2.0 : 평균 3배, 최대 10배의 전송 속도 향상
- 블루투스 3.0 : 속도를 최대 24Mbps로 향상
- 블루투스 4.0 : 2010년 6월 30일 채택되었으며, 블루투스와 블루투스 하이 스피드, 블루투스 로우 에너지를 포함한 기능을 가짐

▲ 3번 제목 및 내용 슬라이드

2 다음과 같이 디자인 테마(회로)를 적용해 보세요

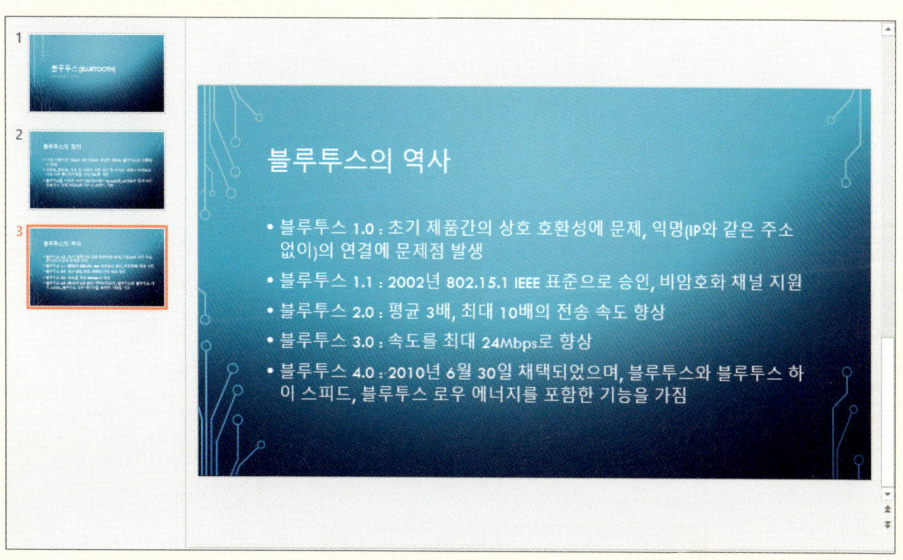

Chapter 07 디자인 테마를 이용한 슬라이드 작성하기

Step 2 디자인 테마 서식 변경하기

디자인 테마에서는 원하는 테마를 적용한 상태에서도 테마 색, 테마 글꼴, 테마 효과 등을 따로 적용하여 지정한 테마를 또 다른 모습의 디자인 테마로 바꿀 수 있습니다.

01 테마 색을 변경하기 위해 [디자인] 탭–[적용] 그룹에서 [자세히]를 클릭한 후 [색]–[Office]를 클릭합니다.

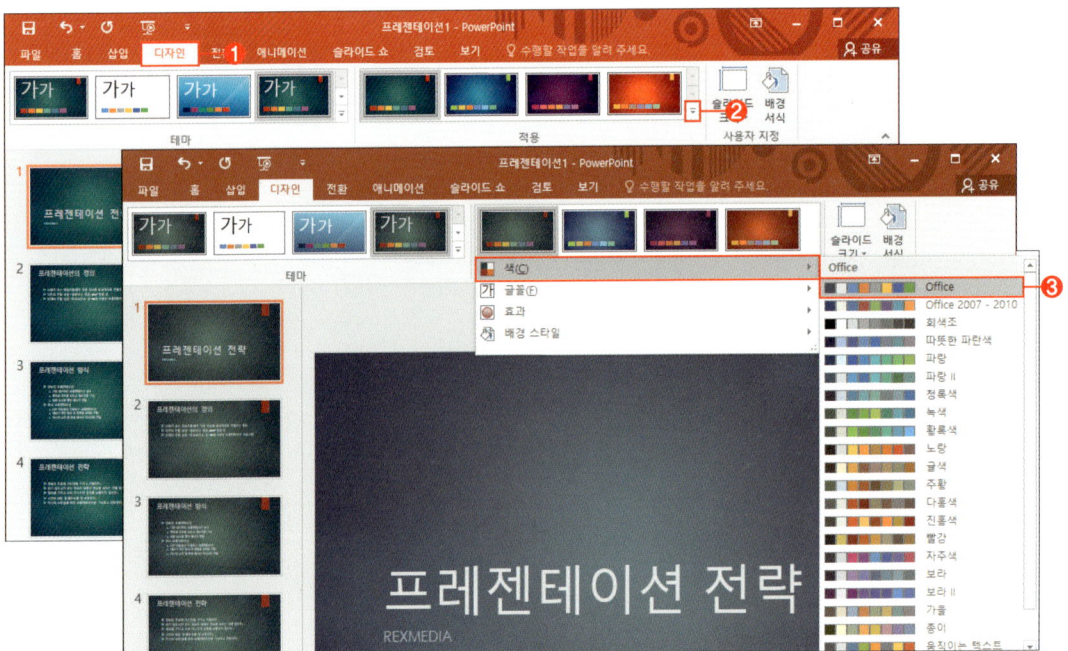

▲ PLUS α

새 테마 색 만들기

[디자인] 탭–[적용] 그룹에서 [자세히]를 클릭한 후 [색]–[색 사용자 지정]을 클릭하면 기본 제공 목록의 테마 색 이외에 추가로 사용자가 직접 만들어 사용할 수 있습니다.

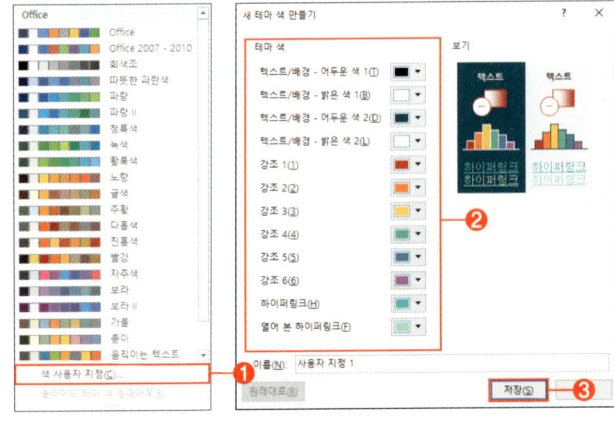

02 모든 슬라이드에 테마 색(Office)이 변경됩니다. 디자인 테마의 글꼴을 변경하기 위해 [적용] 그룹에서 [자세히]를 클릭한 후 [글꼴]-[Arial Black-Arial]를 클릭합니다.

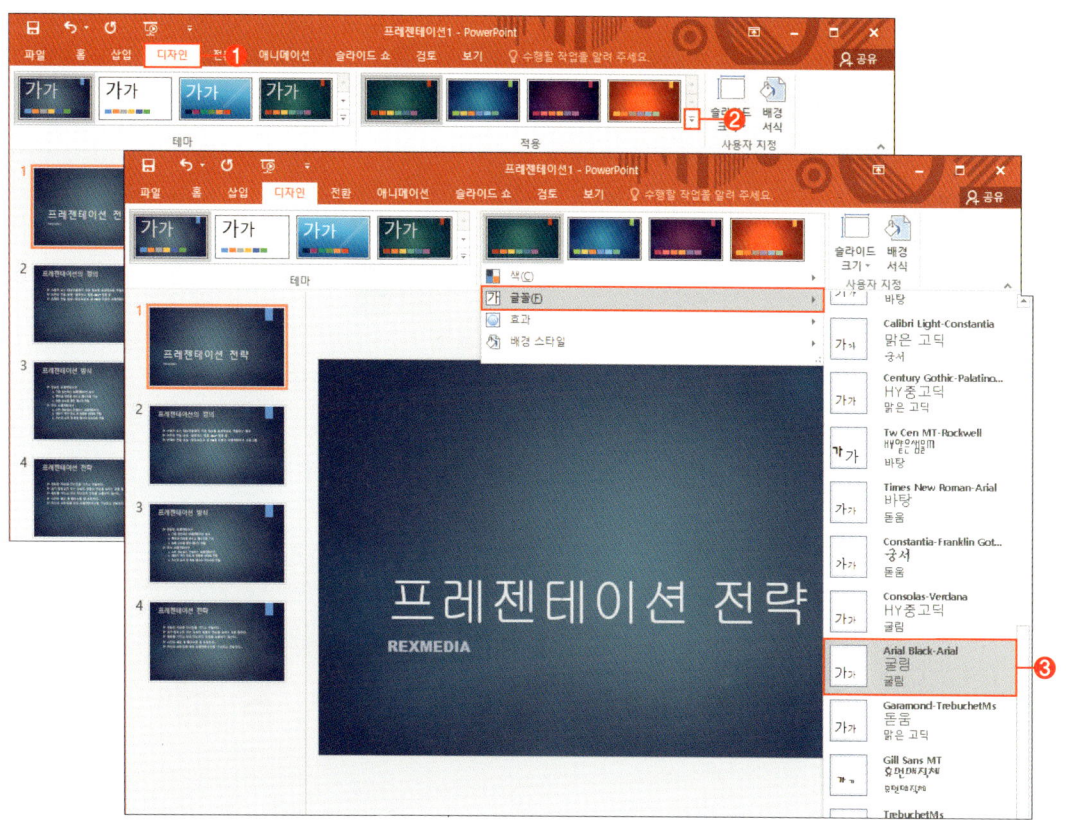

▲ PLUS α

새 테마 글꼴 만들기

[디자인] 탭-[적용] 그룹에서 [자세히]를 클릭한 후 [글꼴]-[글꼴 사용자 지정]을 클릭하면 기본 제공 목록의 테마 글꼴 이외에 추가로 사용자가 직접 만들어 사용할 수 있습니다.

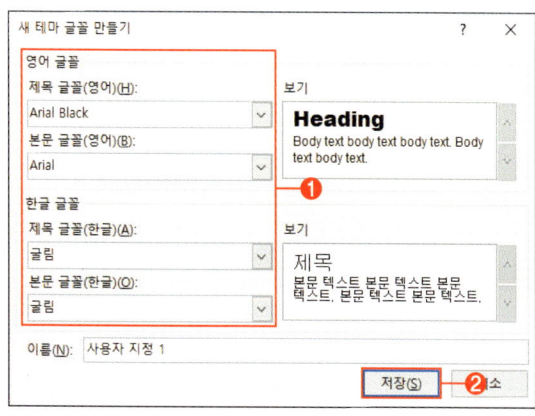

배경 스타일 변경

[디자인] 탭-[적용] 그룹에서 [자세히]를 클릭한 후 [배경 스타일]을 선택하여 디자인 테마의 테마 배경 이외의 테마 스타일을 변경할 수 있습니다.

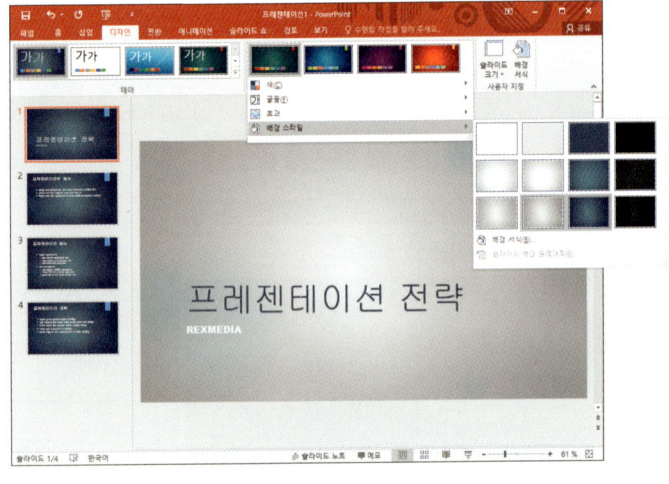

배운 내용을 확인하는! 실습문제

1 "블루투스" 문서를 열고 다음과 같이 수정해 보세요.

디자인 테마 : 테마 색(황록색), 테마 글꼴(Corbel)

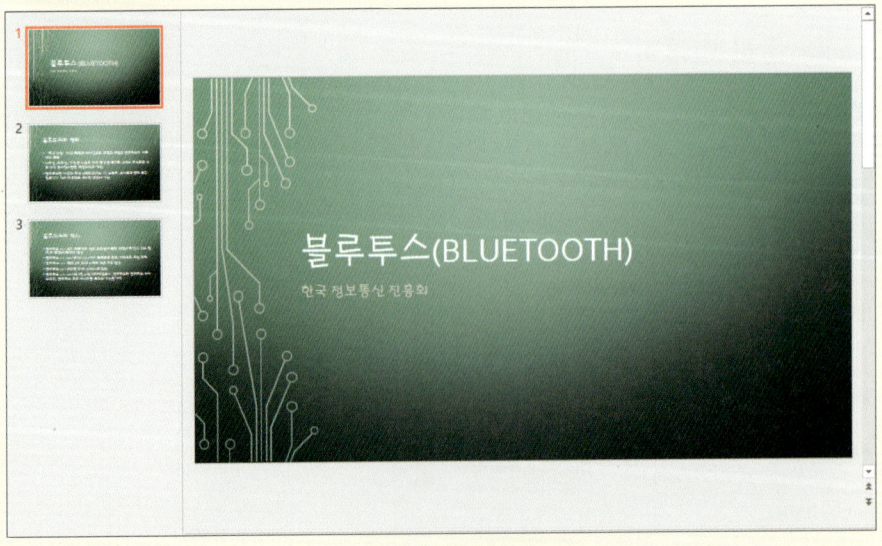

마무리 실전문제

1 "사업 계획서" 문서를 열고 다음과 같이 작성해 보세요.

디자인 테마(줄기), 테마 색(귤색), 테마 글꼴(Combria)

▼

디자인 테마([테마 찾아보기]-[Chapter07] 폴더의 "테마1"로 지정),
테마 글꼴(Office)

화면 전환 효과와 슬라이드 쇼 설정하기

화면 전환 효과란 슬라이드의 장면과 장면사이에서 다음 장으로 넘어갈 때 나타나는 효과를 의미합니다. 화면 전환 효과를 사용하면 보는 사람에게 흥미를 주게 되어 집중할 수 있도록 도와주는 좋은 방법이 될 수 있습니다. 그럼 이번 Chapter에서는 화면 전환 효과를 이용하여 슬라이드 쇼를 진행하는 방법에 대해 알아보겠습니다.

Step 1 화면 전환 효과 지정하기

화면이 전환될 때 나타나는 효과인 화면 전환 효과는 [애니메이션] 탭에서 설정하며, 전환 효과의 종류도 굉장히 많이 있습니다. 하지만 너무 많은 효과를 사용하다 보면 그 효과가 오히려 반감되기 때문에 적당히 사용하는 것이 좋습니다.

01 "프레젠테이션 전략.pptx" 문서를 열고 [전환] 탭-[슬라이드 화면 전환] 그룹에서 ▼[자세히]를 클릭합니다. 그런다음 화면 전환 효과 목록에서 🔲[날기]를 클릭합니다.

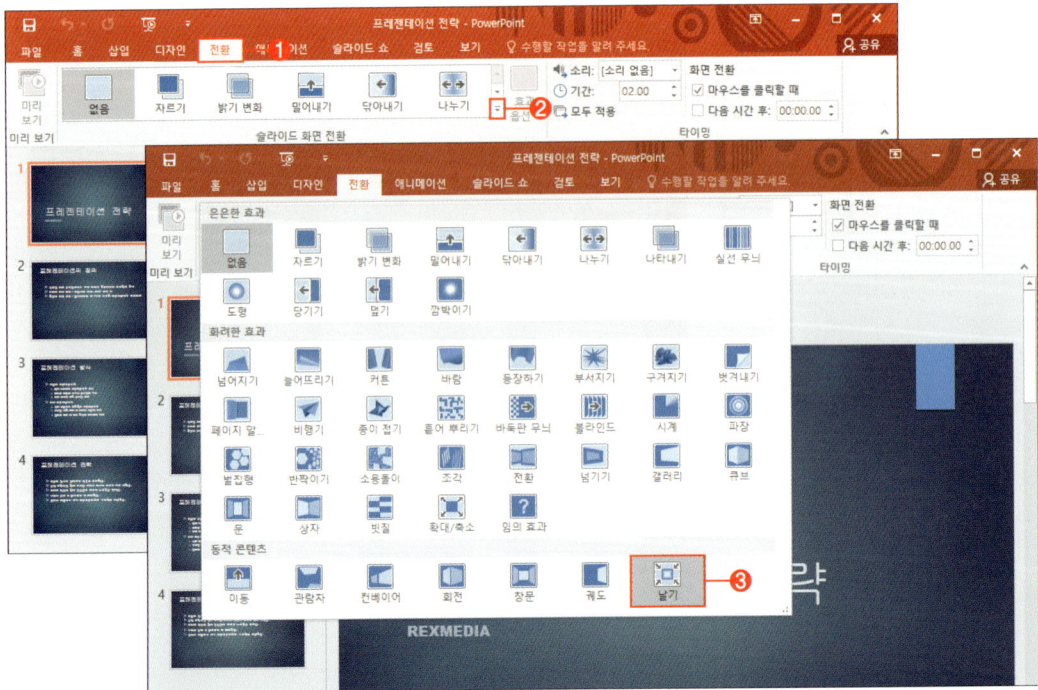

[전환] 탭 살펴보기

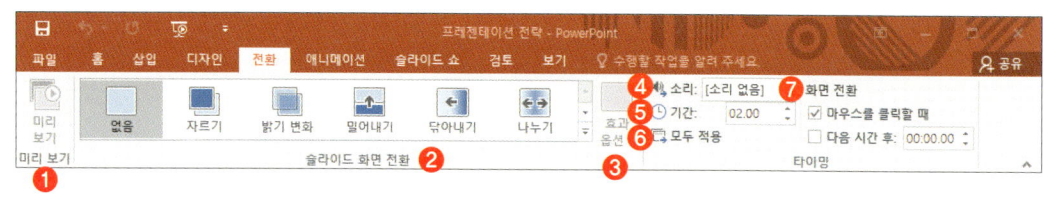

❶ **미리 보기** : 개체에 적용한 애니메이션을 슬라이드 창 내에서 미리 확인할 수 있습니다.
❷ **슬라이드 화면 전환 효과** : 슬라이드에 적용할 수 있는 화면 전화 효과를 선택할 수 있습니다.
❸ **효과 옵션** : 선택한 화면 전환 효과의 세부 사항을 선택할 수 있습니다.
❹ **소리** : 화면 전환할 때 효과음을 적용할 수 있습니다.
❺ **기간** : 화면 전환할 때의 속도를 조절할 수 있습니다.
❻ **모두 적용** : 모든 슬라이드에 현재 설정한 효과를 적용할 수 있습니다.
❼ **화면 전환** : 화면 전환의 시점을 마우스를 클릭할 때 또는 일정 시간이 지나면 전환되도록 할 것인지 설정할 수 있습니다.

02 [효과 옵션]-[바운드하며 모으기]를 클릭한 후 기간(01.00)을 수정한 다음 모든 슬라이드에 화면 전환 효과 및 속도를 지정하기 위해 [모두 적용]을 클릭합니다.

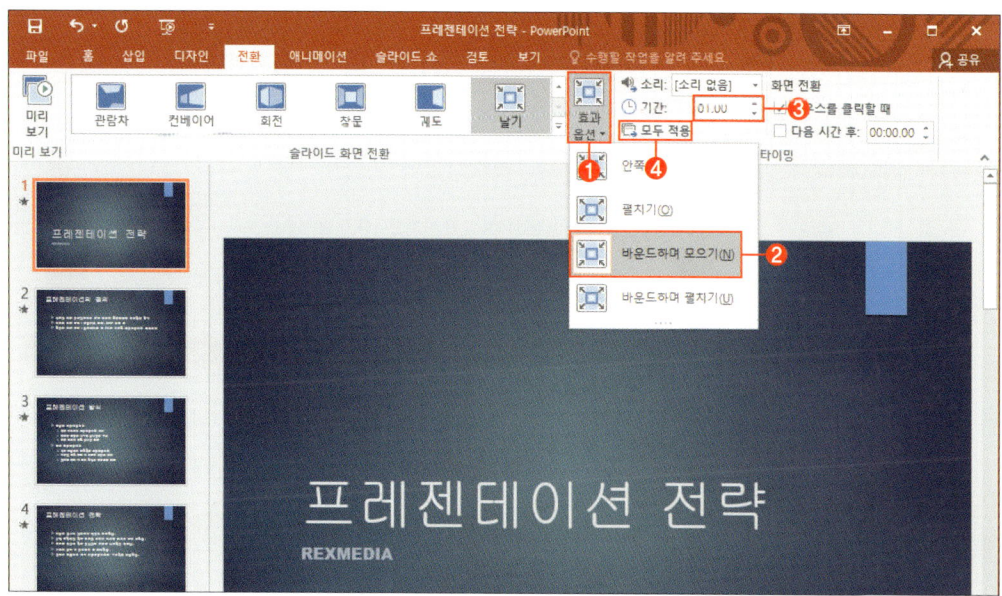

Tip

화면 전환 효과 미리보기
화면 전환 효과를 적용하면 개요 및 슬라이드 창에서 해당 슬라이드 번호 아래에 ★[애니메이션 실행 아이콘]이 표시되며, 클릭하면 해당하는 화면 전환 효과를 확인할 수 있습니다.

실습문제 — 배운 내용을 확인하는!

1 "유비쿼터스" 프레젠테이션 문서를 열고 다음과 같이 수정해 보세요.

① 화면 전환 효과(큐브), 효과 옵션(왼쪽에서), 기간(01.00)
② 화면 전환 효과(나누기), 효과 옵션(가로 안쪽으로), 기간(01.50)
③ 화면 전환 효과(창문), 효과 옵션(가로), 기간(02.00)

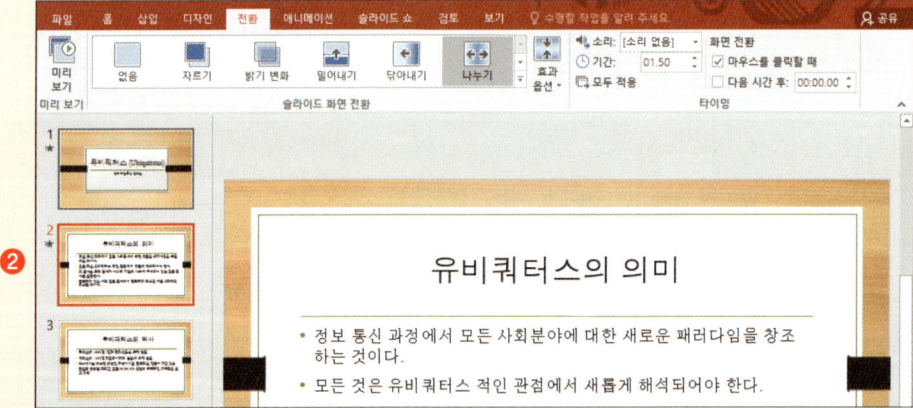

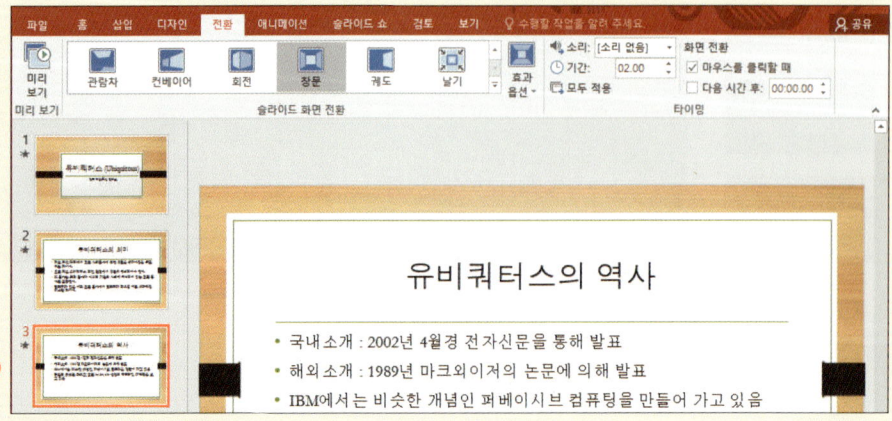

| Step 2 | 슬라이드 쇼 설정하기

슬라이드 쇼는 슬라이드 쇼의 시작 위치를 지정하거나 슬라이드 쇼에 사용할 설명, 표시할 모니터와 발표자 모니터 화면을 설정할 수 있으며, 슬라이드 쇼가 진행되는 과정에서도 볼펜, 형광펜 등을 이용하여 진행에 문제가 없도록 많은 기능을 제공합니다.

01 슬라이드의 쇼를 진행하기 위해 [슬라이드 쇼] 탭-[슬라이드 쇼 시작] 그룹에서 [처음부터]를 클릭합니다.

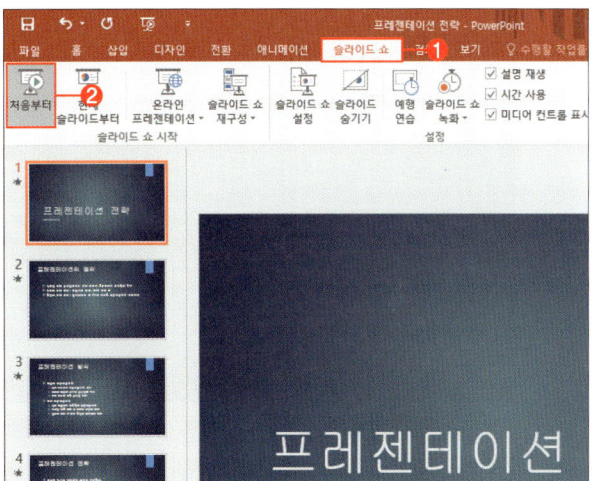

Tip

슬라이드 쇼 바로 가기 키
키보드의 F5를 누르면 전체 슬라이드 중에서 처음부터 슬라이드 쇼가 진행됩니다.

▲ PLUS α

[슬라이드 쇼] 탭 살펴보기

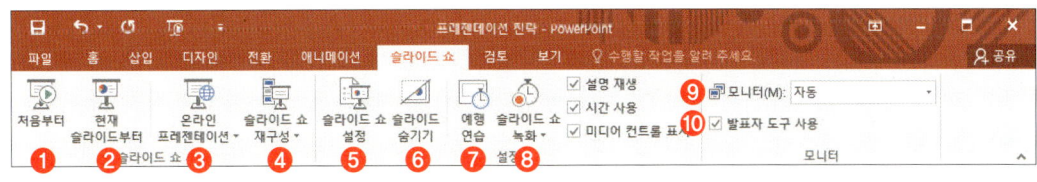

❶ **처음부터** : 슬라이드 쇼를 처음부터 진행합니다.
❷ **현재 슬라이드부터** : 슬라이드 쇼를 현재 선택된 슬라이드부터 진행합니다.
❸ **온라인 프레젠테이션** : 슬라이드 쇼를 기본 프레젠테이션 서비스를 사용해 온라인으로 표시합니다.
❹ **슬라이드 쇼 재구성** : 사용자 지정 슬라이드 쇼를 만들거나 실행합니다.
❺ **슬라이드 쇼 설정** : [쇼 설정] 대화상자에서 슬라이드 쇼에 관한 세부 설정을 사용합니다.
❻ **슬라이드 숨기기** : 프레젠테이션에서 현재 슬라이드를 숨깁니다.
❼ **예행 연습** : 슬라이드 쇼를 진행하며 각 슬라이드에 소요되는 시간 등을 체크합니다.
❽ **슬라이드 쇼 녹화** : 녹화된 시작 위치를 선택하거나 녹화된 타이밍 및 설명을 지웁니다.
❾ **모니터** : 전체화면 슬라이드 쇼를 표시할 모니터를 선택합니다.
❿ **발표자 도구 사용** : 연결된 모니터가 2대 이상일 경우 발표자 도구를 사용하고자 할 때 사용합니다.

02 화면 전환 효과가 적용되면서 슬라이드 쇼가 진행됩니다. ▶[다음 슬라이드]를 클릭한 후 모든 슬라이드에 화면 전환 효과가 설정되었는지 확인합니다.

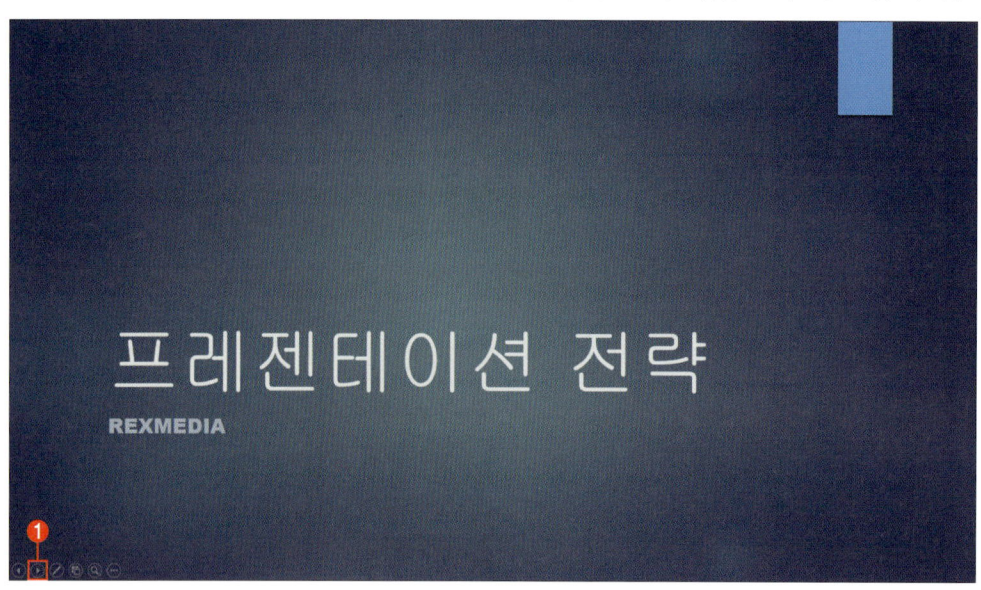

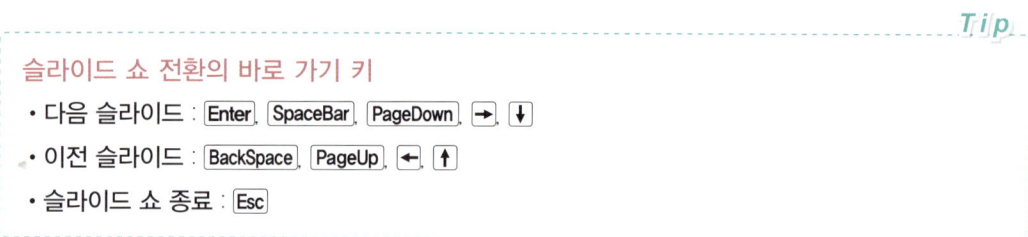

Tip

슬라이드 쇼 전환의 바로 가기 키
- 다음 슬라이드 : Enter, SpaceBar, PageDown, →, ↓
- 이전 슬라이드 : BackSpace, PageUp, ←, ↑
- 슬라이드 쇼 종료 : Esc

03 슬라이드 쇼를 진행하면서 잉크 주석을 사용하기 위해 슬라이드 쇼의 진행 화면에서 바로 가기 메뉴의 [포인터 옵션]-[형광펜]을 선택합니다.

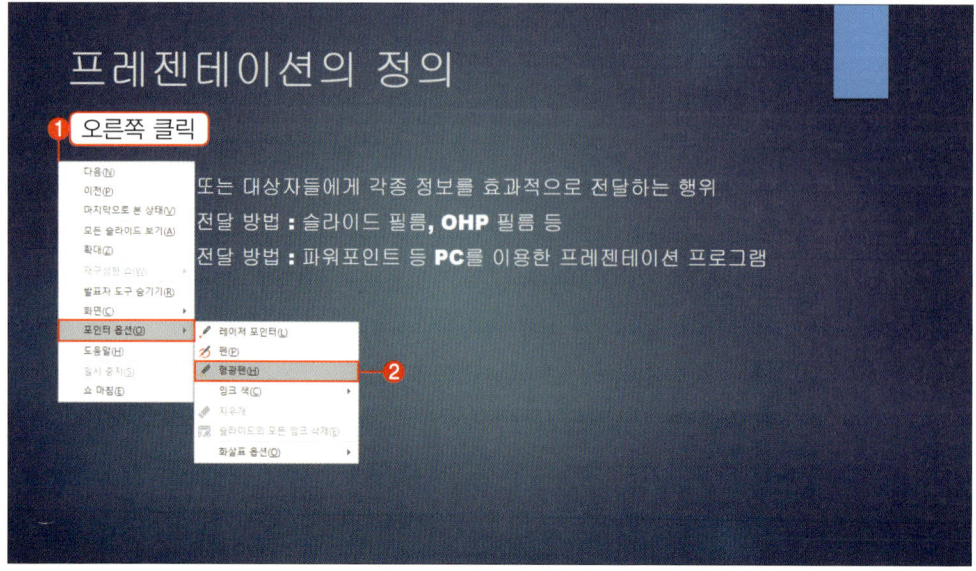

04 마우스 포인터 모양이 변경되면 다음과 같이 드래그하여 표시할 수 있습니다.

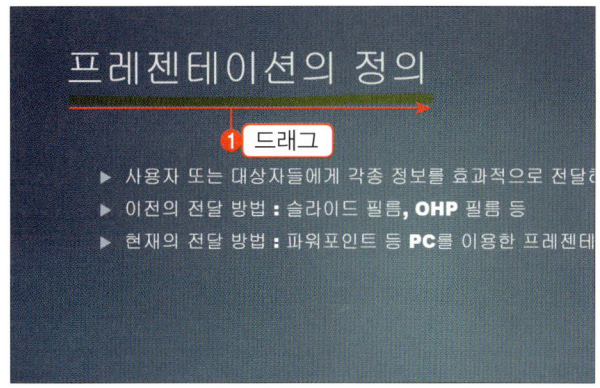

05 형광펜의 색을 다른 색으로 변경하기 위해 바로 가기 메뉴의 [포인터 옵션]-[잉크 색]에서 원하는 색을 클릭합니다.

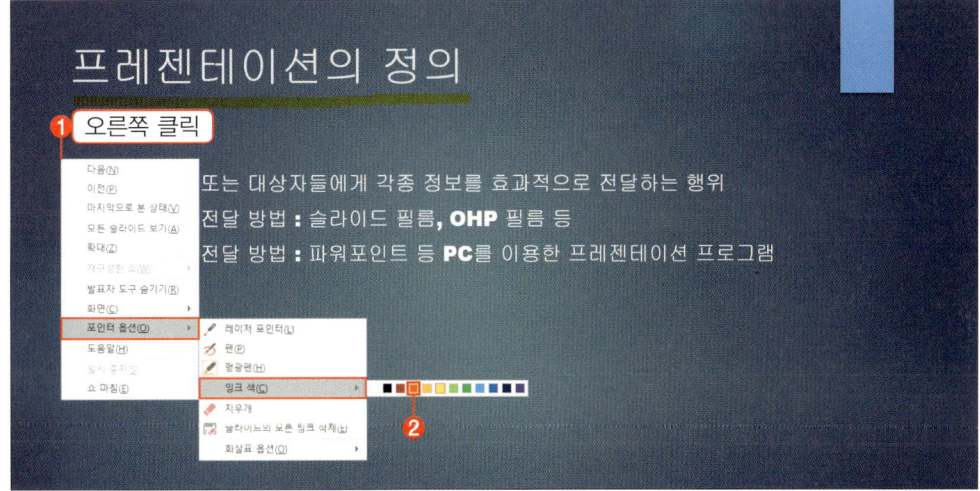

06 마우스 포인터 모양이 변경되면 다음과 같이 드래그하여 표시할 수 있습니다.

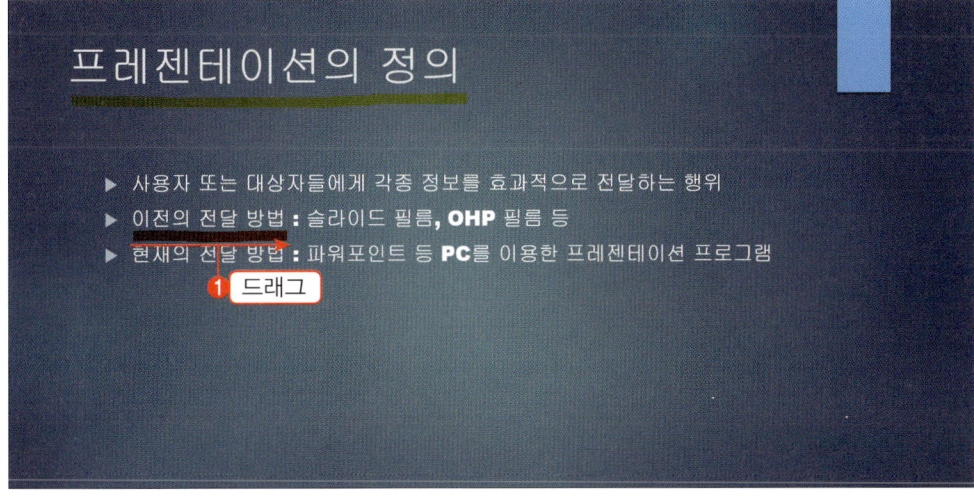

07 형광펜의 내용을 지우기 위해 바로 가기 메뉴의 [포인터 옵션]-[지우개]를 클릭합니다. 그런다음 마우스 포인터의 모양이 지우개 모양으로 변경되면 표시된 잉크 주석을 클릭하여 지울 수 있습니다.

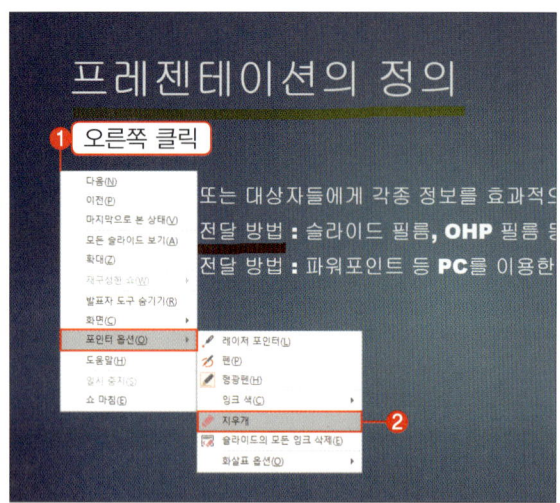 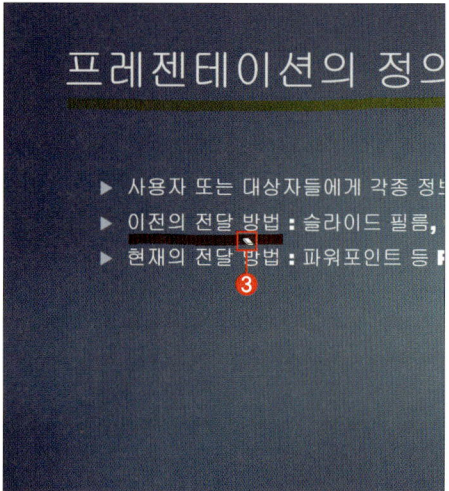

08 다음 슬라이드, 이전 슬라이드 등을 이용하여 슬라이드 쇼를 진행합니다.

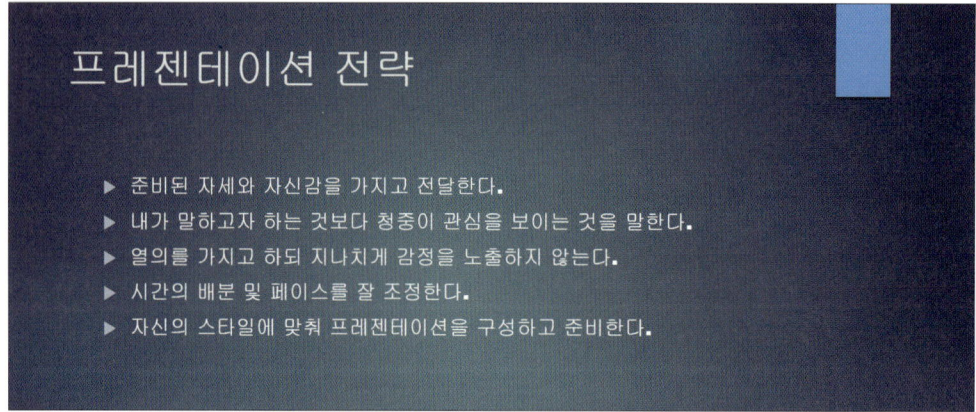

09 슬라이드 쇼가 종료되면 잉크 주석을 유지할 것인지 묻는 대화상자가 표시됩니다. 잉크 주석을 표시하지 않기 위해 [아니요]를 클릭합니다.

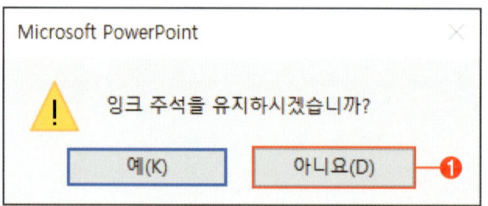

> *Tip*
>
> **잉크 주석을 유지하기**
> 슬라이드 쇼를 종료한 후 "잉크 주석을 유지하시겠습니까?" 질문에 [예]를 클릭하면 슬라이드 쇼를 진행하면서 작성한 잉크 주석 내용이 그림 형식으로 삽입됩니다.

배운 내용을 확인하는! 실습문제

1 "유비쿼터스" 문서를 열고 다음과 같이 슬라이드 쇼를 실행해 보세요.

2 "유비쿼터스" 문서를 이용하여 슬라이드 쇼를 진행하며 포인터를 사용해 보세요.

- 잉크 주석을 유지하지 않고 저장

마무리 실전문제

1 "사업 계획서" 문서를 열고 다음과 같이 수정해 보세요.

- 화면 전환 효과(나타내기), 효과 옵션(오른쪽에서 부드럽게), 기간(02.00), 모두 적용

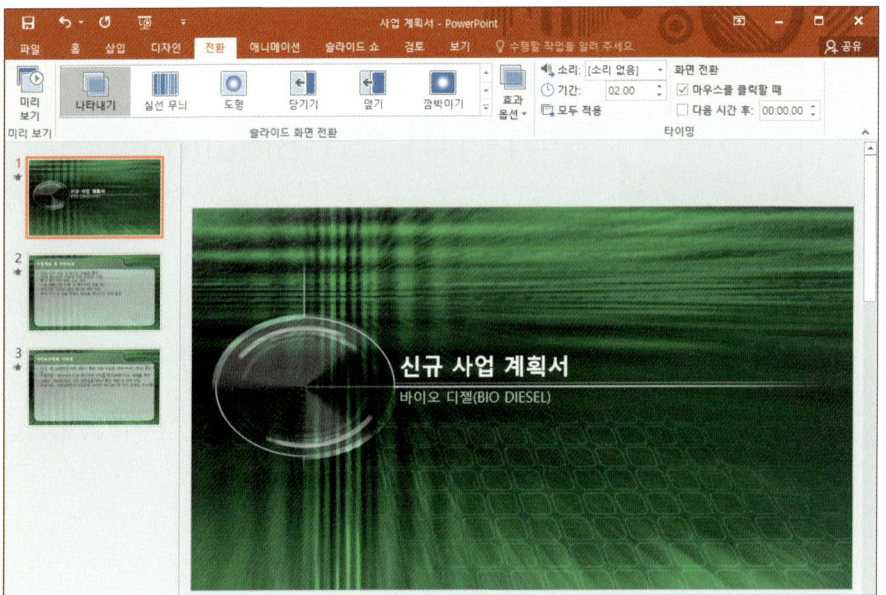

2 "사업 계획서" 문서를 이용하여 슬라이드 쇼를 진행하고 포인터를 사용해 보세요.

- 잉크 주석 유지하여 저장

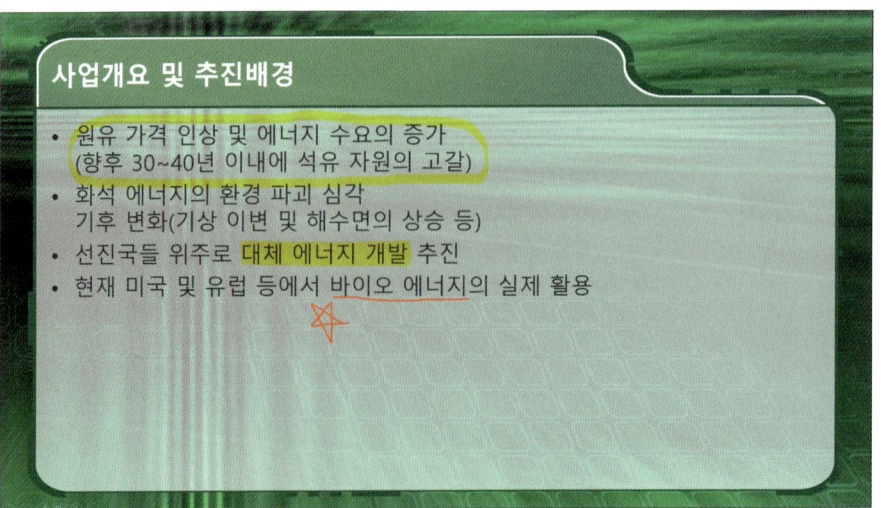

프레젠테이션 문서 인쇄하기

파워포인트 2016에서 만든 문서를 인쇄할 경우에 기본 형식인 가로형으로 슬라이드 쇼와 동일하게 인쇄하는 것 뿐만아니라 세로형, 유인물 인쇄, 발표자 노트 인쇄 등 용도에 따라 알맞은 인쇄 방법을 선택하여 인쇄할 수 있습니다.

Step 1 슬라이드의 크기 지정 및 필요한 슬라이드만 따로 인쇄하기

[페이지 설정] 대화상자에서는 슬라이드 쇼를 진행하는 스크린의 비율이나 인쇄에 사용하는 용지를 설정할 수 있고 인쇄 방향 등을 지정하며, [인쇄] 대화상자에서는 인쇄 범위, 인쇄 대상, 매수 등을 지정할 수 있습니다.

01 "프레젠테이션 전략.pptx" 파일을 열고 슬라이드 크기를 지정하기 위해 [디자인] 탭-[사용자 지정] 그룹에서 [슬라이드 크기]-[사용자 지정 슬라이드 크기]를 클릭합니다.

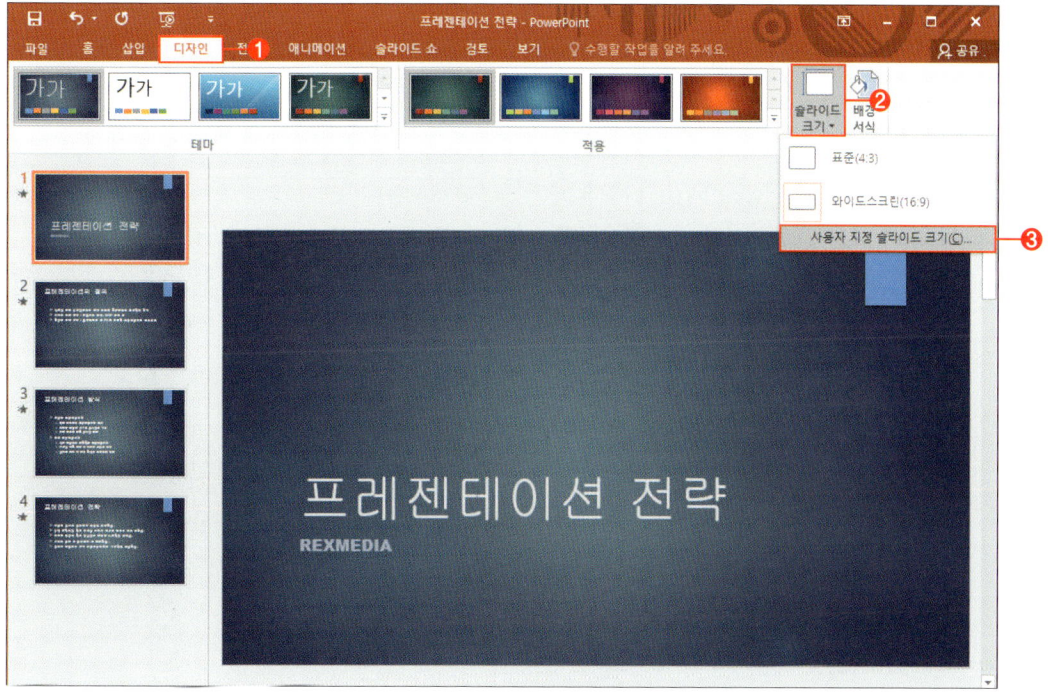

02 [슬라이드 크기] 대화상자가 나타나면 슬라이드 크기(A4 용지(210×297mm))를 선택한 후 [확인] 단추를 클릭합니다.

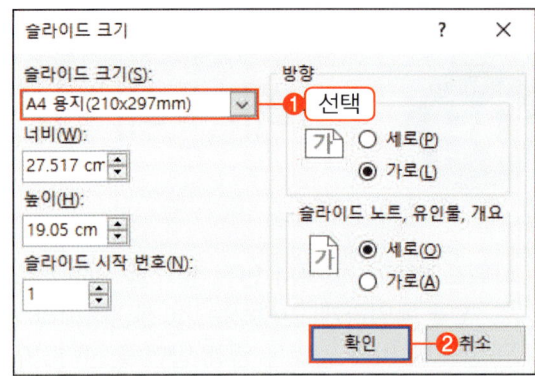

▲ PLUS α

[슬라이드 크기] 대화상자 살펴보기

[슬라이드 크기] 대화상자는 슬라이드의 크기 및 방향 등을 지정하는 기능으로 슬라이드의 크기에 따라 슬라이드 쇼를 진행할 때 화면의 크기 및 인쇄 사이즈가 다르게 나타납니다.

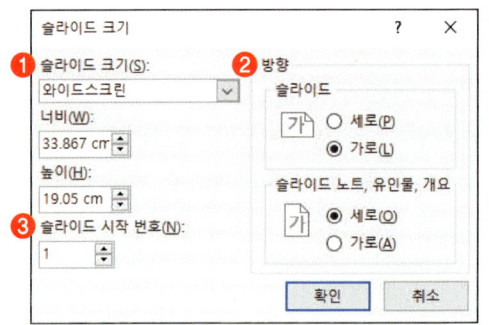

❶ **슬라이드 크기** : 작성하려는 슬라이드의 크기를 결정합니다.
❷ **방향** : 슬라이드, 슬라이드 노트, 유인물, 개요 등이 인쇄되는 방향을 결정합니다.
❸ **슬라이드 시작 번호** : 슬라이드의 시작 번호를 결정합니다.

03 [Microsoft PowerPoint] 대화상자가 나타나면 [맞춤 확인]을 클릭합니다.

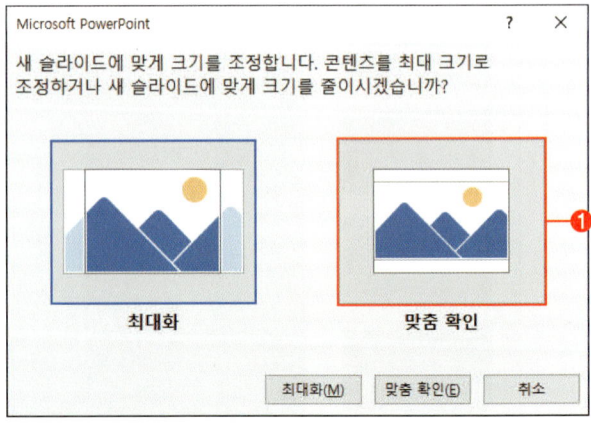

04 슬라이드의 크기가 변경되면 선택한 슬라이드만 인쇄하기 위해 1번 슬라이드에서 Ctrl을 누른 상태에서 3번, 4번 슬라이드를 순서대로 클릭하여 선택합니다.

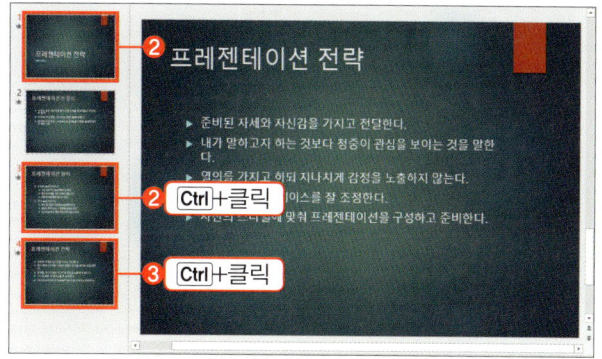

05 인쇄할 슬라이드가 선택되면 인쇄를 위해 [파일] 탭-[인쇄]를 클릭합니다. 그런다음 인쇄 화면에서 복사본(1) 및 [선택 영역 인쇄]를 지정한 후 [인쇄] 단추를 클릭합니다.

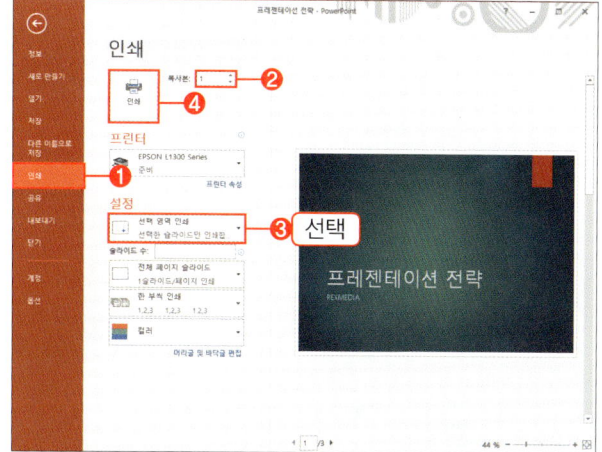

▲ PLUS α

[인쇄] 살펴보기

① 인쇄 매수를 입력합니다.
② 인쇄에 사용할 프린터를 선택합니다.
③ 인쇄할 슬라이드(모든 슬라이드 인쇄, 선택 영역 인쇄, 현재 슬라이드 인쇄, 범위 지정)를 선택합니다.
④ 인쇄의 목적에 따라 슬라이드, 유인물, 슬라이드 노트, 개요 보기 중에서 선택할 수 있습니다.
⑤ 한부씩 인쇄 또는 한부씩 인쇄 안함 중에서 선택합니다.
⑥ 인쇄 대상물의 색상을 컬러, 회색조, 흑백 중에서 선택하여 인쇄할 수 있습니다.
⑦ [머리글 및 바닥글] 대화상자가 나타나며 머리글 및 바닥글을 지정할 수 있습니다.

실습문제 배운 내용을 확인하는!

1 "유비쿼터스" 문서를 열고 슬라이드 크기를 A4 용지(210×297mm)로 수정해 보세요.

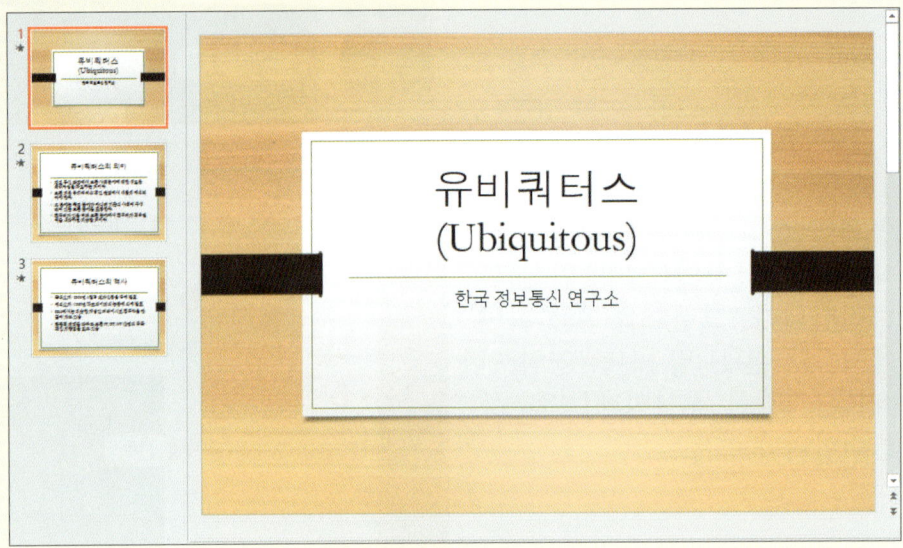

2 "유비쿼터스" 문서의 1번 슬라이드와 3번 슬라이드만 선택하여 인쇄해 보세요.

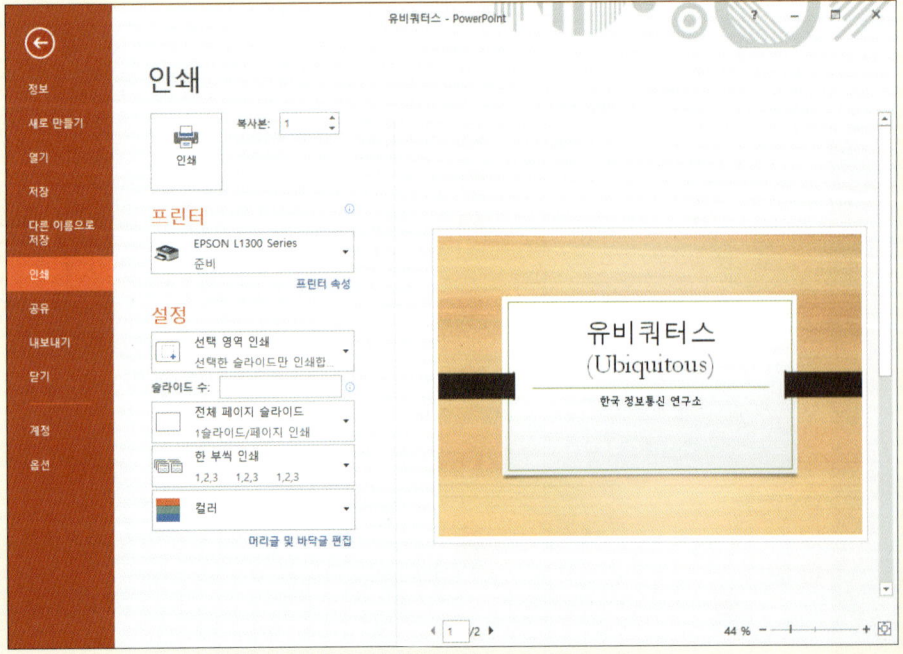

Step 2 유인물 슬라이드 인쇄 및 인쇄 방향 지정하기

유인물이란 여러 슬라이드를 한 페이지에 인쇄하는 것으로 슬라이드의 요약이나 수정이 필요한 회의에서 주로 사용합니다. 유인물은 한 페이지에 2장의 슬라이드부터 최대 9장의 슬라이드까지 담을 수 있습니다.

01 [파일] 탭-[인쇄]를 클릭한 후 인쇄 화면이 나타나면 [머리글 및 바닥글 편집]을 클릭합니다.

> **Tip**
> [머리글/바닥글] 실행하기
> [삽입] 탭-[텍스트] 그룹에서 [머리글/바닥글]을 클릭하여 [머리글/바닥글] 대화상자를 표시할 수 있습니다.

02 [머리글/바닥글] 대화상자가 나타나면 [슬라이드] 탭에서 [날짜 및 시간], [슬라이드 번호], [제목 슬라이드에는 표시 안 함] 등을 선택한 후 [모두 적용] 단추를 클릭합니다.

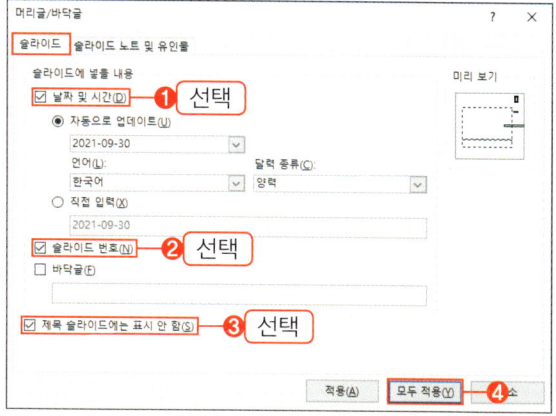

> **Tip**
> 슬라이드 번호 수정하기
> 슬라이드 번호는 [디자인] 탭-[사용자 지정] 그룹에서 [슬라이드 크기]-[슬라이드 크기]을 클릭한 후 [슬라이드 크기] 대화상자에서 슬라이드 시작 번호를 임의로 수정하여 사용할 수 있습니다.

PLUS α

슬라이드 번호, 바닥글, 날짜 및 시간 위치 변경하기

슬라이드에 표시되는 슬라이드 번호, 바닥글, 날짜 및 시간 등은 [보기] 탭의 [마스터 보기] 그룹에서 [슬라이드 마스터]를 클릭하여 슬라이드 마스터 편집 화면으로 이동 후 위치를 수정할 수 있습니다.

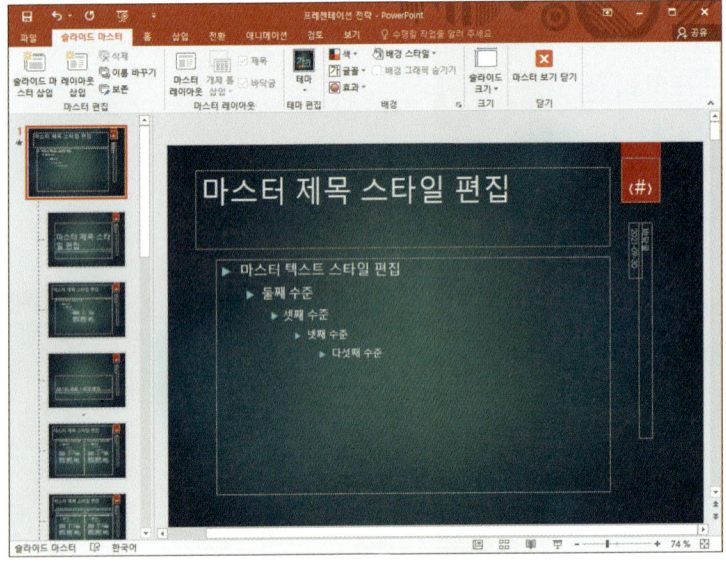

03 인쇄 화면이 다시 나타나면 설정의 [3슬라이드] 및 [가로 방향] 등을 선택한 후 [인쇄] 단추를 클릭합니다.

배운 내용을 확인하는!

1 "사업 계획서" 문서를 열고 다음과 같이 설정한 후 인쇄해 보세요.

- 슬라이드 크기 : A4 용지(210×297mm)
- 유인물 형식 : 한 페이지에 2개 슬라이드

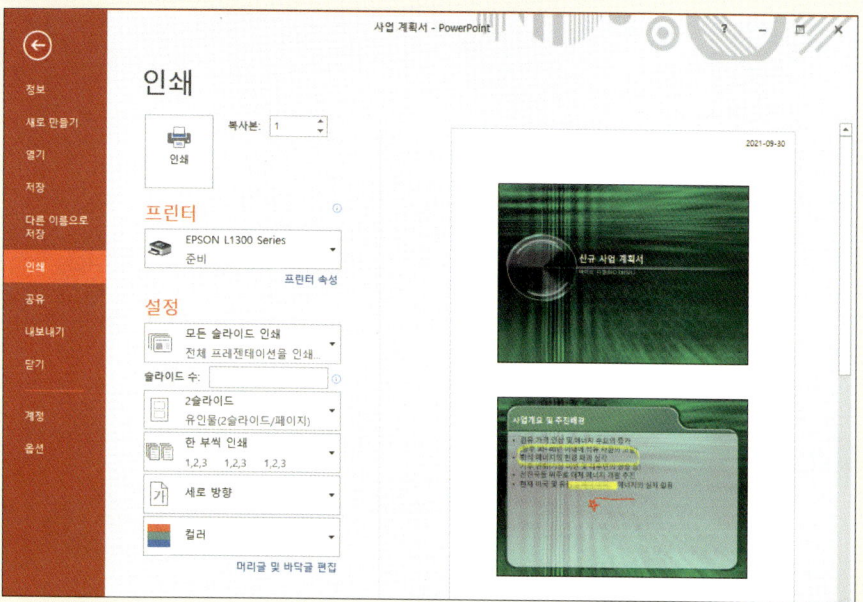

2 "사업 계획서" 문서를 개요 보기 형식으로 인쇄해 보세요.

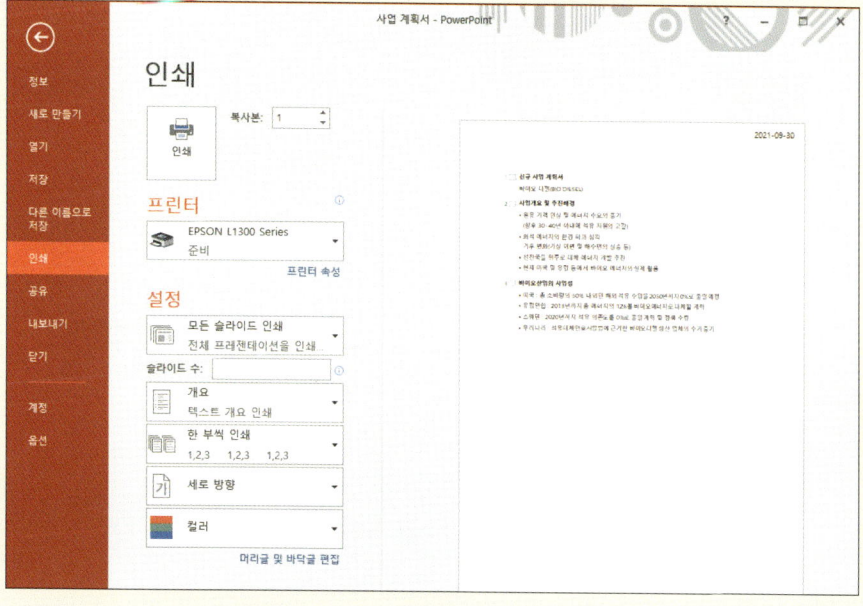

마무리 실전문제

1 "유비쿼터스" 문서를 열고 다음과 같이 설정한 후 인쇄해 보세요.

- 문서 전체를 유인물 형식으로 한 페이지에 3개의 슬라이드가 인쇄
- 용지 방향을 가로로 설정하고 인쇄물 색을 회색조 형식으로 용지에 맞게 크기 조정하여 인쇄

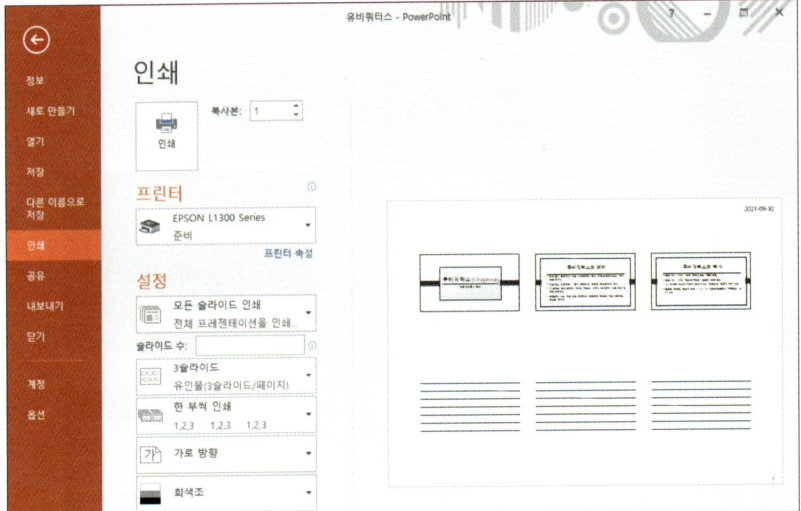

2 "사업 계획서" 문서를 열고 다음과 같이 설정한 후 인쇄해 보세요.

- 문서 전체를 유인물 형식으로 한 페이지에 3개의 슬라이드가 인쇄
- 용지 방향을 가로로 설정하고 머리글(바이오 산업 세미나용)과 바닥글(장소 : 무역센터 4층 404호)을 지정 후 인쇄

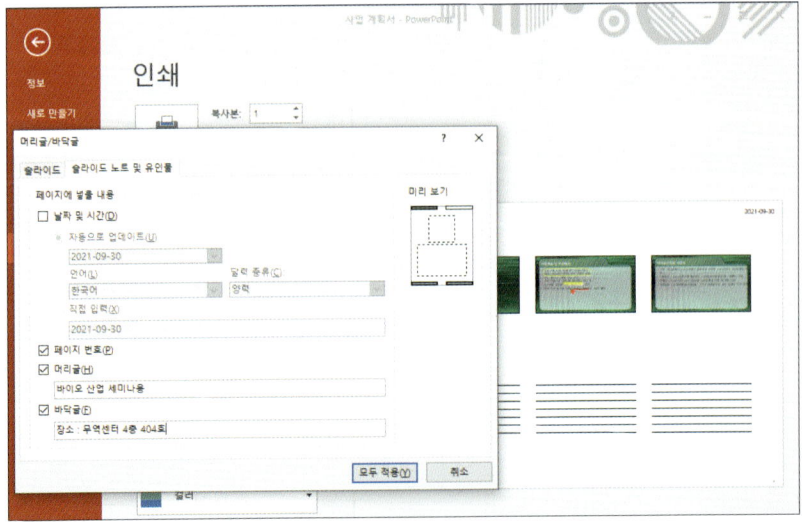

PART 02

파워포인트 2016
실력 다지기

제01장 • 슬라이드에 도형 삽입하기

제02장 • 도형에 텍스트 입력 및 그림 삽입하기

제03장 • SmartArt를 이용한 목록형 슬라이드 작성하기

제04장 • SmartArt를 이용한 SWOT 분석 슬라이드 작성하기

제05장 • 온라인 그림으로 수출통계 슬라이드 작성하기

제06장 • 그림으로 사진 앨범 작성하기

제07장 • SmartArt를 이용한 조직도 슬라이드 작성하기

제08장 • 하이퍼링크와 실행 설정하기

01 슬라이드에 도형 삽입하기

도형을 이용하여 슬라이드를 제작하는 경우 먼저 도형을 작성한 후 해당 도형에 여러 가지 효과를 적용하여 작성하게 됩니다. 파워포인트 2016은 이전 버전보다 훨씬 다양한 도형의 종류가 포함되어 있으며, 도형에 적용할 수 있는 옵션도 쉽고 단순하면서 효과적인 모양을 만들 수 있도록 제공하고 있습니다.

Step 1 도형 삽입하고 도형 서식 지정하기

도형은 [홈] 탭-[그리기] 그룹이나 [삽입] 탭-[일러스트레이션] 그룹에서 [도형]을 삽입할 수 있으며, [홈] 탭-[그리기] 그룹에서는 도형을 정렬하고 스타일을 지정하는 등 여러 가지 편집을 할 수 있습니다.

01 새 프레젠테이션 문서를 열고 [홈] 탭-[슬라이드] 그룹에서 [레이아웃]을 클릭한 후 [빈 화면]을 클릭합니다.

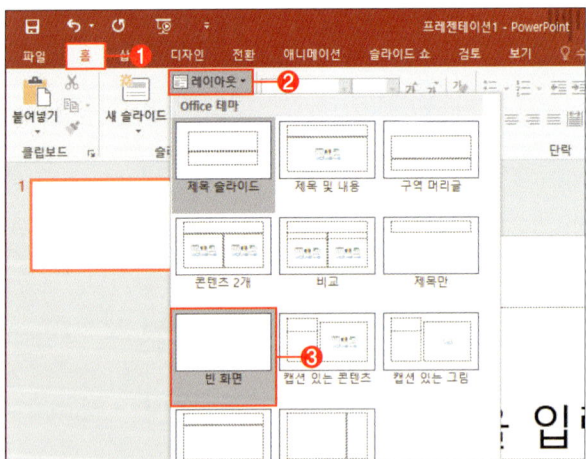

02 [디자인] 탭-[테마] 그룹에서 [자세히]를 클릭한 후 [슬라이스]를 클릭합니다.

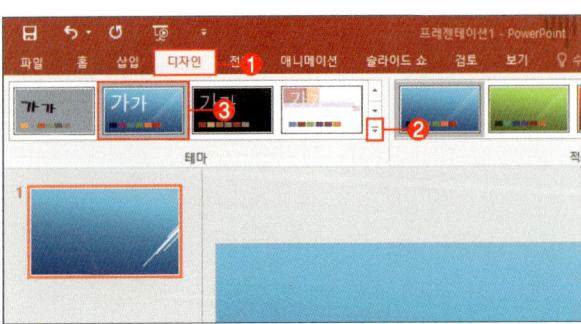

03 도형을 삽입하기 위해 [삽입] 탭-[일러스트레이션] 그룹에서 [도형]을 클릭한 후 ☼[해]를 클릭합니다.

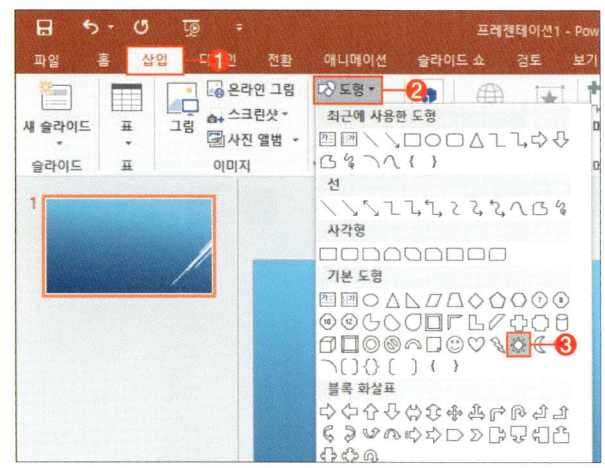

04 마우스 포인터가 + 모양으로 변경되면 드래그하여 도형을 작성합니다.

Tip

Shift 를 누르고 드래그하면 가로와 세로 크기가 동일한 도형을 작성할 수 있습니다.

05 도형의 윤곽선을 없애기 위해 [그리기 도구] 정황 탭-[서식] 탭-[도형 스타일] 그룹에서 [도형 윤곽선]을 클릭한 후 [윤곽선 없음]을 클릭합니다.

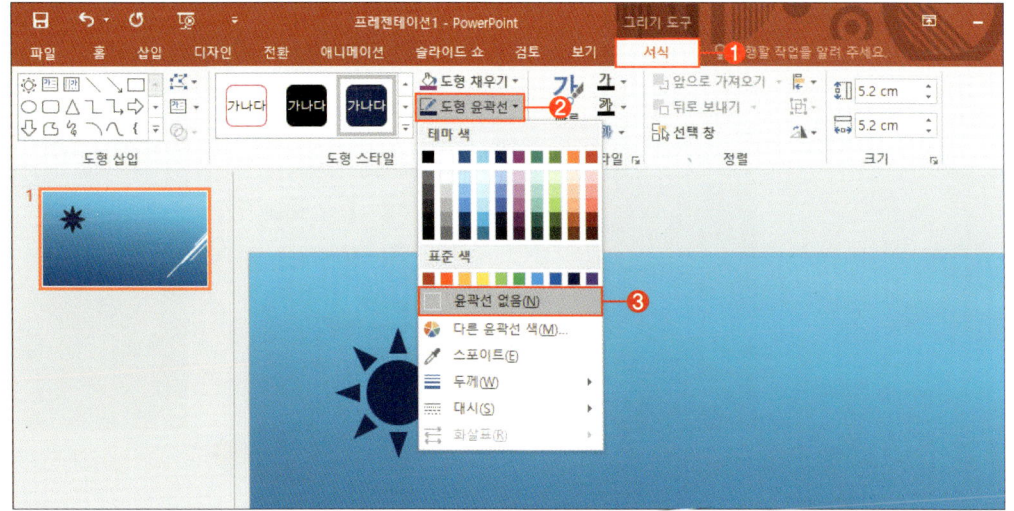

06 [그리기 도구] 정황 탭-[서식] 탭-[도형 스타일] 그룹에서 [도형 효과]를 클릭한 후 [입체 효과]-[둥글게]를 클릭합니다.

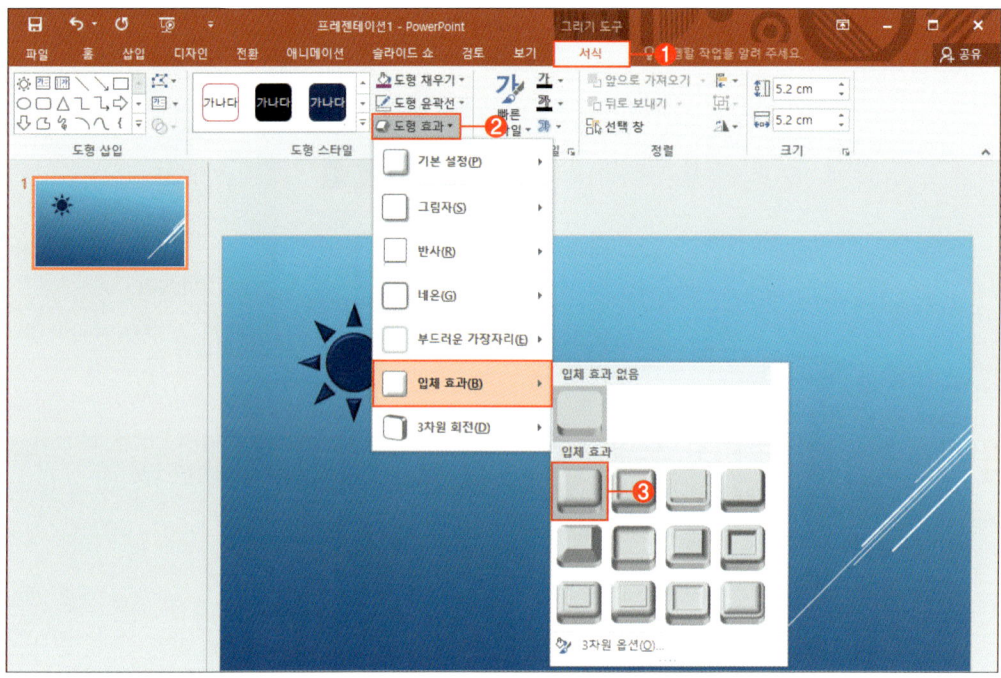

07 [그리기 도구] 정황 탭-[서식] 탭-[도형 스타일] 그룹에서 [도형 효과]를 클릭한 후 [3차원 회전]-[원근감(낮은 경사)]를 클릭합니다.

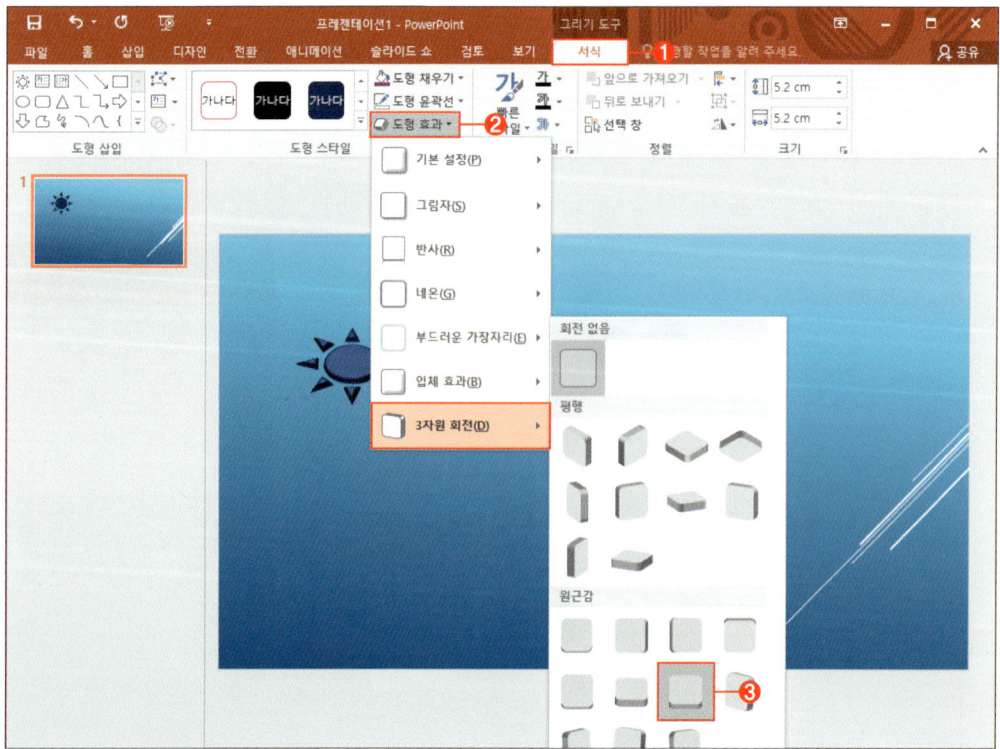

08 [그리기 도구] 정황 탭-[서식] 탭-[도형 스타일] 그룹에서 [추가 옵션]을 클릭합니다. 그런다음 [도형 서식] 작업 창이 나타나면 [효과]-[3차원 서식]에서 깊이 항목의 크기(3 pt)를 지정한 후 [닫기]를 클릭합니다.

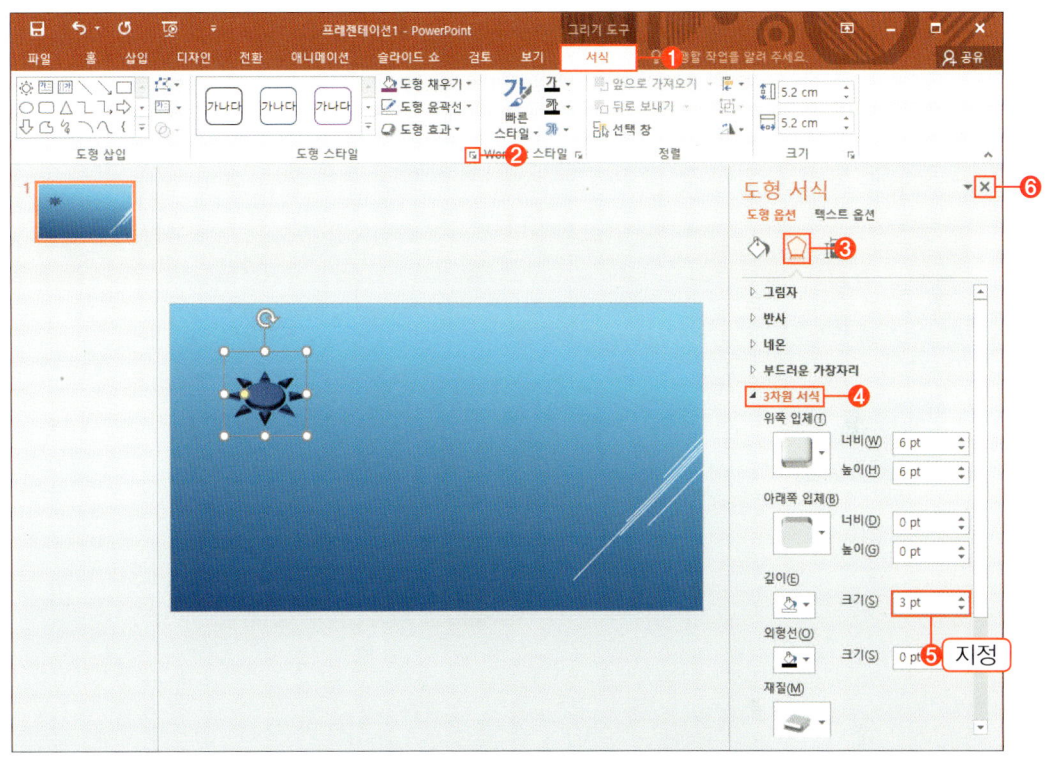

[도형 서식] 작업 창 살펴보기

[도형 서식] 작업 창에는 도형에 여러 가지 효과를 동시에 적용할 경우 편리하며, [그리기 도구] 정황 탭-[서식] 탭-[도형 스타일] 그룹에서 [추가 옵션]을 클릭하거나 [홈] 탭-[그리기] 그룹에서 [추가 옵션]을 클릭해도 [도형 서식] 작업 창이 표시됩니다.

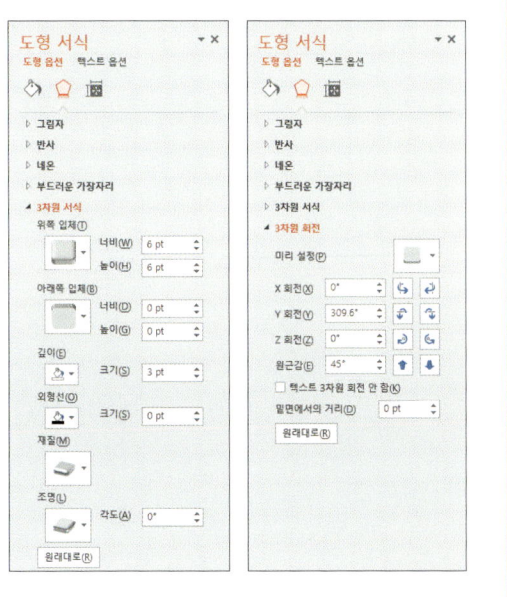

09 도형이 입체감 있는 모양으로 수정됩니다. 같은 방법으로 [삽입] 탭-[일러스트레이션] 그룹에서 [순서도: 저장데이터]를 이용하여 다음과 같이 작성합니다.

- 입체 효과 : 둥글게
- 3차원 서식 : 위쪽 입체(너비(6pt) 및 높이(6pt)),
  아래쪽 입체(너비(6pt) 및 높이(6pt)),
  깊이(3 pt), 조명(부드럽게)
- 3차원 회전 : 원근감(낮은 경사)

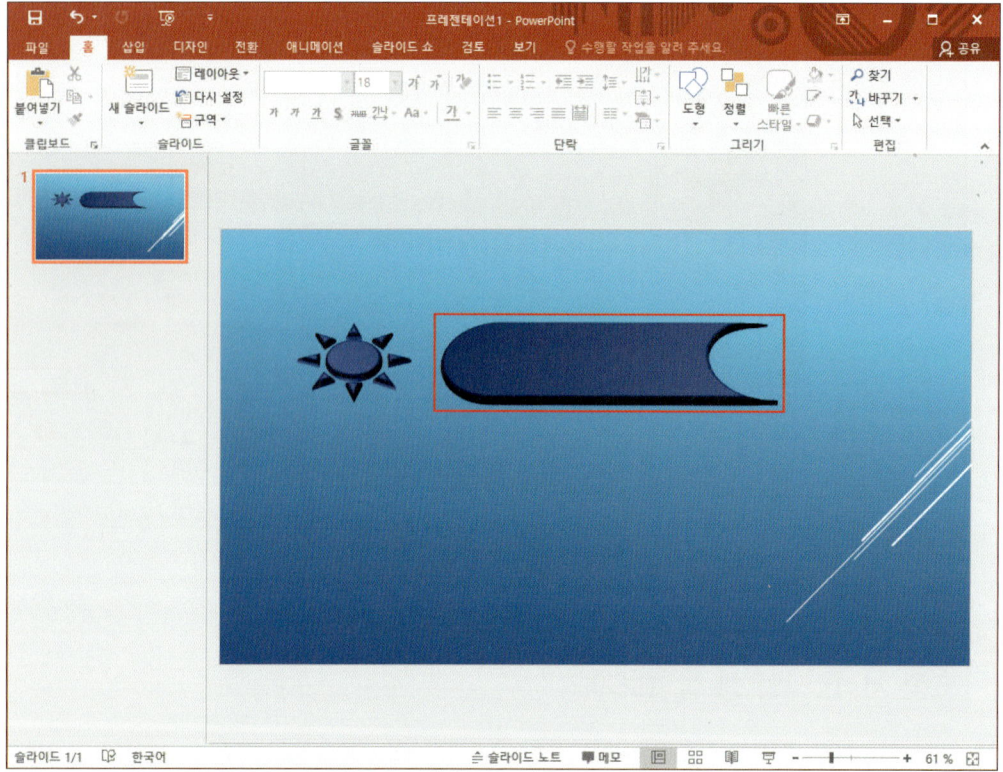

배운 내용을 확인하는!

① 새 프레젠테이션 문서에 도형을 작성한 후 "목차만들기1"로 저장해 보세요.

- 디자인 테마 : 물방울
- 도형 채우기 : '주황, 강조4'
- 도형 효과 : 입체 효과(둥글게)
- 도형 작성 : 오각형, 갈매기형 수장
- 도형 윤곽선 : 윤곽선 없음
- 3차원 서식 : 위쪽 입체(높이 및 너비(10)), 깊이(6pt)

② 새 프레젠테이션 문서에 테마(우주 테마)를 지정한 후 도형을 작성한 다음 "목차만들기2"로 저장해 보세요.

❶ 도형 작성 : 포인트가 6개인 별
 도형 채우기 : 빨강
 입체 효과 : 각지게

❷ 도형 작성 : 세로로 말린 두루마리 모양
 도형 채우기 : 진한 파랑
 도형 효과 : 그림자(오프셋 대각선 왼쪽 아래)

Step 2 도형의 좌우 대칭 및 그룹 설정하기

도형은 기본 제공하는 도형만으로 작업하기보다 크기 조절 및 회전, 대칭 등 다양한 방법으로 자유롭게 수정하여 사용하는 경우가 많습니다. 또한 하나의 슬라이드에서 여러 가지 도형을 사용하다 보면 편집 및 관리하기가 어렵게 됩니다. 이런 문제를 해결하기 위해 도형의 회전 및 대칭, 그룹 설정 등의 지정 방법에 대해 알아보겠습니다.

01 도형의 좌우 순서를 변경하기 위해 순서도 도형을 선택한 후 [그리기 도구] 정황 탭-[서식] 탭-[정렬] 그룹에서 [회전]-[좌우 대칭]을 클릭하면 도형의 좌우가 변경됩니다.

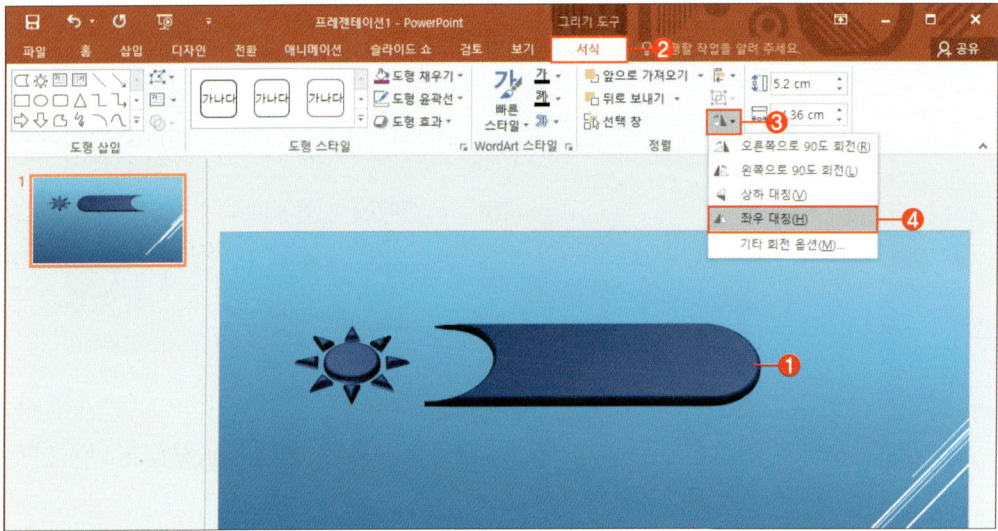

02 [해] 도형을 선택한 후 "1"을 입력합니다.

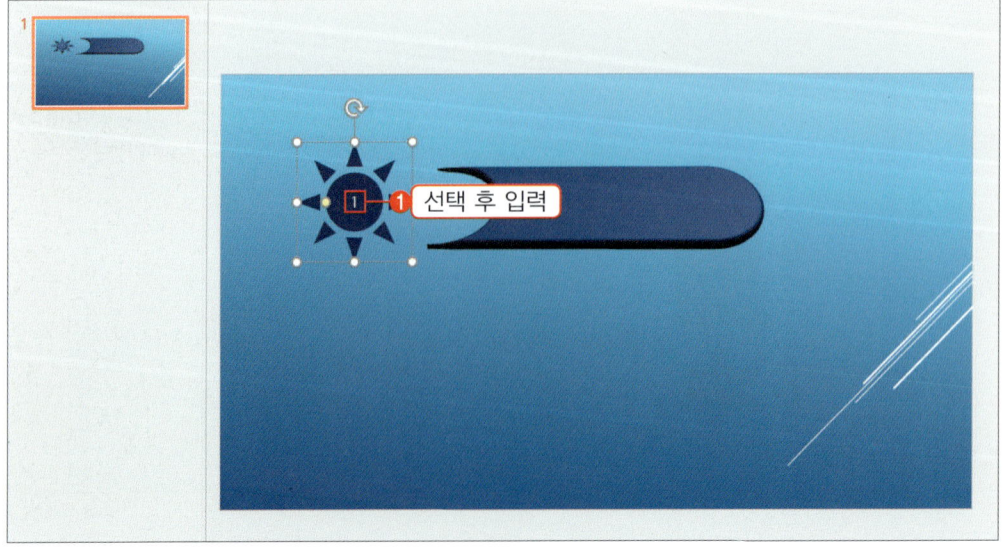

03 텍스트를 드래그하여 블록으로 설정한 후 [홈] 탭-[글꼴] 그룹에서 글꼴(휴먼둥근헤드라인) 및 글꼴 크기(40)를 선택합니다.

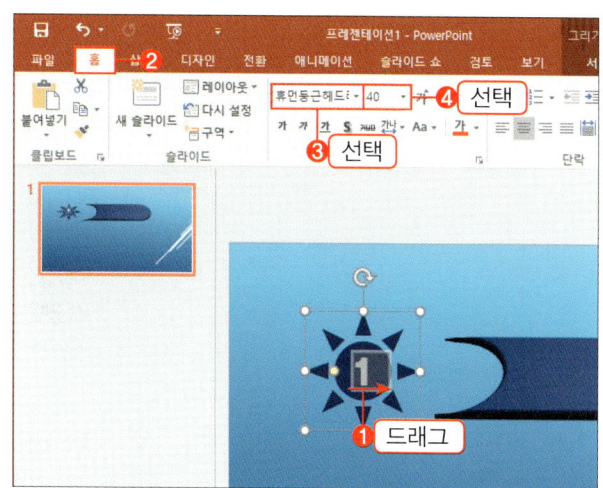

04 [그리기 도구] 정황 탭-[서식] 탭-[WordArt 스타일] 그룹에서 [빠른 스타일]을 클릭한 후 A[채우기 - 진한 자주, 강조 2, 윤곽선 - 강조 2]를 클릭합니다.

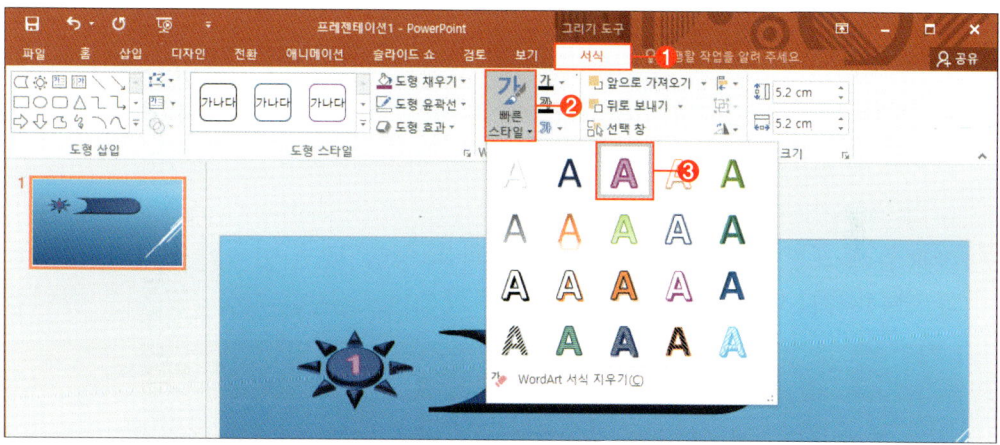

05 [순서도: 저장데이터] 도형을 선택한 후 텍스트(지적재산권이란?)를 입력합니다.

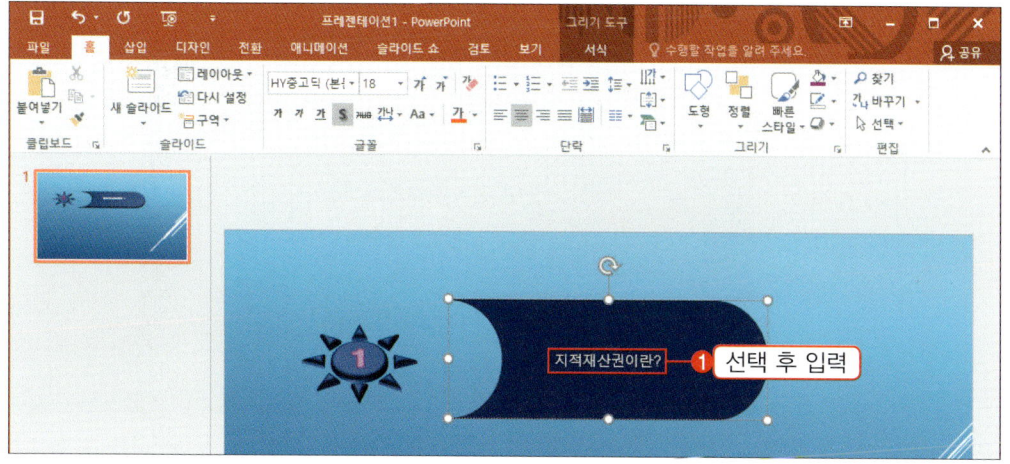

06 ◘[순서도: 저장데이터] 도형을 선택한 후 [홈] 탭-[글꼴] 그룹에서 글꼴(휴먼둥근헤드라인) 및 글꼴 크기(28)를 선택합니다.

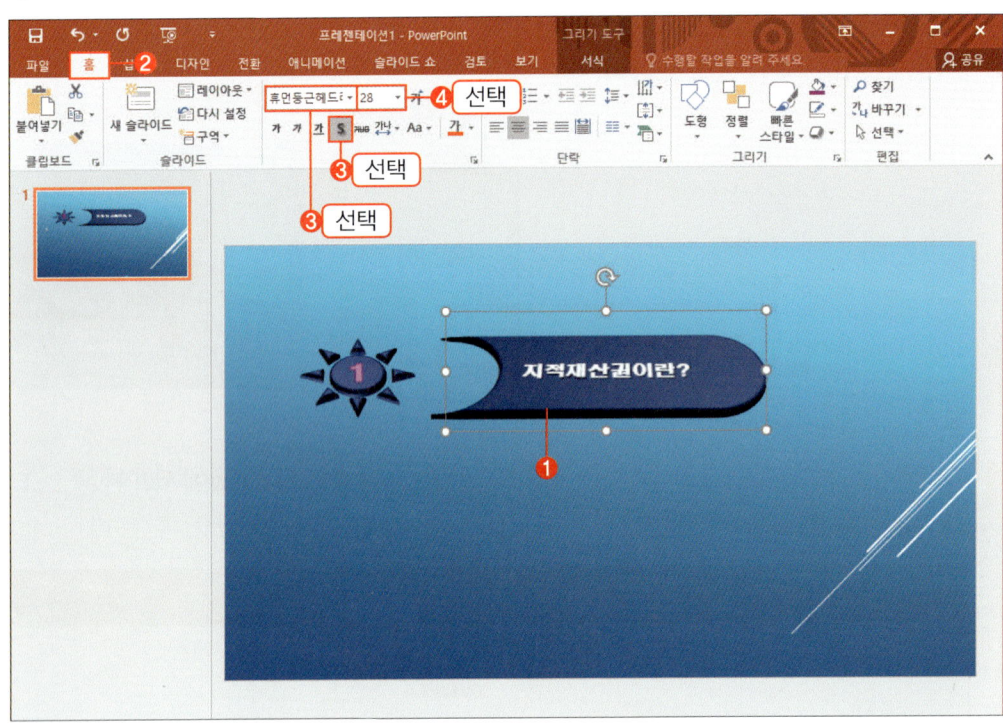

07 Shift를 누르고 도형을 클릭하여 두개의 도형을 모두 선택한 후 [그리기 도구] 정황 탭-[서식] 탭-[정렬] 그룹에서 [그룹]을 클릭한 다음 [그룹]을 클릭합니다.

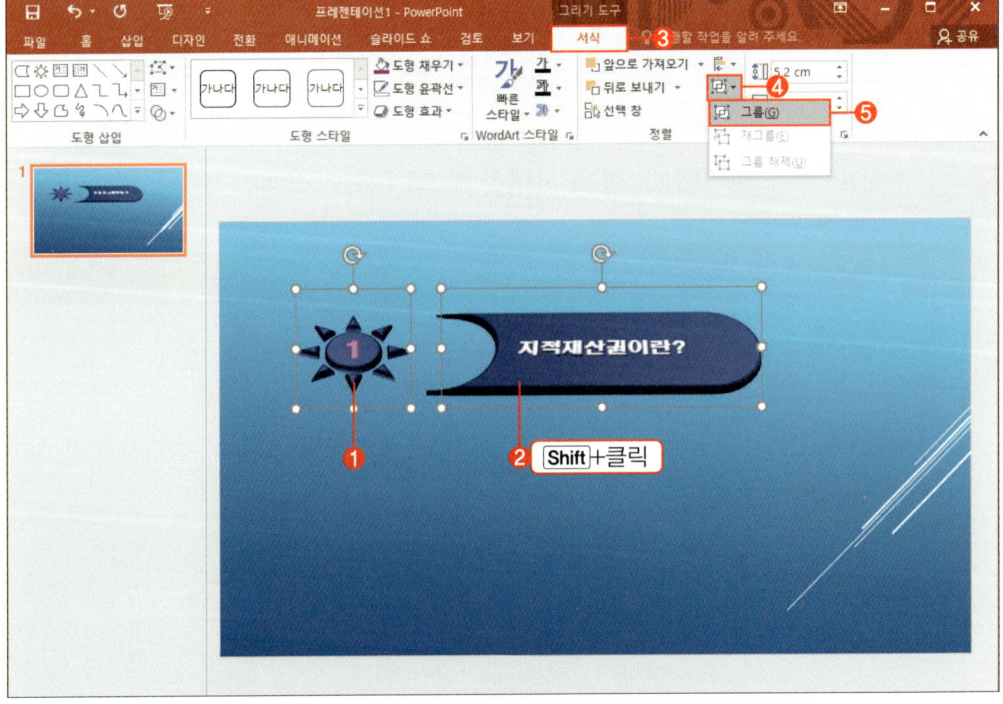

08 도형이 그룹으로 지정되면 Ctrl을 누른 상태에서 드래그하여 다음과 같이 복사합니다.

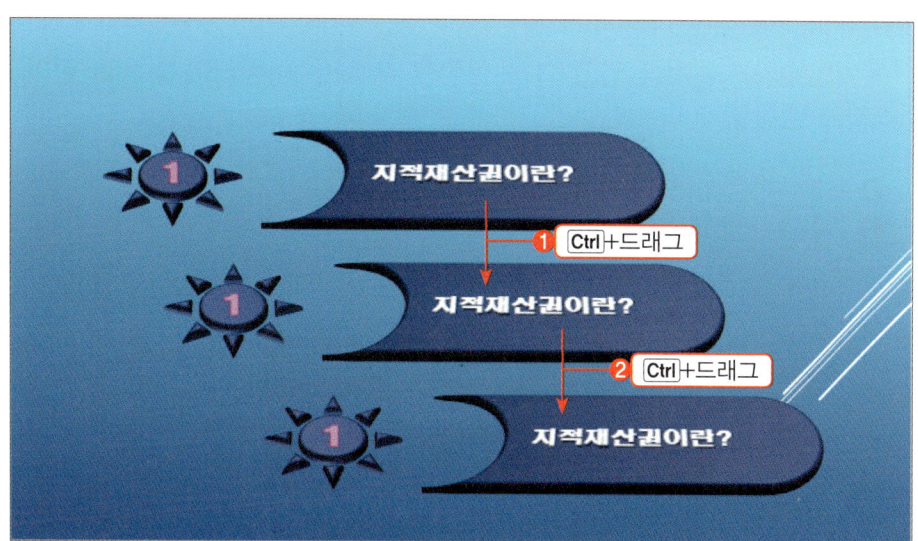

▲ PLUS α

도형 선택 및 이동/복사/삭제

- **여러 도형을 선택** : Ctrl 또는 Shift 를 누르고 선택하고자 하는 도형을 순서대로 클릭합니다.
- **도형의 이동** : 도형을 선택한 후 마우스 포인터 모양이 ✥ 모양으로 변경되면 드래그합니다.
- **도형의 복사** : 도형을 선택한 후 Ctrl 을 누른 상태에서 원하는 위치로 드래그합니다.
- **도형의 삭제** : 도형을 선택한 후 Delete 를 누릅니다.

09 다음과 같이 도형의 텍스트를 수정합니다.

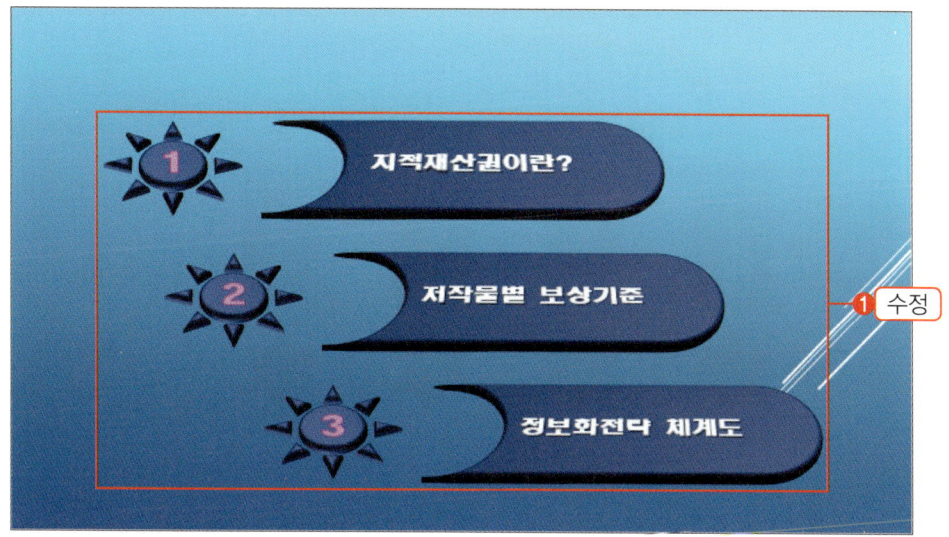

실습문제 배운 내용을 확인하는!

1 "목차만들기1" 문서를 열고 그룹 설정한 후 좌우 대칭하여 다음과 같이 수정해 보세요.

① 글꼴(휴먼둥근헤드라인), 글꼴 크기(44), 글꼴 색(검정)
② 글꼴(휴먼둥근헤드라인), 글꼴 크기(40), 글꼴 색(연보라, 강조 6)

2 "목차만들기2" 문서를 열고 그룹 설정한 후 복사하여 다음과 같이 수정해 보세요.

① 글꼴(휴먼모음T), 글꼴 크기(28), 글꼴 색(노랑), 텍스트 방향(세로)
② 글꼴(HY헤드라인M), 글꼴 크기(24), 글꼴 색(노랑)
③ 도형(모서리가 둥근 직사각형), 글꼴(HY헤드라인M), 글꼴 크기(54), 텍스트 그림자

마무리 실전문제

1 새 프레젠테이션 문서에 다음과 같이 테마(깊이)를 지정한 후 도형을 작성해 보세요.

❶ 도형 작성 : 모서리가 둥근 직사각형
  도형 채우기 : 연한 녹색
  입체 효과 : 각지게

❷ 도형 작성 : 타원, 순서도: 저장데이터
  도형 채우기 : 노랑, 녹색
  도형 효과 : 입체 효과(둥글게)

❶ 글꼴(휴먼옛체), 글꼴 크기(54), 글꼴 색(진한 빨강), 텍스트 그림자
❷ 글꼴(휴먼둥근헤드라인), 글꼴 크기(48), 글꼴 색(파랑)
❸ 글꼴(휴먼엑스포), 글꼴 크기(32)

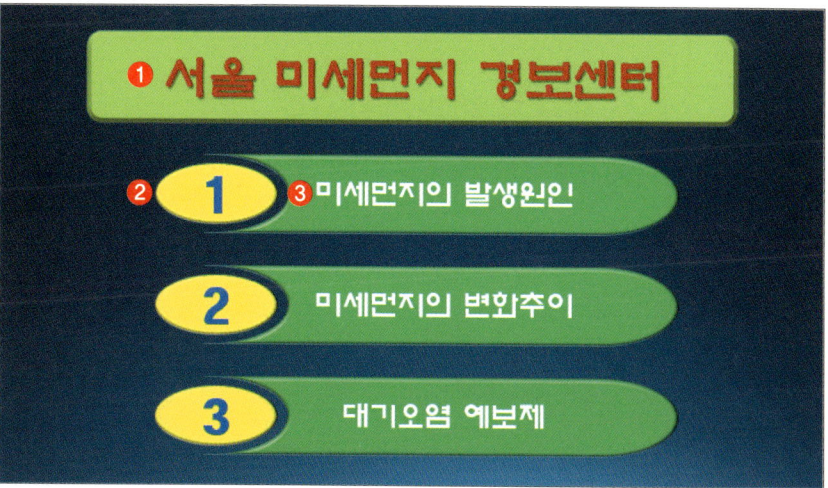

도형에 텍스트 입력 및 그림 삽입하기

자유형 도형은 말 그대로 자유롭게 사용자 마음대로 그릴 수 있는 도형으로 그리는 방법은 매우 간단합니다. 자유형 도형을 선택한 후 원하는 도형 모양대로 클릭만 하면 도형을 그릴 수 있습니다. 이번 Chapter에서는 자유형 도형을 그리고 서식을 편집하는 방법에 대해 알아보겠습니다.

Step 1 눈금선을 이용하여 자유형 도형 완성하기

눈금선은 도형을 작성할 때 도형의 크기와 위치를 정확하게 그릴 수 있어 편리합니다. 특히 자유형 도형을 작성하게 되면 마지막 시작점과 끝점을 연결할 때도 편리합니다.

01 새 프레젠테이션 문서를 열고 [홈] 탭-[슬라이드] 그룹에서 [레이아웃]-[제목만]을 클릭합니다. 그런다음 [보기] 탭-[표시] 그룹에서 [눈금선]을 선택합니다.

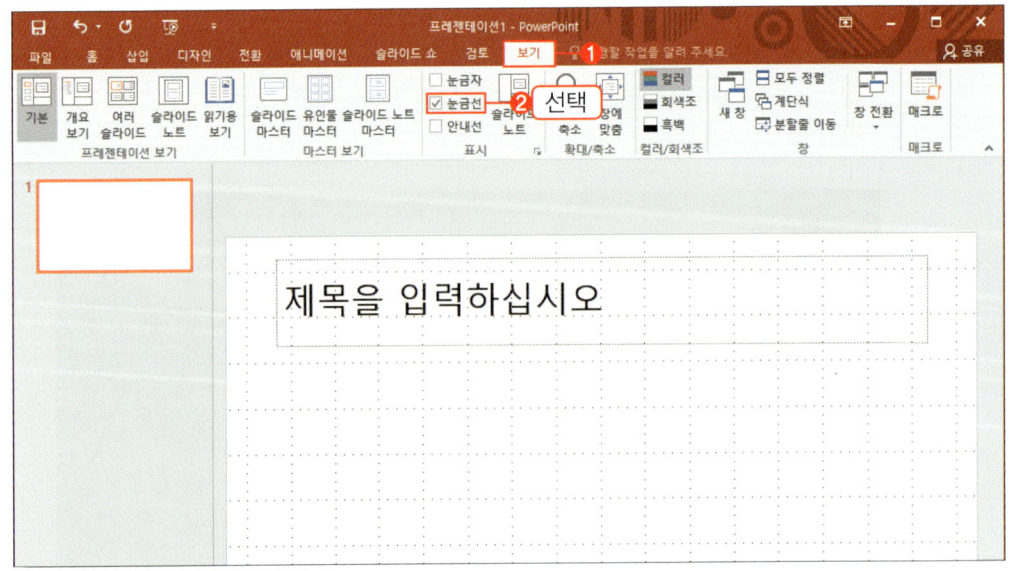

> Tip
>
> **눈금선**
> 슬라이드를 작성할 경우 눈금선은 도형의 크기와 위치를 좀 더 정확히 그릴 수 있도록 도와주는 기능으로 슬라이드 쇼를 하거나 인쇄할 경우에는 나타나지 않습니다.

02 ☐[직사각형]을 작성한 후 [그리기 도구] 정황 탭-[서식] 탭-[도형 스타일] 그룹에서 [도형 윤곽선]을 클릭한 다음 [윤곽선 없음]을 클릭합니다.

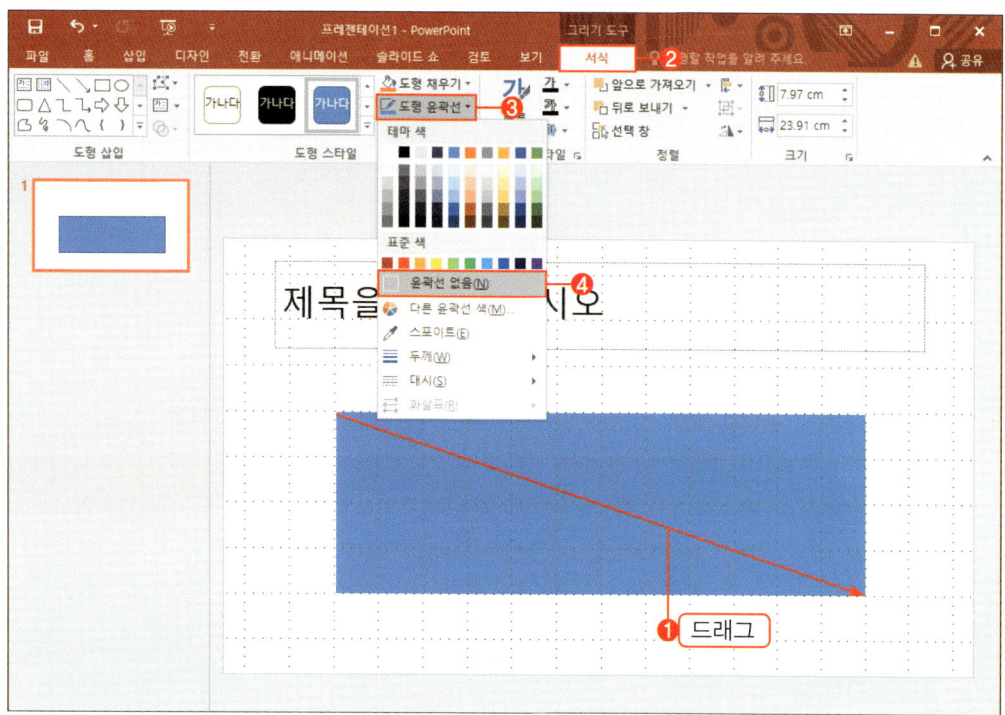

03 [삽입] 탭-[일러스트레이션] 그룹에서 [도형]을 눌러 선 항목의 ⌐[자유형]을 클릭합니다.

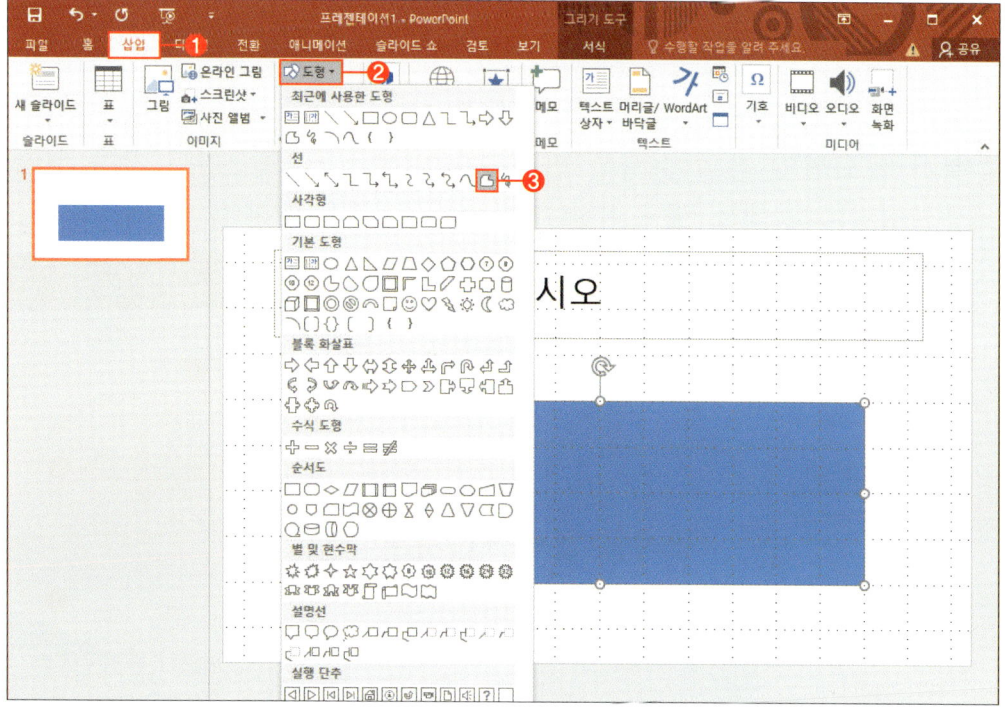

04 마우스 포인터 모양이 +모양으로 변경되면 다음과 같이 순서대로 클릭하여 도형을 작성합니다.

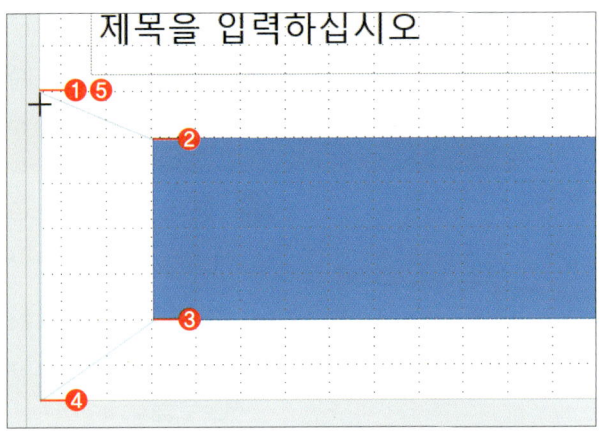

05 도형의 윤곽선을 없애고 Ctrl+Shift를 누르고 드래그하여 하나 더 복사합니다.

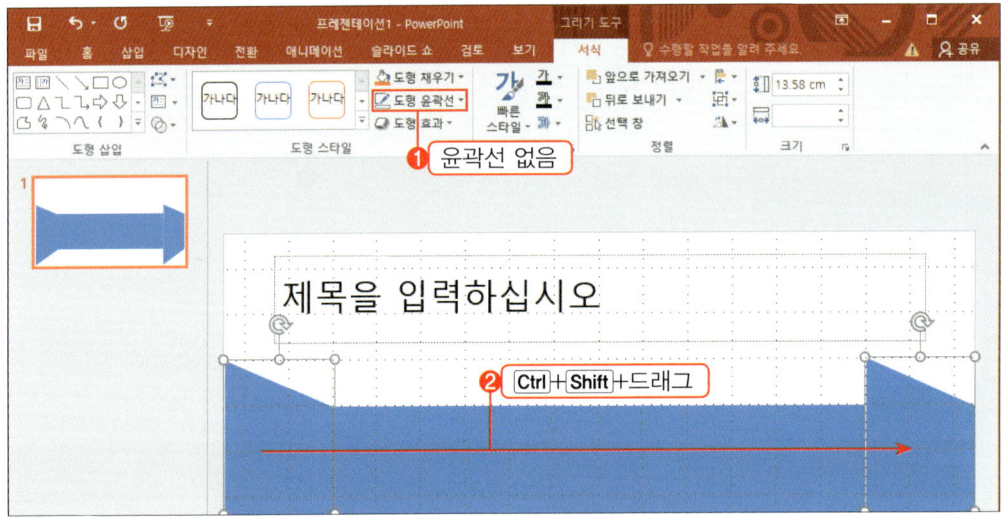

06 복사한 도형의 좌우 순서를 변경하기 위해 [그리기 도구] 정황 탭-[서식] 탭-[정렬] 그룹에서 [회전]을 클릭한 후 [좌우 대칭]을 클릭합니다.

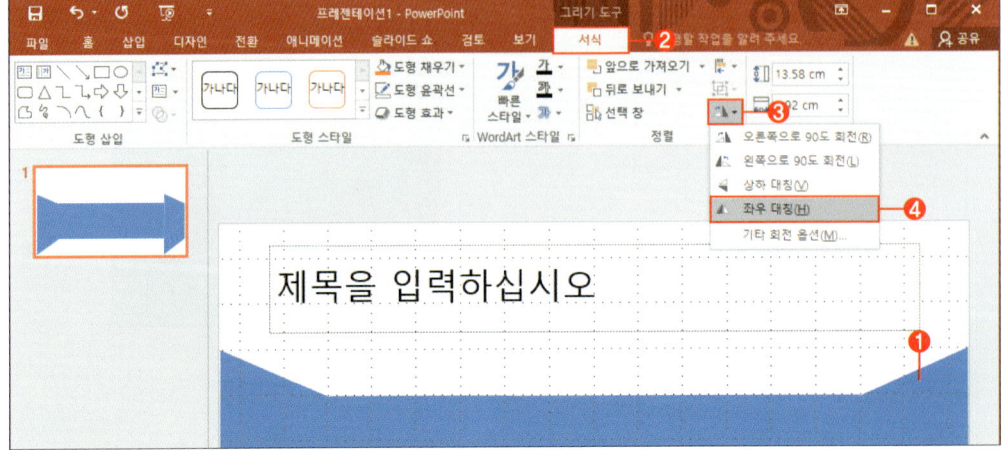

07 왼쪽 도형을 선택한 후 [그리기 도구] 정황 탭-[서식] 탭-[도형 스타일] 그룹에서 [도형 채우기]를 클릭한 다음 [그라데이션]-■[선형 왼쪽]을 클릭합니다.

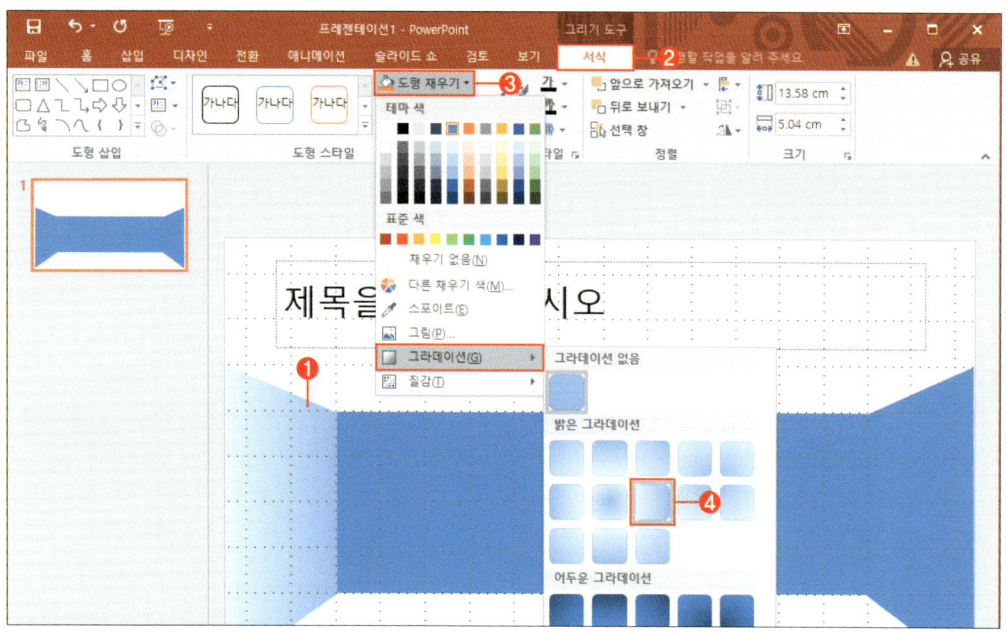

08 같은 방법으로 나머지 도형을 작성한 후 도형에 효과를 지정합니다.

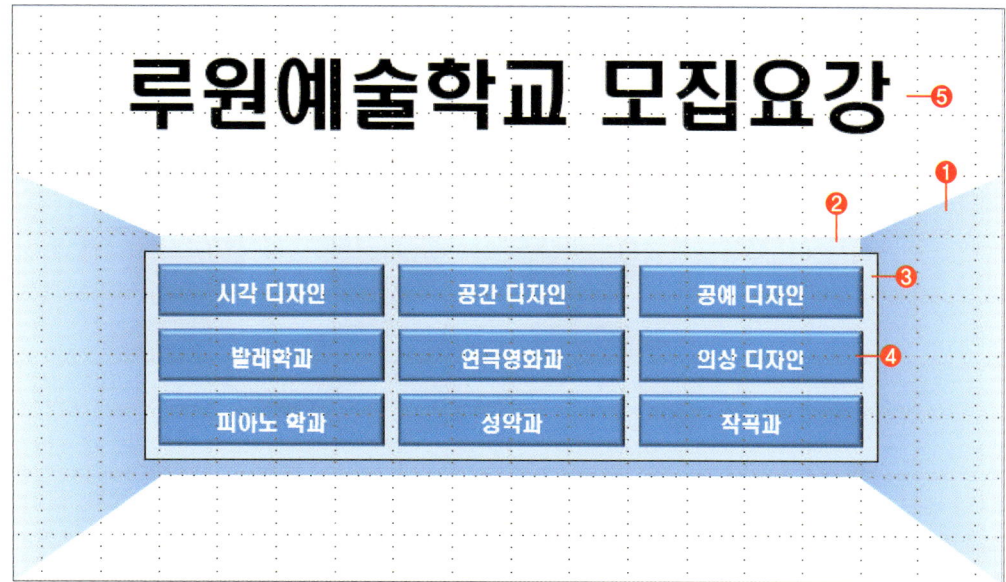

❶ **도형 채우기** : [그라데이션]-■[선형 왼쪽] ❷ **도형 채우기** : [그라데이션]-■[선형 위쪽]
❸ **직사각형** : 도형 채우기(파랑, 강조5, 80% 더 밝게), 도형 윤곽선(두께 : 1pt)
❹ **직사각형** : 도형 효과(입체 효과-둥글게), 도형 윤곽선(윤곽선 없음), 글꼴(HY헤드라인M), 글꼴 크기(20), 글꼴 색(흰색)
❺ 글꼴(HY헤드라인M), 크기(72)

실습문제 — 배운 내용을 확인하는!

1 새 프레젠테이션 문서에 다음과 같이 작성한 후 "어린이 독서 치료"로 저장해 보세요.

① 도형(자유형), 도형 채우기(파랑, 강조1, 60% 더 밝게), 투명도(60%)
② 도형(자유형), 도형 채우기(파랑, 강조1, 60% 더 밝게)
③ 도형(직사각형), 도형 채우기(파랑, 강조1, 80% 더 밝게), 투명도(60%)
④ 도형(다이아몬드), 도형 채우기([주황, 강조 2, 50% 더 어둡게], [주황 강조 2, 25% 더 어둡게], [주황 강조 2, 40% 더 밝게])
  도형 효과 : 입체 효과(각지게), 높이(10), 깊이(5)
  글꼴(HY헤드라인M), 글꼴 크기(28), 텍스트 그림자
⑤ 도형(타원), 크기(가로 및 세로 6cm), 도형 채우기(빨강)
  도형 효과 : 그림자(원근감 아래쪽), 입체 효과(둥글게), 너비 및 높이(70)
  글꼴(HY헤드라인M), 글꼴 크기(32), 텍스트 그림자, 글꼴 색(노랑)
⑥ 도형(모서리가 둥근 직사각형), 글꼴(HY헤드라인M), 글꼴 크기(54), 텍스트 그림자

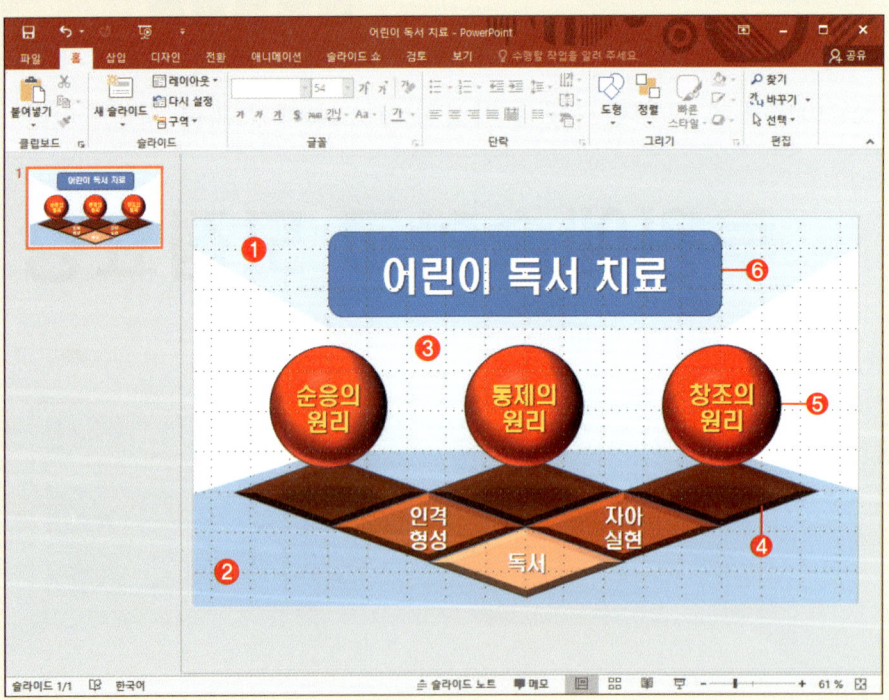

| Step 2 | **그림 삽입하고 다시 칠하기**

파워포인트는 그림을 효과적이고 손쉽게 사용할 수 있도록 다양한 기능을 제공합니다. 1~2단계의 단순한 설정으로 멋진 슬라이드를 작성할 수 있도록 도와주는 그림 편집 설정을 알아보겠습니다.

01 배경으로 사용할 그림을 삽입하기 위해 [삽입] 탭-[이미지] 그룹에서 [그림]을 클릭합니다.

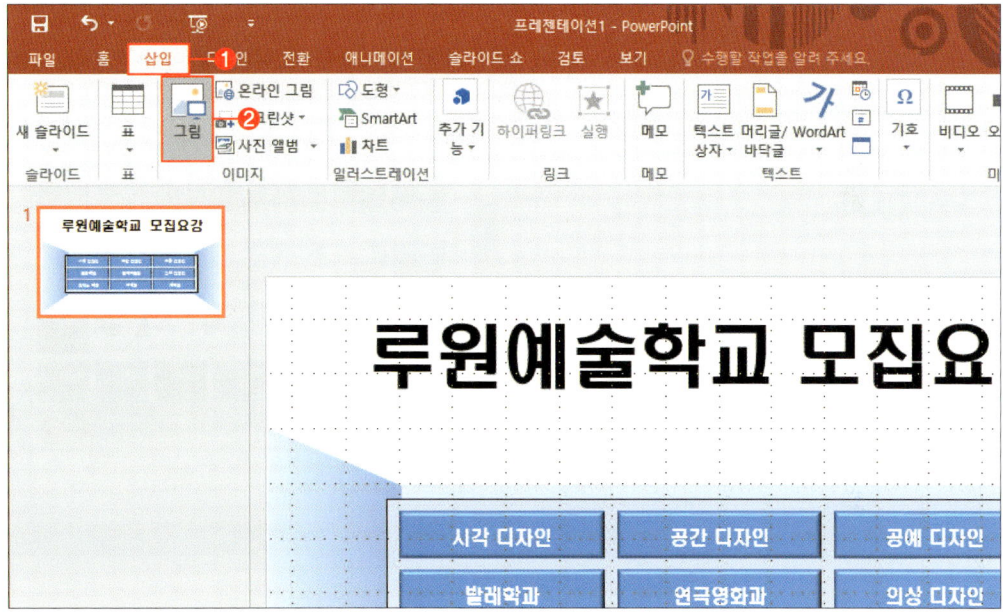

02 [그림 삽입] 대화상자가 나타나면 위치(C:₩(Lecture Note) 파워포인트 2016₩Part 2₩Chapter02)를 지정한 후 그림(배경1)을 선택한 다음 [삽입] 단추를 클릭합니다.

03 그림이 삽입되면 그림 크기를 슬라이드 크기에 맞춰 조절합니다.

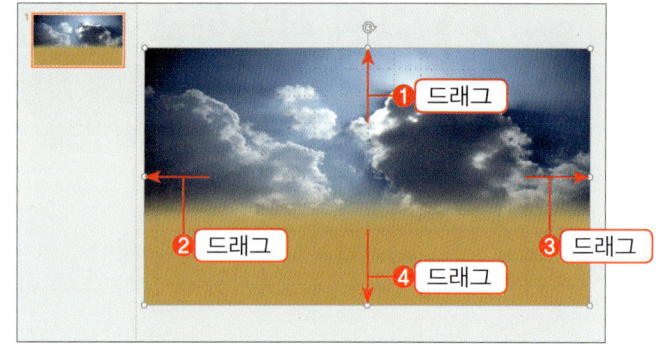

04 [그림 도구] 정황 탭-[서식] 탭-[조정] 그룹에서 [색]을 클릭한 후 [파랑, 밝은 강조색 5]를 클릭합니다.

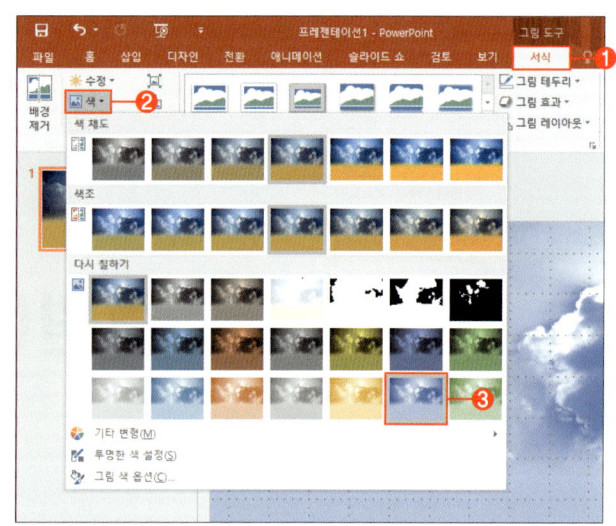

▲ PLUS α

[그림 도구] 정황 탭-[서식] 탭 알아보기

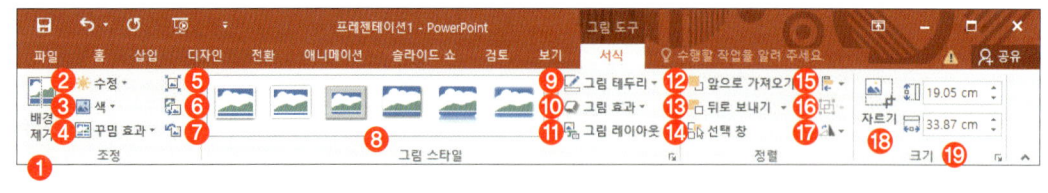

① **배경제거** : 원하지 않는 그림을 제거합니다.
② **수정** : 그림의 밝기 및 대비, 선명도 등을 조정합니다.
③ **색** : 색 채도, 색조, 다시 칠하기 및 특정 색을 투명한 색으로 설정합니다.
④ **꾸밈 효과** : 그림에 다양한 효과를 선택하여 설정합니다.
⑤ **그림 압축** : 문서에서 그림을 축소하여 크기를 줄입니다.
⑥ **그림 바꾸기** : 선택한 그림을 다른 그림으로 바꿀 수 있습니다.
⑦ **그림 원래대로** : 그림에 대해 변경한 서식을 모두 취소합니다.
⑧ **그림 스타일 자세히** : 그림에 적용할 스타일을 선택합니다.

⑨ **그림 테두리** : 그림 윤곽선의 색, 두께, 선 스타일을 수정합니다.
⑩ **그림 효과** : 그림에 그림자, 반사, 네온 또는 3차원 회전과 같은 효과를 적용합니다.
⑪ **그림 레이아웃** : 그림을 SmartArt 그래픽으로 변환합니다.
⑫ **앞으로 가져오기** : 선택한 그림을 앞으로 또는 맨 앞으로 가져옵니다.
⑬ **뒤로 보내기** : 선택한 그림을 뒤로 또는 맨 뒤로 보냅니다.
⑭ **선택 창** : 각 개체를 선택하고 순서를 변경할 수 있는 선택 창을 표시합니다.
⑮ **맞춤** : 선택한 그림을 슬라이드의 상/하/좌/우에 맞추거나 간격을 동일하게 표시합니다.
⑯ **그룹** : 하나의 개체처럼 그룹 지정하거나 지정된 그룹을 해제합니다.
⑰ **회전** : 선택한 그림을 회전, 대칭 이동합니다.
⑱ **자르기** : 그림을 원하는 크기만큼 자릅니다.
⑲ **높이/너비** : 그림의 높이 및 너비를 변경합니다.

05 그림이 수정되면 [그림 도구] 정황 탭-[서식] 탭-[정렬] 그룹에서 [뒤로 보내기]의 ▼[목록] 단추를 클릭한 후 [맨 뒤로 보내기]를 클릭합니다.

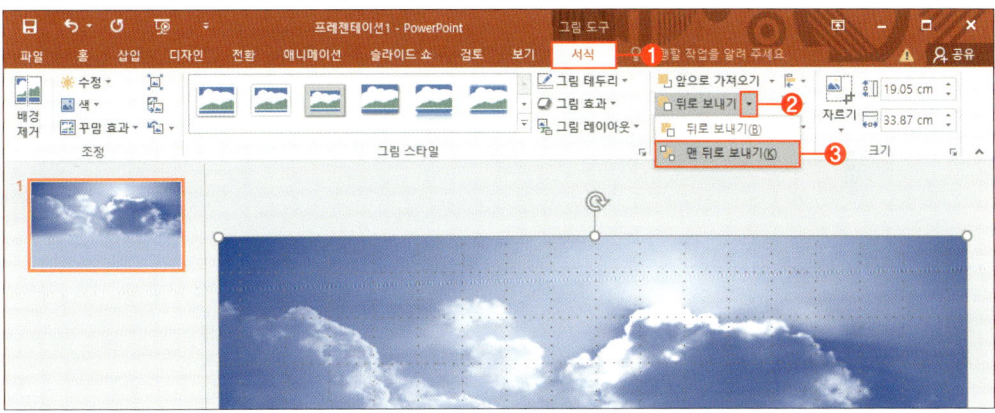

06 [보기] 탭-[표시] 그룹에서 [눈금선]을 선택 해제합니다.

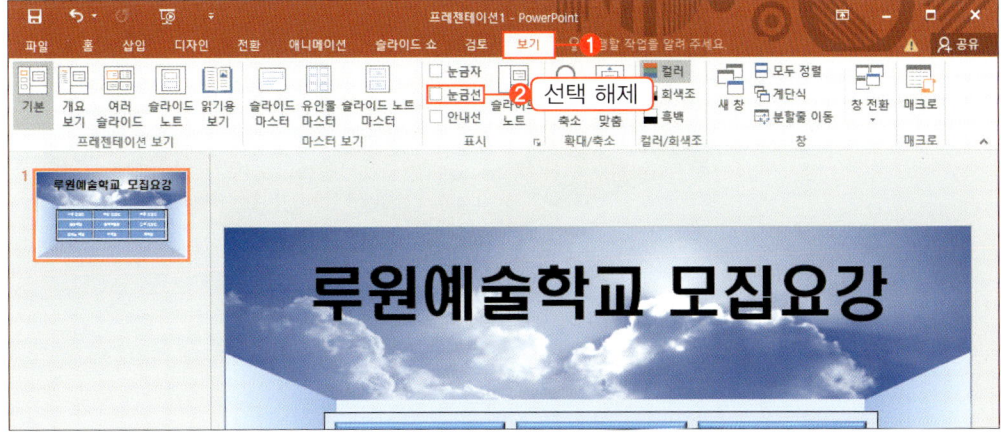

실습문제 배운 내용을 확인하는!

1 "어린이 독서 치료" 문서를 열고 다음과 같이 수정해 보세요.

- 그림 삽입 : [Part 2₩Chapter02] 폴더의 '배경2' 삽입, 다시 칠하기(녹색, 어두운 강조색 6)

- 그림을 맨 뒤로 보내기, [눈금선] 선택 해제

마무리 실전문제

1 새 프레젠테이션(빈 화면) 문서에 다음과 같이 작성한 후 "디스플레이 모니터의 비교"로 저장해 보세요.

① 도형(모서리가 둥근 직사각형), 도형 스타일(강한 효과 – 파랑, 강조5)
글꼴(HY견고딕), 글꼴 크기(54), 텍스트 그림자, 글꼴 색(노랑)

② 도형(한쪽 모서리가 잘린 사각형), 도형 채우기(주황, 강조 2, 25% 더 어둡게)
도형 윤곽선(윤곽선 없음),
도형 효과 : 입체 효과(비스듬하게), 그림자(원근감 대각선 오른쪽 위),
글꼴(HY견고딕), 글꼴 크기(36), 텍스트 그림자, 글꼴 색(노랑)

③ 도형(직사각형), 도형 채우기(자주)
도형 효과 : 입체 효과(비스듬하게), 그림자(원근감 대각선 오른쪽/왼쪽 위)
글꼴(휴먼모음T), 글꼴 크기(36), 텍스트 그림자, 글꼴 색(흰색, 배경 1)

④ 도형(모서리가 둥근 직사각형), 도형 채우기(황금색, 강조 4, 60% 더 밝게)
도형 효과 : 입체 효과(비스듬하게)
글꼴(휴먼모음T), 글꼴 크기(36), 텍스트 그림자, 글꼴 색(빨강)

⑤ 도형(직사각형), 도형 채우기(주황, 강조 2, 60% 더 밝게),
도형 윤곽선(윤곽선 없음)

⑥ 도형(직사각형), 도형 채우기(주황, 강조 2, 25% 더 어둡게),
도형 윤곽선(윤곽선 없음)

⑦ 도형(사다리꼴), 도형 채우기(흰색, 배경 1), 도형 윤곽선(윤곽선 없음)

⑧ 그림 삽입 : [그림] 폴더의 '배경3' 파일을 맨 뒤로 보내기,
다시 칠하기(주황, 어두운 강조색 2)

03 SmartArt를 이용한 목록형 슬라이드 작성하기

SmartArt란 다이어그램이나 조직도와 같은 일정한 양식을 쉽게 만들 수 있도록 도형을 도식화한 작업으로 SmartArt의 스타일, 색 변경 등을 적용하면 간단한 방법으로 원하는 모양의 다이어그램 또는 조직도를 작성할 수 있습니다.

Step 1 텍스트 문서 작성하기

텍스트를 입력한 후 [삽입] 탭-[일러스트레이션] 그룹에서 [SmartArt]를 클릭하면 입력한 텍스트를 쉽게 스마트아트 도형으로 만들 수 있습니다. 또한 스마트아트 도형이 작성된 후에도 텍스트가 자동으로 표시되어 이를 클릭하면 쉽게 내용을 수정할 수 있습니다.

01 새 프레젠테이션 문서를 열고 다음과 같이 작성합니다.
- 레이아웃 : 제목 및 내용
- 테마 : 발전 테마

공급자 결정시 주의사항

- 제조업체와 계약
  - 제조업체의 홍보 효과에 대해 충분히 설득시키고 판촉을 약속받는다.
  - 새로운 상품일 경우 독점 계약을 맺는다.
  - 시장 판매시 적정 할인폭을 인정받는다.
  - 상품의 A/S와 신용거래를 약속받는다.
- 유통업체와 계약할 경우
  - 상품의 품질과 유통의 투명성을 약속 받는다.
  - 유통업체의 재무구조를 파악하여 신용관리에 신경을 쓴다.
  - 제조업체의 공급가격을 조사해서 마진율을 높인다.

02 입력한 내용을 SmartArt 그래픽으로 변환하기 위해 [내용] 개체를 선택한 후 [홈] 탭-[단락] 그룹에서 [SmartArt 그래픽으로 변환]을 클릭한 다음 [기타 SmartArt 그래픽]을 클릭합니다.

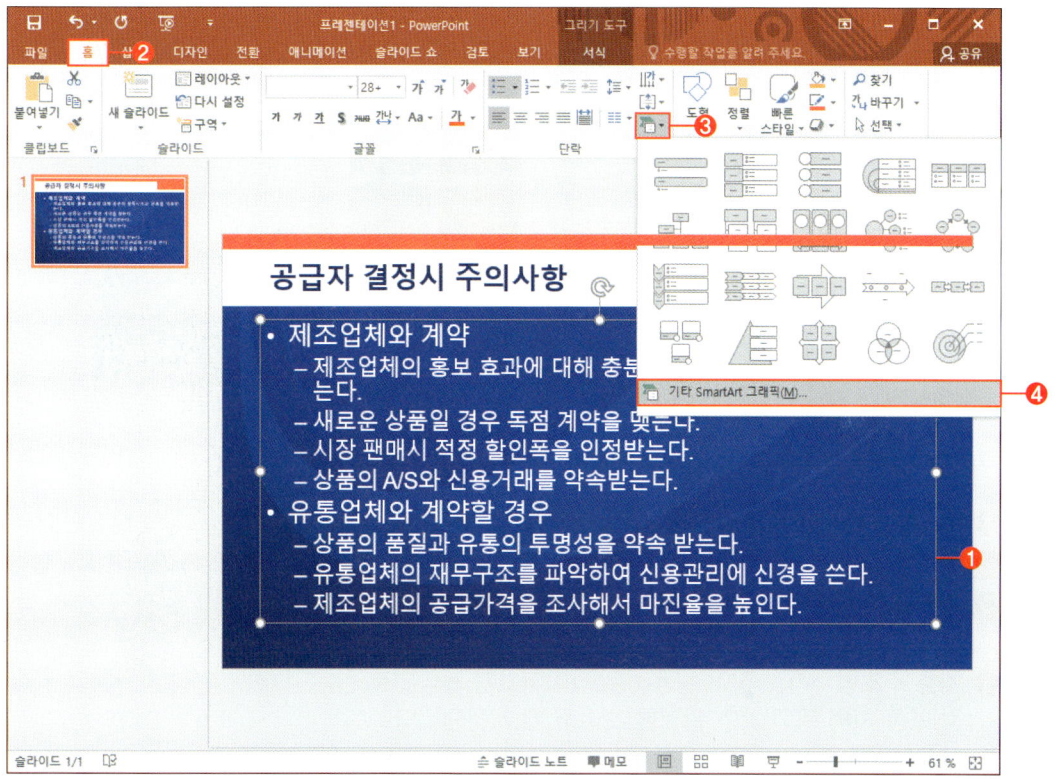

03 [SmartArt 그래픽 선택] 대화상자가 나타나면 [목록형]을 클릭한 후 [가로 글머리 기호 목록형]을 클릭한 다음 [확인] 단추를 클릭합니다.

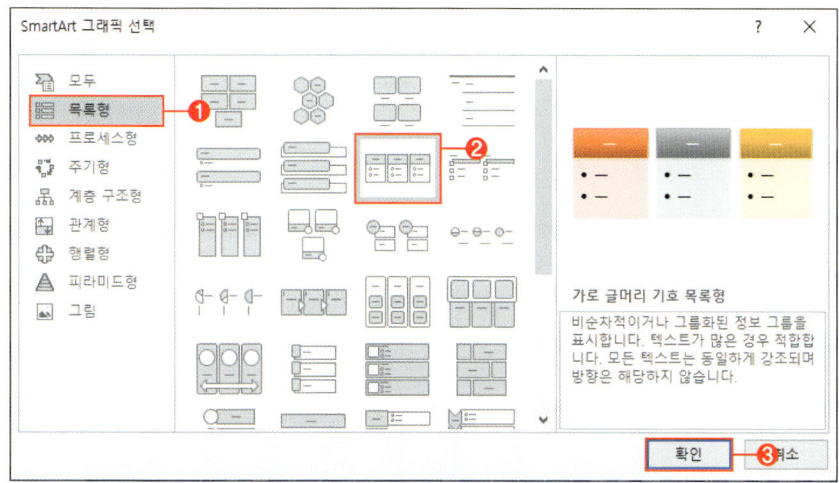

[SmartArt 그래픽 선택] 대화상자 살펴보기

SmartArt 그래픽 대화상자에는 그래픽 서식을 9개의 탭으로 구분하여 정리했으며, 총 개수는 185가지의 서식 목록을 제공합니다.

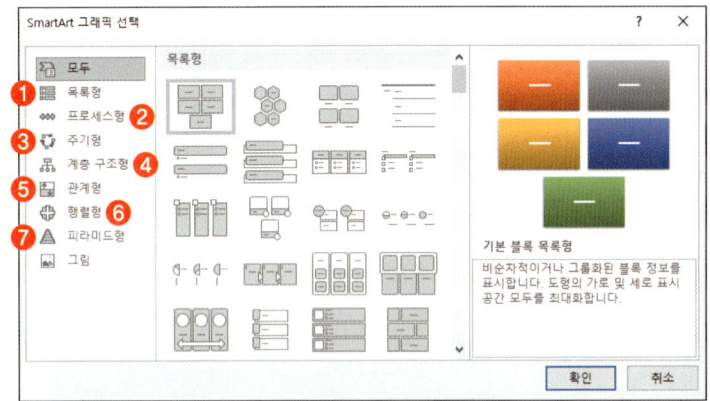

① **목록형** : 비순차적으로 구분되어 있는 내용을 나타내거나 그룹화된 정보를 표시할 때 사용합니다.
② **프로세스형** : 작업, 프로세스 또는 워크플로의 진행 방향이나 순차적 단계를 표시할 때 사용합니다.
③ **주기형** : 서로 유기적으로 연결된 요소들이 연속적으로 영향을 주거나 일정 주기로 작업이 진행되는 경우에 사용합니다.
④ **계층 구조형** : 가장 많이 활용하는 다이어그램 스타일로 한 조직에서의 직위 관계나 지휘, 명령 계통 따위 등의 계층 관계를 보여줄 때 사용합니다.
⑤ **관계형** : 상호 관련이 있는 정보를 나타낼 때 사용합니다.
⑥ **행렬형** : 사분면에서 전체에 대한 구성 요소의 관계를 나타낼 때 사용하는데, SWOT 분석을 할 때 활용하면 편리합니다.
⑦ **피라미드형** : 특정 구조 및 체제에서 각 요소의 비율을 상위부터 하위까지 단계적으로 보여줄 때 사용합니다.

04 다음과 같이 내용 개체가 SmartArt 그래픽으로 변경됩니다.

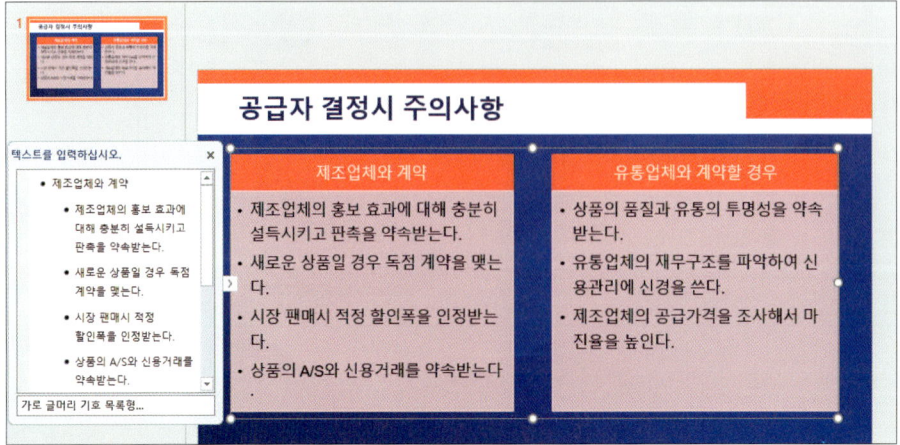

배운 내용을 확인하는! 실습문제

1 새 프레젠테이션(제목 및 내용) 문서에 디자인 테마(어린이 테마)를 적용한 후 다음과 같이 수정한 다음 "정보교육의 내용"으로 저장해 보세요.

• SmartArt : 세로 갈매기형 수장 목록형

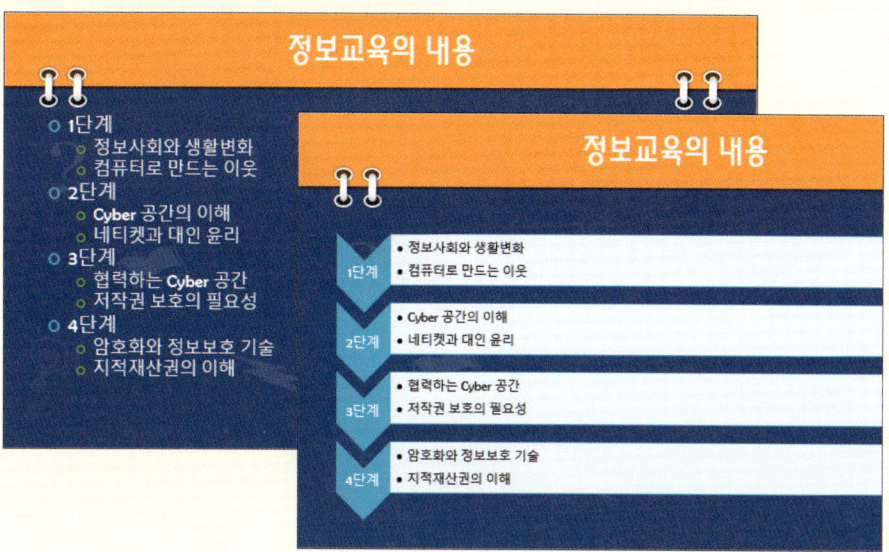

2 새 프레젠테이션(제목 및 내용) 문서에 디자인 테마(열정)를 적용한 후 다음과 같이 수정한 다음 "성체 줄기 세포"로 저장해 보세요.

• SmartArt : 세로 상자 목록형

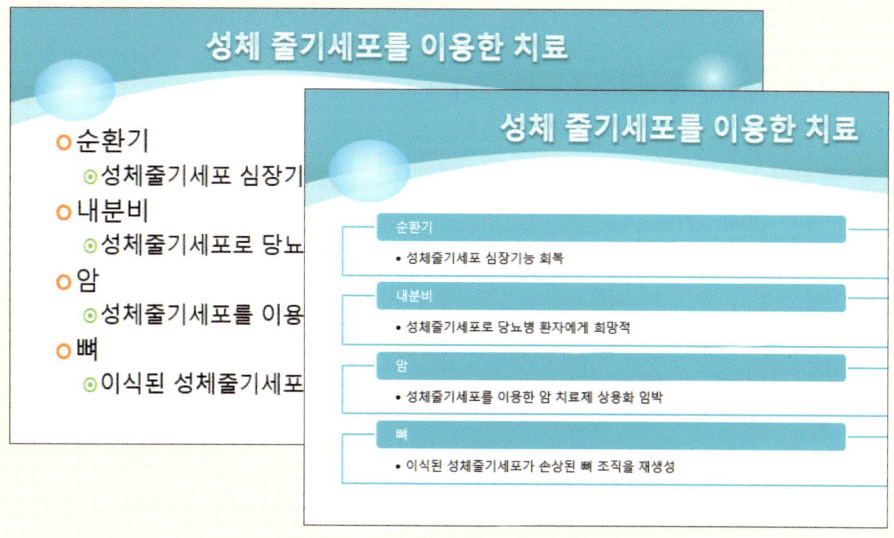

Step 2 SmartArt 그래픽 꾸미기

SmartArt도 일반 도형과 마찬가지로 빠른 스타일을 적용할 수 있습니다. 스타일 적용은 크게 두 가지로 나눌 수 있으며, 첫 번째는 전체적인 색을 지정하는 것이고 두 번째는 3차원이나 입체, 그라데이션 등을 지정하는 것입니다.

01 SmartArt 그래픽을 선택한 후 [SmartArt 도구] 정황 탭-[디자인] 탭-[SmartArt 스타일] 그룹에서 [색 변경]을 클릭한 다음  [색 채우기 - 강조 6]을 클릭합니다.

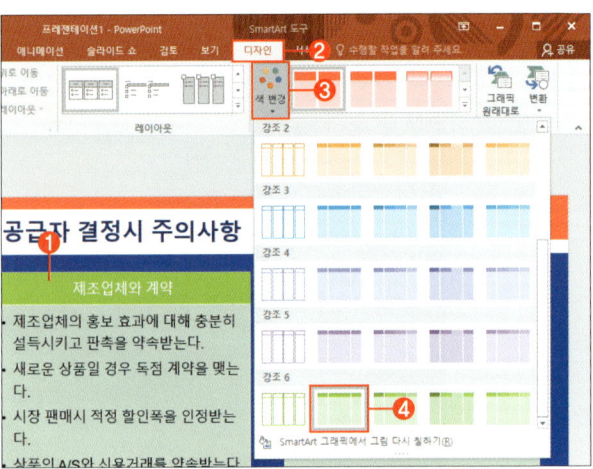

▲ PLUS α

[SmartArt 도구]의 [디자인] 탭 살펴보기

- ❶ **도형 추가** : 현재의 SmartArt에 도형을 추가합니다.
- ❷ **글머리 기호 추가** : 선택한 도형의 글머리 기호 텍스트를 지원할 때 SmartArt에 글머리 기호를 추가합니다.
- ❸ **텍스트 창** : 텍스트 창을 표시하거나 숨깁니다.
- ❹ **수준 올리기/내리기** : 선택한 도형, 텍스트 상자의 수준을 높이거나 내립니다.
- ❺ **오른쪽에서 왼쪽** : 선택한 SmartArt 전체를 좌우 대칭으로 회전합니다.
- ❻ **위로 이동/아래로 이동** : 선택한 도형, 텍스트 상자를 위로/아래로 이동합니다.
- ❼ **레이아웃** : 계층 구조 범주에 있는 조직도 레이아웃을 이용할 경우 선택한 도형의 분기 레이아웃을 변경합니다.
- ❽ **레이아웃 자세히** : SmartArt 레이아웃을 선택하거나 변경할 수 있습니다.
- ❾ **색 변경** : SmartArt의 색을 변경합니다.
- ❿ **SmartArt 스타일 자세히** : SmartArt에 어울리는 여러 가지 효과를 선택할 수 있습니다.
- ⓫ **그래픽 원래대로** : SmartArt에 적용한 모든 서식을 취소하고 초기 상태로 변경합니다.
- ⓬ **변환** : SmartArt를 도형 또는 텍스트로 변환합니다.

02 [SmartArt 도구] 정황 탭-[디자인] 탭-[SmartArt 스타일] 그룹에서 [자세히]를 클릭한 후 [강한 효과]를 클릭합니다.

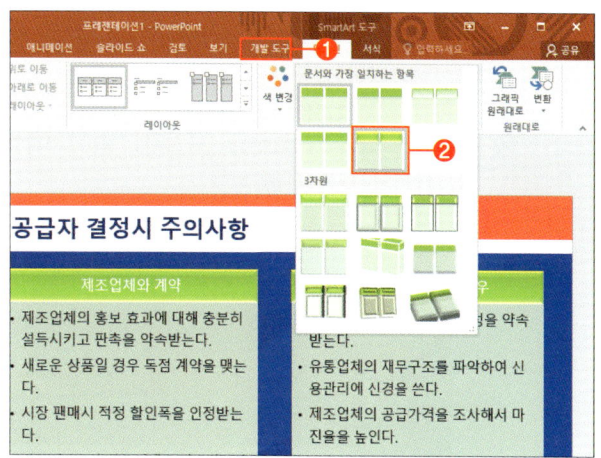

03 직사각형 도형 두 개를 모두 선택한 후 [SmartArt 도구] 정황 탭-[서식] 탭-[도형] 그룹에서 [도형 모양 변경]을 클릭한 다음 [양쪽 모서리가 잘린 사각형]을 클릭합니다.

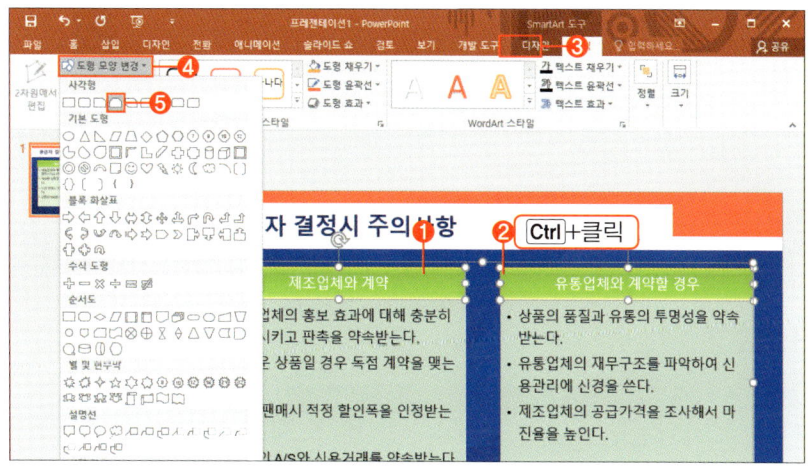

04 다음과 같이 SmartArt 그래픽 작성이 완료됩니다.

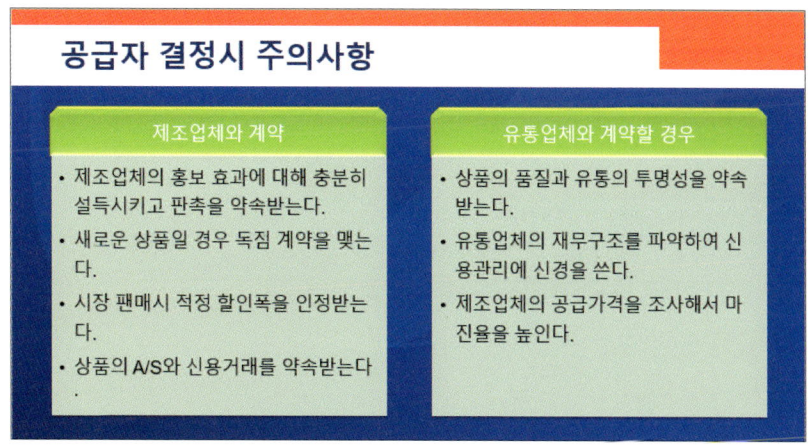

실습문제 — 배운 내용을 확인하는!

1 "정보교육의 내용" 문서를 열고 다음과 같이 디자인 서식을 수정해 보세요.

- 색 변경(색상형 – 강조색), SmartArt 스타일(미세효과)

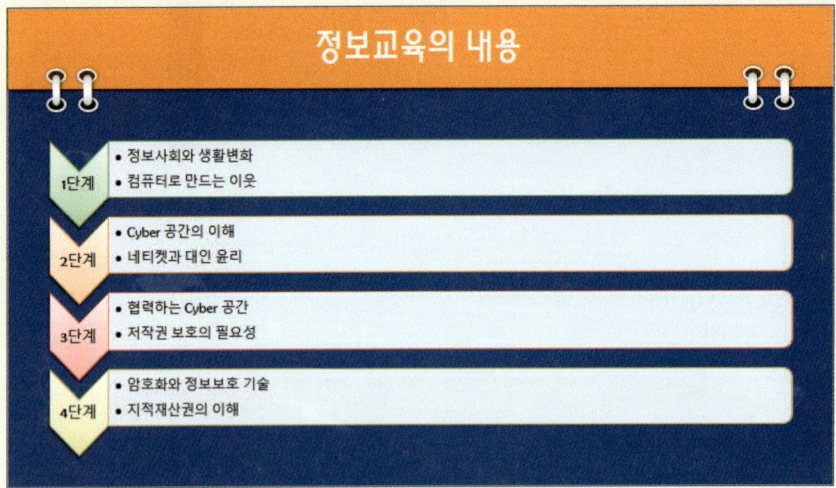

2 "성체 줄기세포" 문서를 열고 다음과 같이 디자인 서식을 수정해 보세요.

- 색 변경(색상형 범위 – 강조색 4 또는 5), SmartArt 스타일(3차원-만화)

마무리 실전문제

1 새 프레젠테이션(제목 및 내용) 문서에 테마(이온)를 지정한 후 다음과 같이 작성해 보세요.

- SmartArt : 프로세스 목록형
- 색 변경(어두운 색 2 채우기), SmartArt 스타일(3차원-만화)

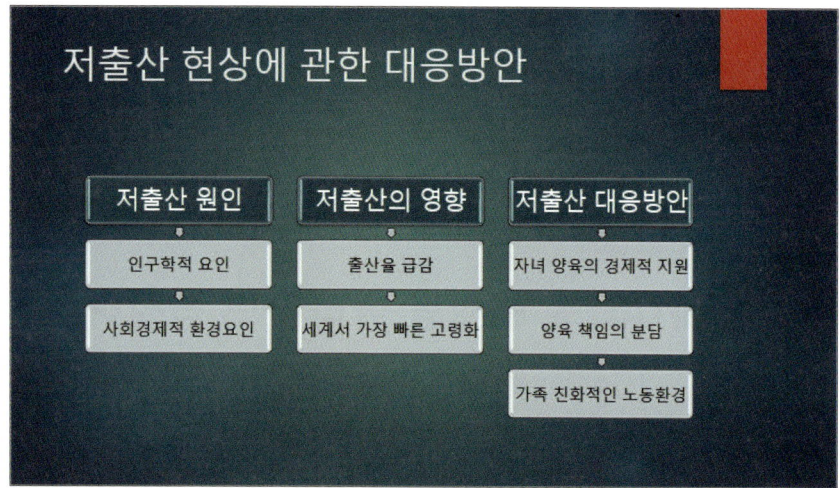

2 새 프레젠테이션(제목 및 내용)에 테마(심플 테마)를 지정한 후 다음과 같이 작성해 보세요.

- SmartArt : 계층 구조 목록형
- 색 변경(색상형 범위-강조색 3 또는 4), SmartArt 스타일(강한 효과)

04 SmartArt를 이용한 SWOT 분석 슬라이드 작성하기

SWOT는 강점(Strength), 약점(Weakness), 기회(Opportunity), 위협(Threat)의 머리글자를 모아 만든 단어로 경영 전략을 수립하기 위한 분석 도구로 행렬형 SmartArt를 이용하면 쉽게 작성할 수 있습니다. 이번 Chapter에서는 행렬형 SmartArt를 이용하여 SWOT 분석 슬라이드를 작성해보겠습니다.

Step 1 SmartArt로 행렬형 슬라이드 작성하기

행렬형 SmartArt는 주로 4가지의 요소를 갖고 있는 슬라이드를 작성하는데 사용됩니다. 주로 SWOT분석이나 4P 등을 표현하는데 아주 효과적입니다.

01 새 프레젠테이션 문서를 다음과 같이 작성합니다.
- 레이아웃 : 제목 및 내용
- 테마 : 이온

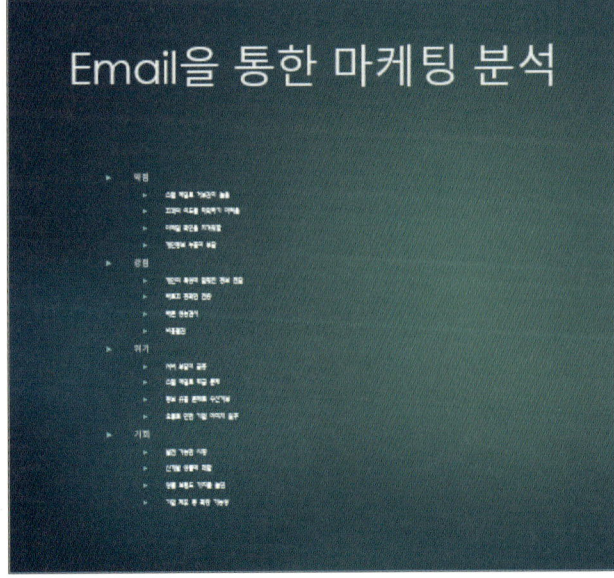

▶ 약점
  ▶ 스팸 메일로 거부감이 높음
  ▶ 고객의 의도를 파악하기 어려움
  ▶ 이메일 확인을 지겨워함
  ▶ 개인정보 누출의 부담
▶ 강점
  ▶ 개인의 특성에 맞춰진 정보 전달
  ▶ 빠르고 정확한 전송
  ▶ 빠른 성능검사
  ▶ 비용절감
▶ 위기
  ▶ 서버 부담이 급증
  ▶ 스팸 메일로 취급 문제
  ▶ 정보 유출 문제로 수신거부
  ▶ 오류로 인한 기업 이미지 실추
▶ 기회
  ▶ 발전 가능한 시장
  ▶ 신개발 상품에 적합
  ▶ 상품 브랜드 가치를 높임
  ▶ 기업 제휴 등 확장 가능성

02 입력한 내용을 SmartArt 그래픽으로 변환하기 위해 [내용] 개체를 선택한 후 [홈] 탭-[단락] 그룹에서 [SmartArt 그래픽으로 변환]을 클릭한 다음 [기타 SmartArt 그래픽]을 클릭합니다.

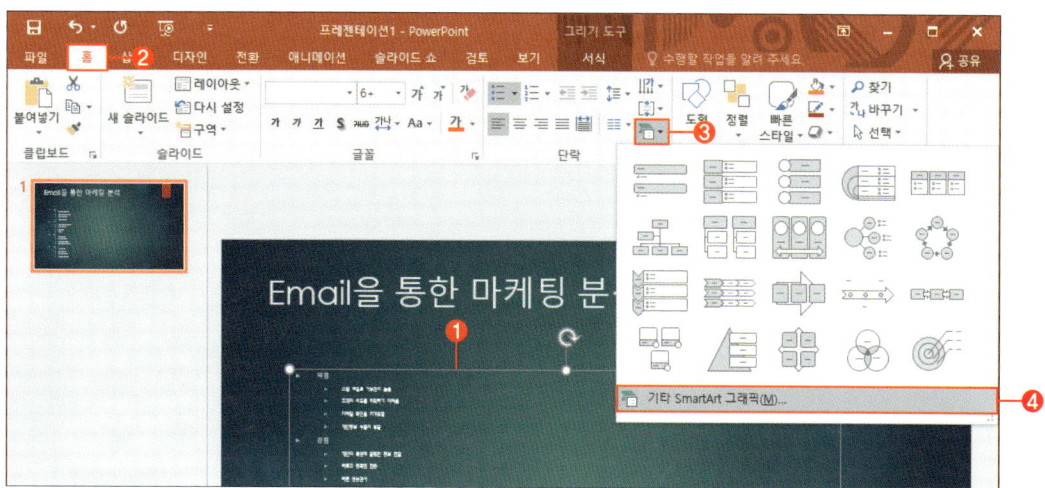

03 [SmartArt 그래픽 선택] 대화상자가 나타나면 [주기형]을 클릭한 후 [주기 행렬형]을 클릭한 다음 [확인] 단추를 클릭합니다.

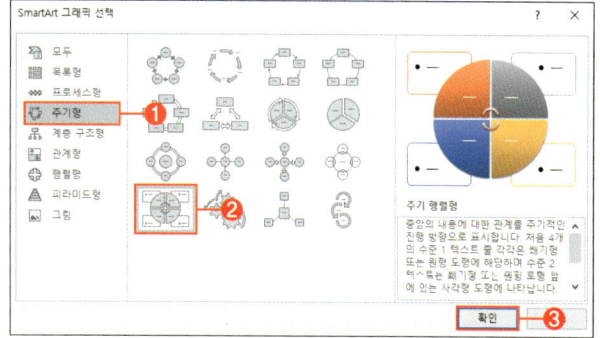

04 텍스트 내용이 SmartArt 그래픽으로 변경되면 [SmartArt 도구] 정황 탭-[디자인] 탭-[색 변경]을 클릭한 후 [색상형-강조색]을 클릭합니다.

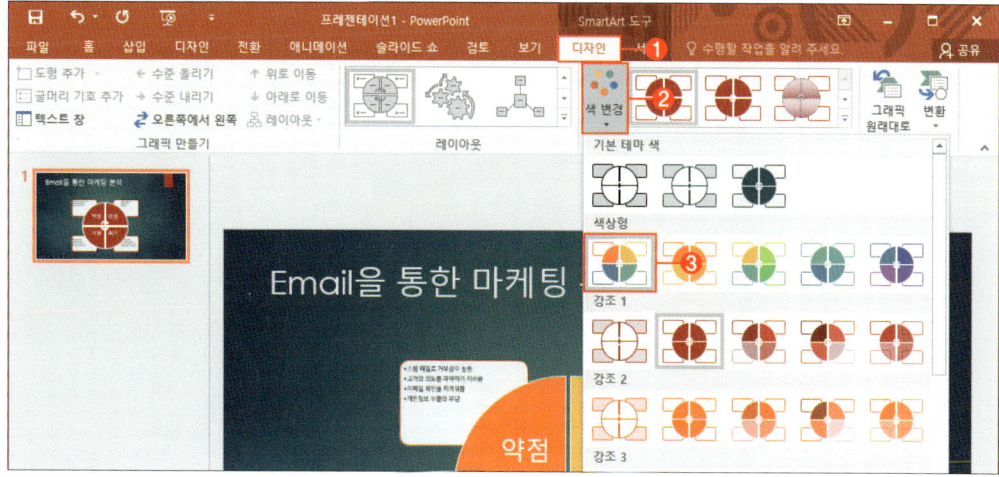

05 [SmartArt 스타일] 그룹에서 [자세히]를 눌러 3차원 항목의 [광택처리]를 클릭합니다.

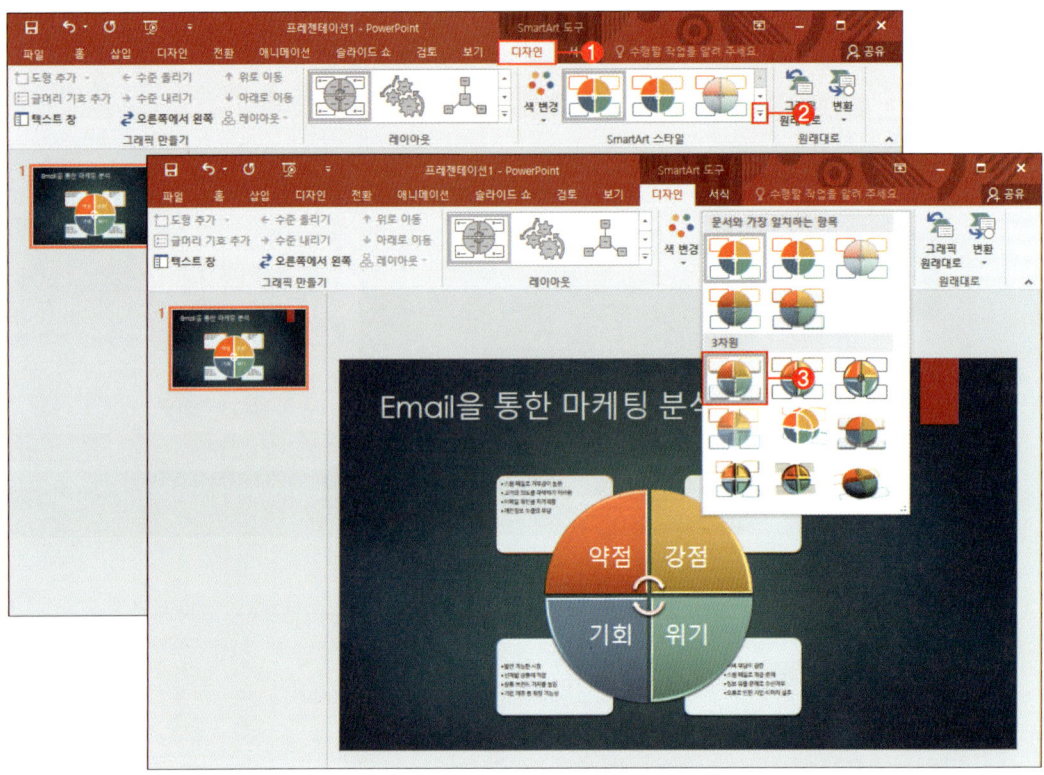

06 도형 순서를 변경하기 위해 [SmartArt 도구] 정황 탭-[디자인] 탭-[그래픽 만들기] 그룹에서 [오른쪽에서 왼쪽]을 클릭합니다.

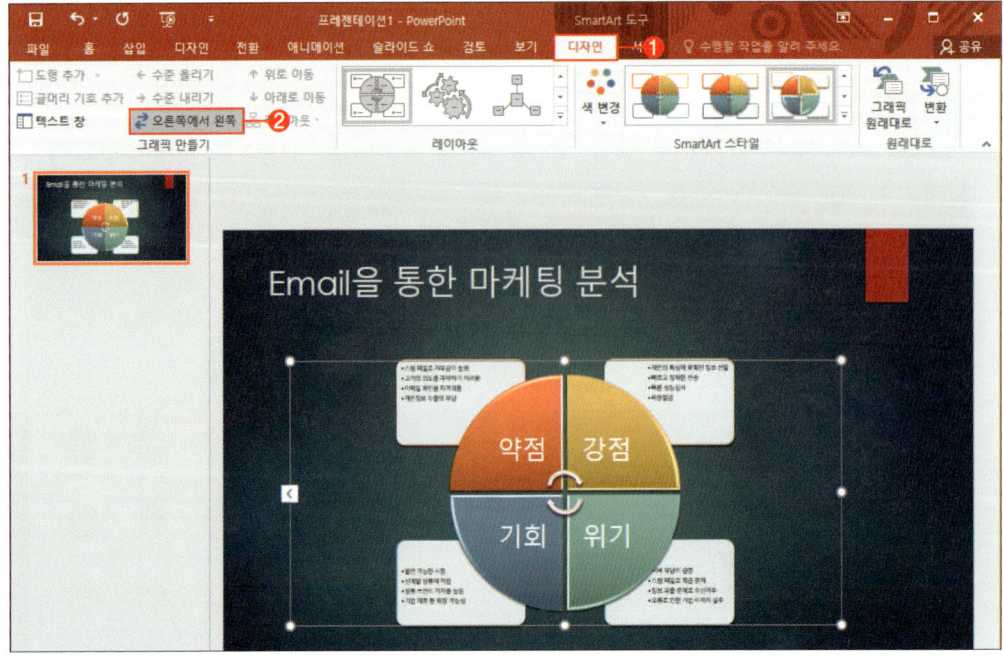

07 강점과 약점, 위기와 기회의 그래픽 도형 순서가 변경됩니다. 모서리가 둥근 직사각형 도형 4개를 Ctrl을 누르고 하나씩 클릭하여 모두 선택한 후 드래그하여 크기를 수정합니다.

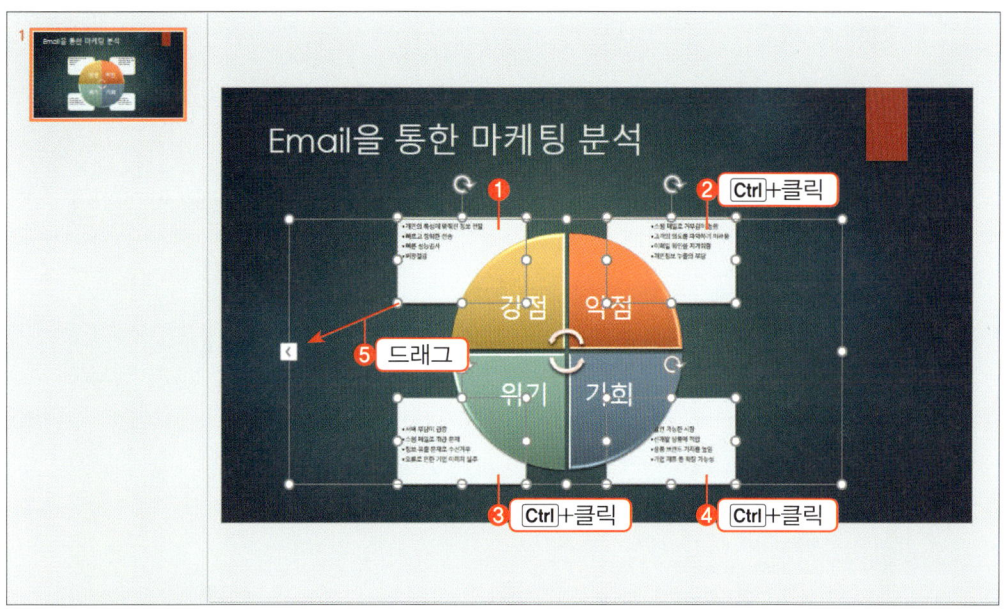

08 도형의 크기가 수정되면 위쪽 2개의 도형과 아래쪽 2개의 도형을 각각 따로 선택한 후 방향키(↑/↓) 또는 드래그하여 다음과 같이 이동합니다.

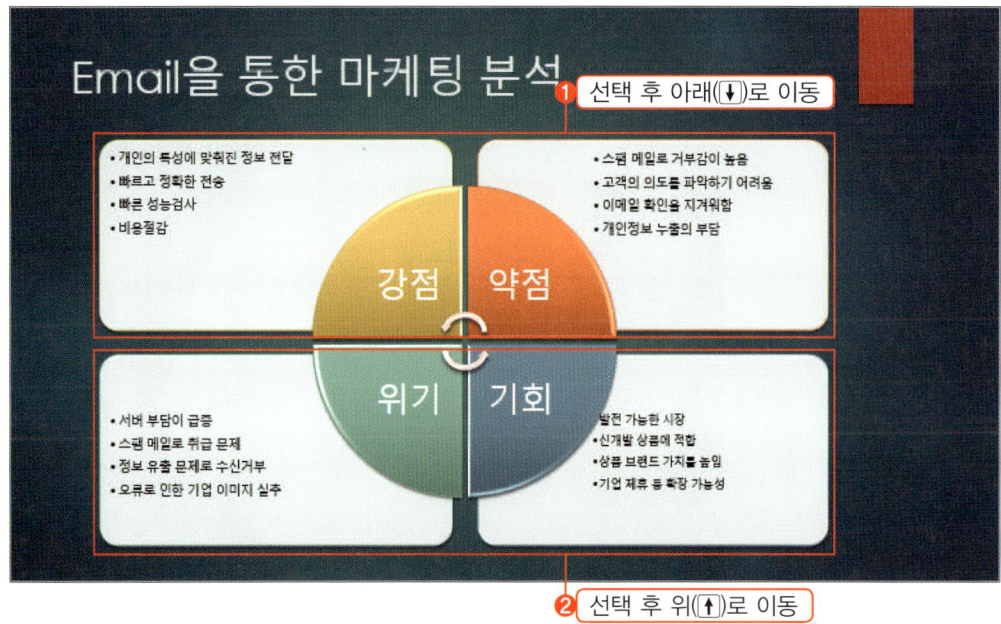

실습문제 배운 내용을 확인하는!

1 새 프레젠테이션 문서에 다음과 같이 작성한 후 "소장품 분석"으로 저장해 보세요.

- 레이아웃 : 제목 및 내용
- 테마 : 패싯
- 제목 개체 삭제 후 크기 조절

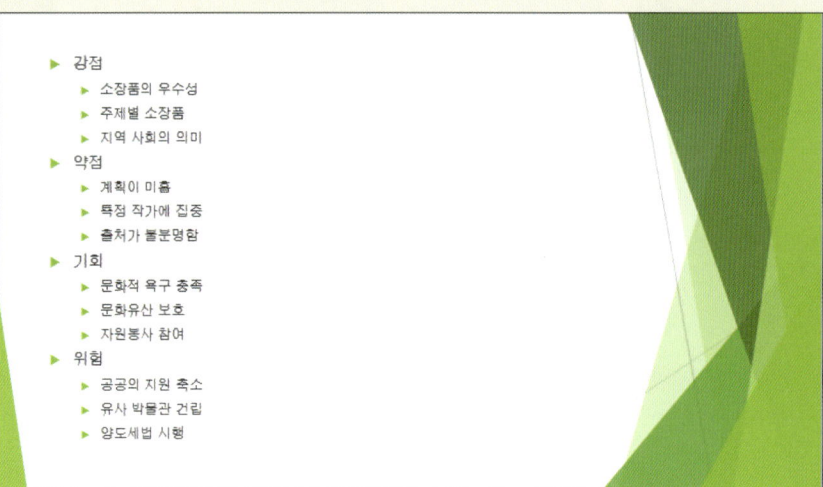

- SmartArt 레이아웃 : 기본 행렬형
- 색 변경(색상형 범위 – 강조색 2 또는 3), SmartArt 스타일(3차원–광택 처리)

| Step 2 | **SmartArt 그래픽 도형의 서식 변경하기**

SmartArt 그래픽 도형의 텍스트 내용은 [홈] 탭-[글꼴] 그룹과 [단락] 그룹을 이용하여 글꼴의 종류, 크기 또는 정렬 등의 서식을 변경할 수 있습니다.

01 모서리가 둥근 직사각형 도형을 모두 선택한 후 [홈] 탭-[글꼴] 그룹에서 글꼴(휴먼모음T) 및 글꼴 크기(16)를 선택합니다.

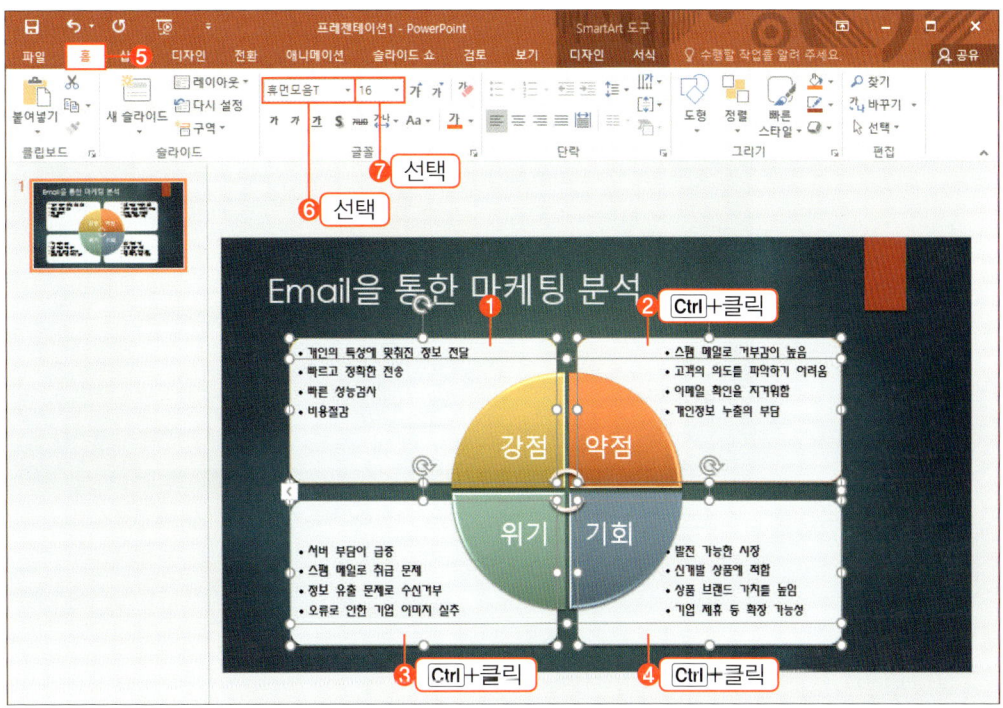

02 글꼴 서식이 수정되면 각각의 도형을 선택한 후 [홈] 탭-[단락] 그룹에서 가로 및 세로 정렬을 다음과 같이 지정합니다.

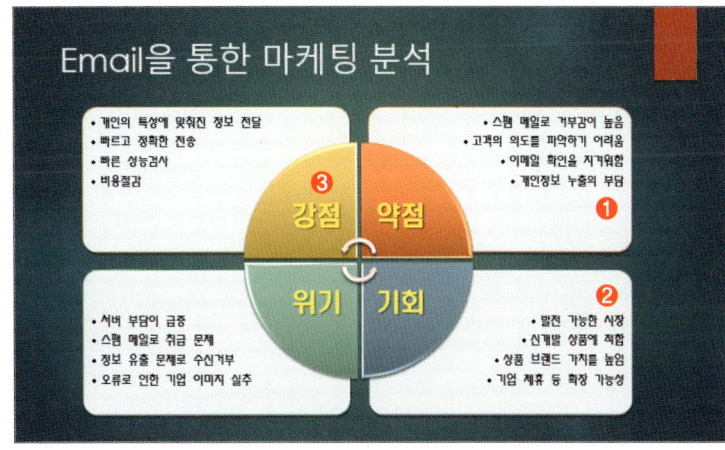

❶, ❷ 오른쪽 맞춤
❸ 글꼴(HY헤드라인M)
  텍스트 그림자,
  글꼴 색(노랑)

03 SmartArt 그래픽 개체를 선택한 후 [SmartArt 도구] 정황 탭–[디자인] 탭–[원래대로] 그룹에서 [변환]을 클릭한 다음 [도형으로 변환]을 클릭하면 SmartArt 그래픽개체가 도형으로 변환됩니다.

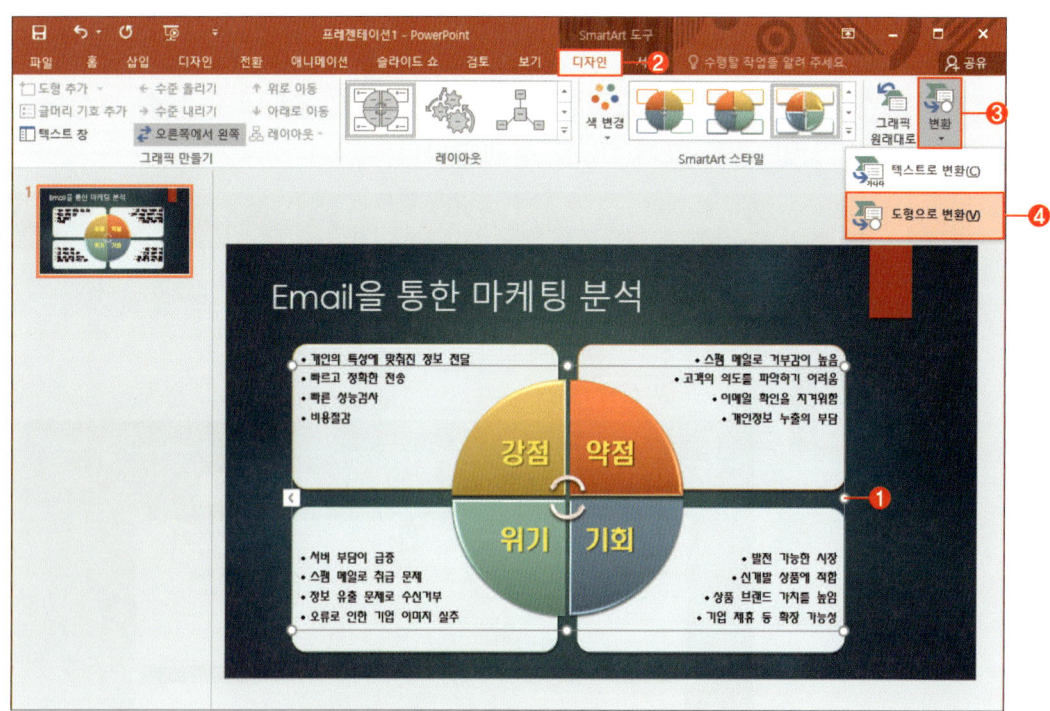

▲ PLUS α

[SmartArt] 레이아웃 변경하기

[SmartArt 도구] 정황 탭–[디자인] 탭–[레이아웃] 그룹에서 [자세히]를 클릭한 후 SmartArt 그래픽 목록이 표시되면, 변경할 레이아웃을 선택하거나 [기타 레이아웃]을 클릭한 다음 [SmartArt 그래픽 선택] 대화상자에서 선택합니다.

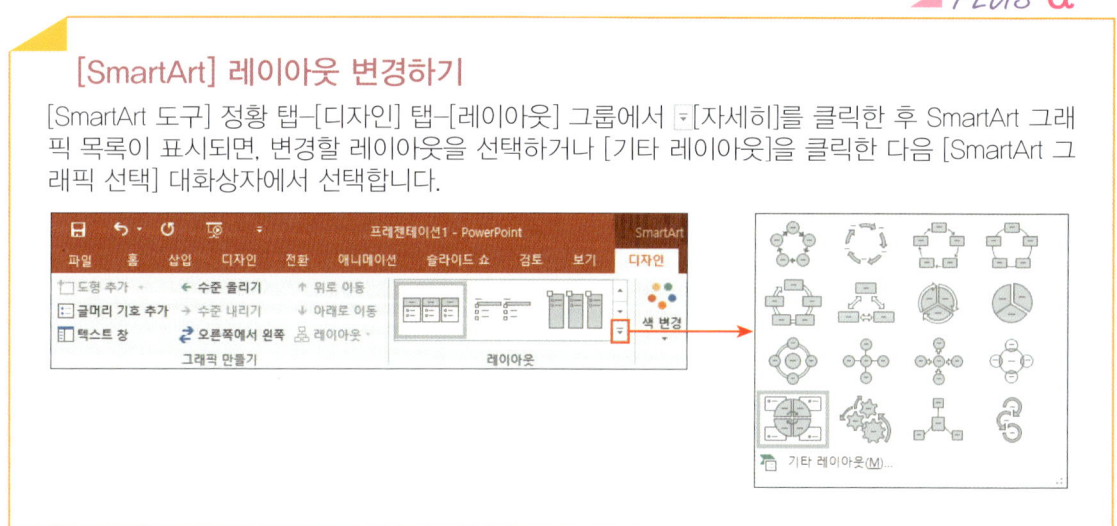

배운 내용을 확인하는! 실습문제

1 "소장품 분석" 문서를 열고 다음과 같이 수정해 보세요.

- 글꼴(HY헤드라인M), 글꼴 크기(32, 24), 텍스트 그림자, 글꼴 색(노랑, 흰색)
- 결과화면 참조하여 위치 및 크기 조절

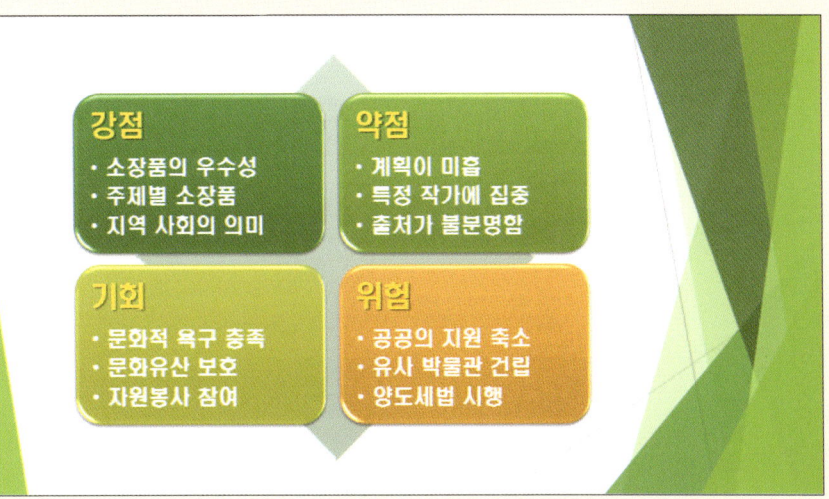

- 레이아웃 변경 : 눈금 행렬형
- 결과화면 참조하여 위치 및 크기 조절

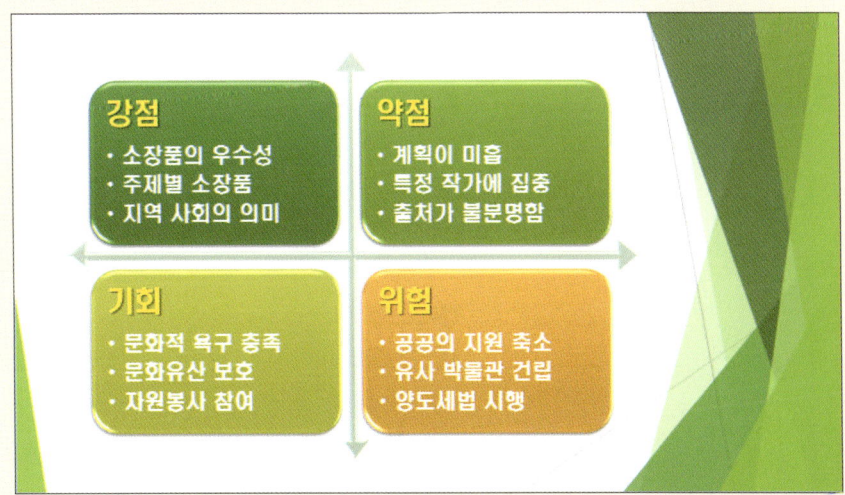

마무리 실전문제

1 새 프레젠테이션 문서를 열고 다음과 같이 문서를 작성해 보세요.

- SmartArt(세로 곡선 목록형) : 색 변경(그라데이션 반복 – 강조1),
  SmartArt 스타일(강한 효과)
- 글꼴(Bauhaus 93), 글꼴 크기(40), 텍스트 그림자, 글꼴 색(흰색, 배경 1)

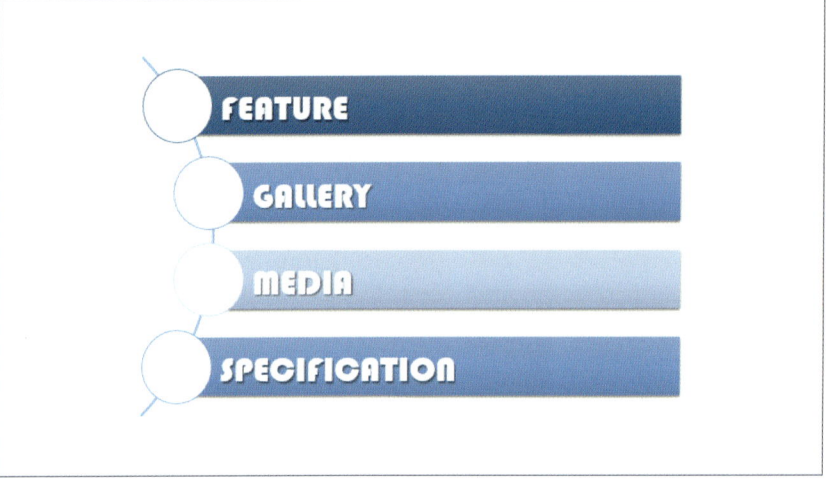

- 슬라이드 배경으로 그림(배경1.jpg) 삽입
- 도형(◯[현])을 삽입한 후 크기 및 모양을 수정,
  도형 효과(기본 설정 – 기본 설정 8) 지정
- SmartArt 그래픽 개체를 도형 개체로 변환

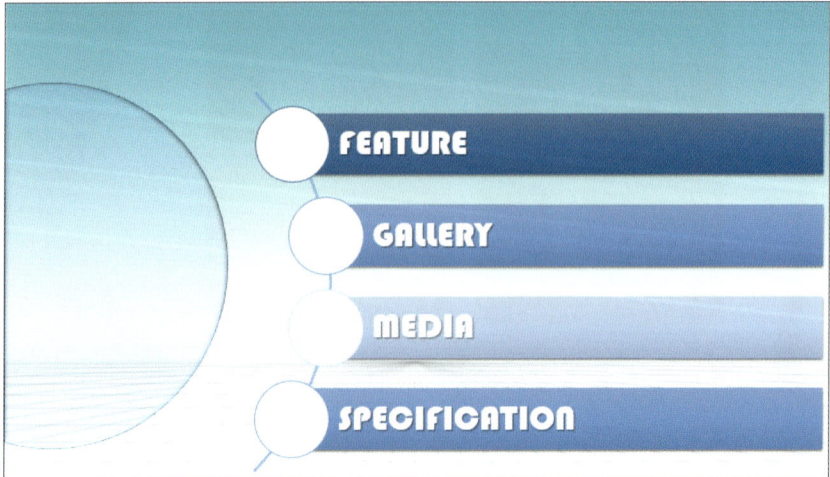

 온라인 그림으로 수출통계 슬라이드 작성하기

온라인 그림이란 사용자가 직접 만들고 삽입하는 그림과 달리 온라인 상의 그림입니다. 온라인 그림을 이용하면 쉽게 그림을 검색하고 삽입할 수 있는 장점이 있습니다. 그럼 이번 Chapter에서는 온라인 그림을 이용하여 수출통계 슬라이드를 작성해보겠습니다.

Step 1 온라인 그림 삽입하기

온라인 그림은 먼저 삽입하고 싶은 그림을 검색한 후 검색 결과물 중에서 원하는 그림을 선택하여 삽입합니다.

01 새 프레젠테이션 문서를 다음과 같이 작성합니다.
- 슬라이드 레이아웃 : 제목만
- 글꼴(휴먼엑스포), 글꼴 크기(60), 텍스트 그림자, 글꼴 색(연한 파랑)
- 그림 삽입 : 세계지도.gif

02 삽입] 탭-[이미지] 그룹에서 [온라인 그림]을 클릭합니다.

03 [그림 삽입] 대화상자가 나타나면 [Bing 이미지 검색]을 클릭합니다.

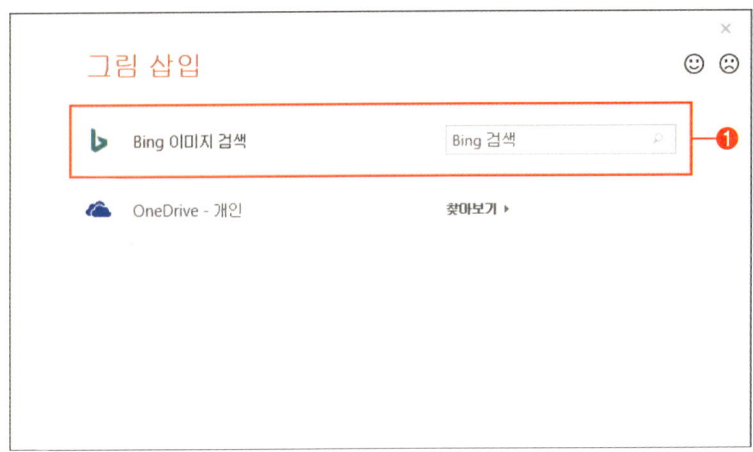

04 [bing] 대화상자가 나타나면 '태극기'를 입력한 후 [검색] 단추를 클릭합니다.

05 검색 결과 이미자가 나타나면 원하는 그림을 선택한 후 [삽입] 단추를 클릭합니다.

06 그림이 삽입되면 크기 조절점을 드래그하여 크기를 조절합니다.

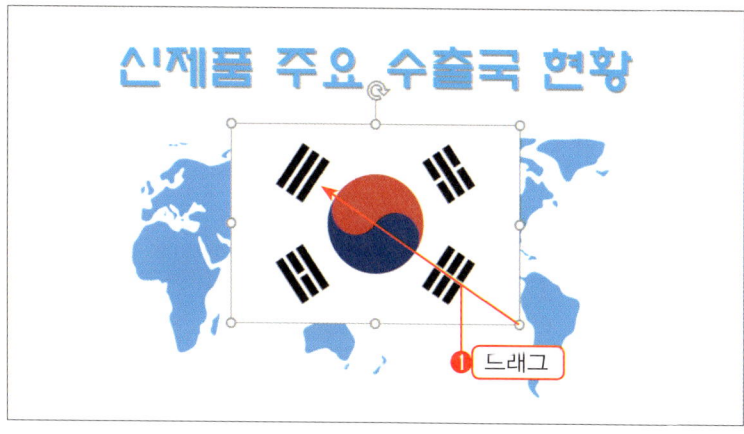

07 같은 방법으로 미국, 중국, 아르헨티나, 오스트레일리아, 가나 국가도 검색하여 그림과 같이 배치합니다.

08 도형을 삽입하기 위해 [삽입] 탭-[이미지] 그룹에서 [도형]을 클릭한 후 [아래로 구부러진 화살표]를 클릭합니다.

09 마우스 포인터 모양이 + 모양으로 변경되면 드래그하여 다음과 같이 도형을 삽입합니다.

▲ PLUS α

회전 및 모양 조절

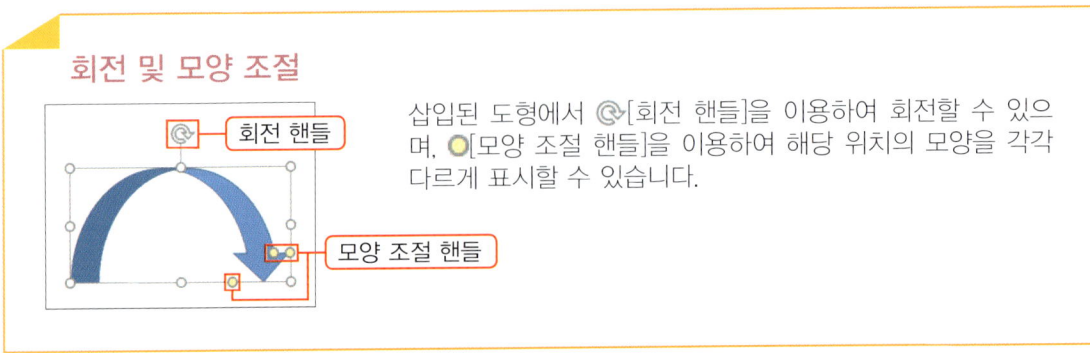

삽입된 도형에서 [회전 핸들]을 이용하여 회전할 수 있으며, [모양 조절 핸들]을 이용하여 해당 위치의 모양을 각각 다르게 표시할 수 있습니다.

10 도형이 삽입되면 [그리기 도구] 정황 탭-[서식] 탭-[도형 스타일] 그룹에서 [도형 윤곽선]을 클릭한 후 [윤곽선 없음]을 클릭합니다.

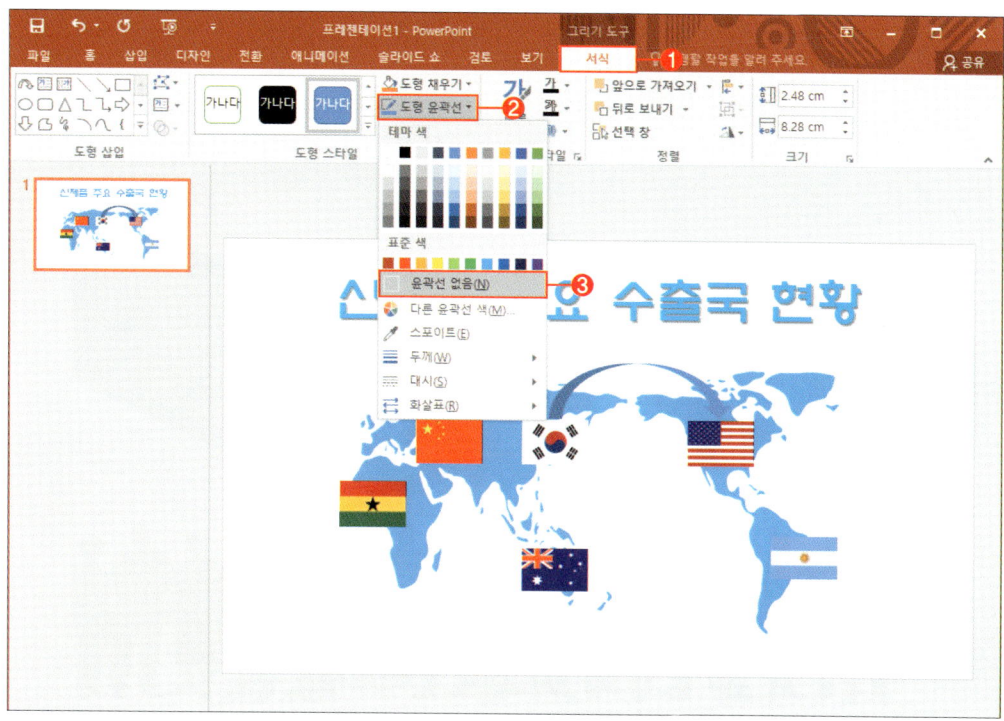

11 같은 방법으로 도형(아래로 구부러진 화살표)을 이용하여 다음과 같이 배치합니다.

실습문제 배운 내용을 확인하는!

1 새 프레젠테이션 문서에 다음과 같이 작성해 보세요.

- 온라인 그림 : '악수'로 검색 후 슬라이드 크기와 같게 조절한 다음 맨 뒤로 보내기
- 제목 : 글꼴(Broadway), 글꼴 크기(96), 텍스트 그림자, 글꼴 색(빨강)
- 부제목 : 글꼴(휴먼엑스포), 글꼴 크기(40), 텍스트 그림자, 글꼴 색(빨강)

2 새 프레젠테이션 문서에 디자인 테마(추억)를 적용한 후 다음과 같이 작성해 보세요.

- 온라인 그림 : '트로피', '특허증' 삽입한 후 크기를 조절한 다음 맨 뒤로 보내기
- 제목 : 글꼴(HY견고딕), 글꼴 크기(54)
- 내용 : 글꼴(맑은 고딕), 글꼴 크기(28)

특허 및 수상 기록

2020. 10. 세계최초 항균제 개발
2020. 11. ISO 9001 QA System 인증
2021. 01. 친환경 소독장비 특허 등록
2022. 06. 특허청장상 수상
2022. 10. 신기술사업 벤처기업 인증
2023. 12. 행정자치부장관 표창 수상
2024. 04. 수출유망 중소기업 선정

Step 2 스크린샷을 활용하여 슬라이드 배경 만들기

스크린샷은 다른 작업 창의 내용을 그대로 캡처하여 슬라이드에 활용할 수 있도록 제공하는 기능입니다.

01 ⊞[시작] 단추를 클릭한 후 앱 뷰에서 [Microsoft Edge]를 클릭한 후 인터넷에 접속한 다음 슬라이드의 배경으로 삽입할 내용을 검색합니다.

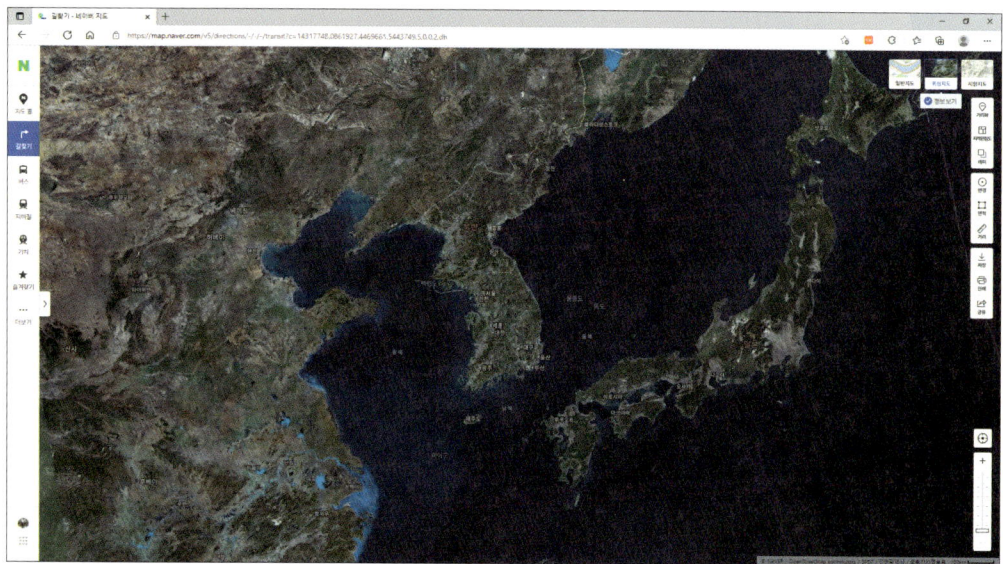

Tip
따라하기 화면은 네이버 지도(https://map.naver.com/) 사이트에서 대한민국 전체가 표시되도록 크기를 수정한 화면입니다.

02 [삽입] 탭-[이미지] 그룹에서 [스크린샷]을 클릭한 후 [화면 캡처]를 클릭합니다.

Chapter 05 온라인 그림으로 수출통계 슬라이드 작성하기

03 화면 전체가 흐린 화면으로 표시되면, 마우스 포인터 모양이 + 모양일때 드래그하여 해당 부분을 지정합니다.

04 슬라이드에 인터넷 검색 화면이 캡처되어 삽입되면 크기 조절점을 드래그하여 슬라이드에 맞게 조절합니다.

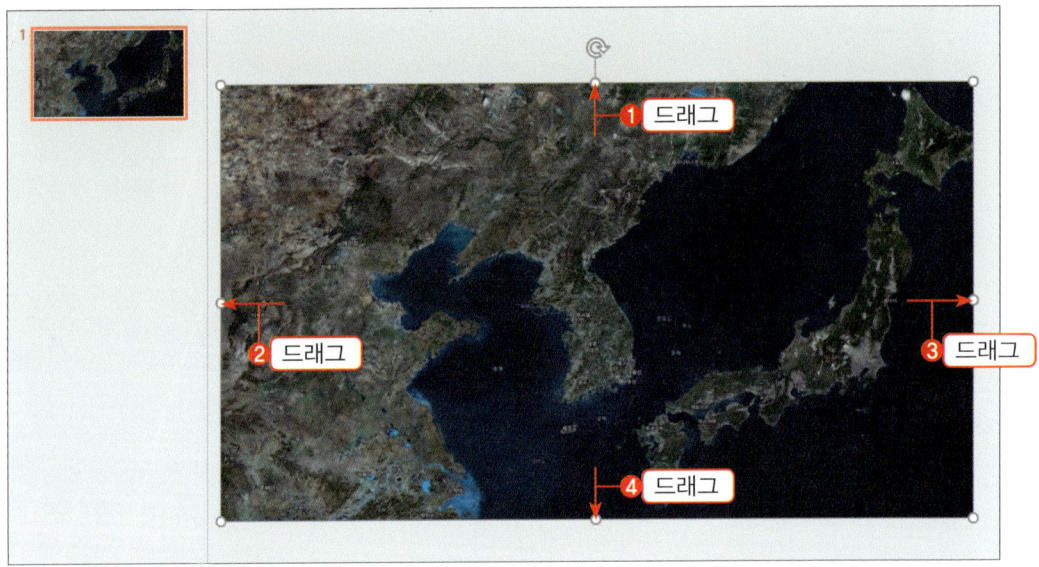

05 [그림 도구] 정황 탭-[서식] 탭-[정렬] 그룹에서 [뒤로 보내기]의 ▼[목록] 단추를 클릭한 후 [맨 뒤로 보내기]를 클릭합니다.

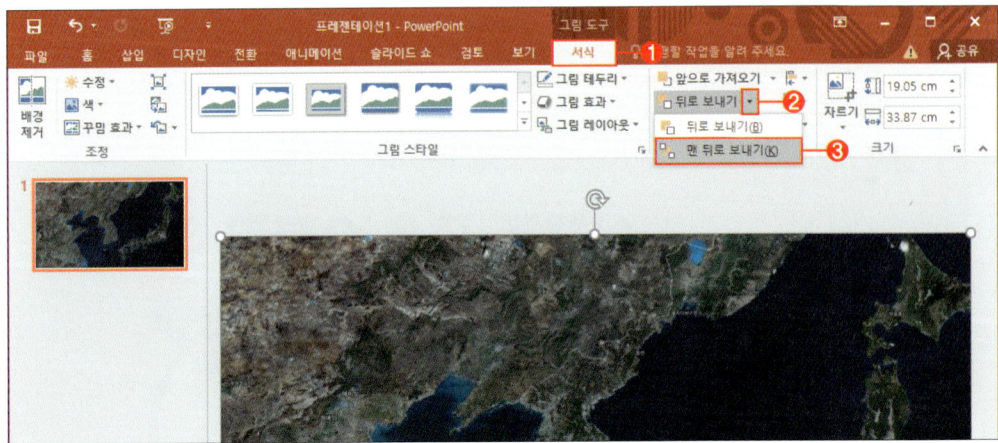

1 새 프레젠테이션 문서에 다음과 같이 작성해 보세요.

- 온라인 그림 : '첨성대', '석가탑' 삽입한 후 크기를 조절한 다음 맨 뒤로 보내기
- 글꼴(휴먼둥근헤드라인), 글꼴 크기(80/40), 텍스트 맞춤(중간), 글자 색(진한 파랑, 연한 파랑)

2 새 프레젠테이션 문서에 테마(추억)를 적용한 후 다음과 같이 작성해 보세요.

- 온라인 그림 : '핸드폰' 삽입한 후 슬라이드 크기와 같게 조절한 다음 맨 뒤로 보내기
- 글꼴(휴먼옛체), 글꼴 크기(80/44), 텍스트 맞춤(중간), 글자 색(진한 파랑, 빨강)

마무리 실전문제

1 새 프레젠테이션 문서에 다음과 같이 작성해 보세요.

- 온라인 그림 : 악수, 색(다시 칠하기 - '주황, 밝은 강조색 2'), 맨 뒤로 보내기
- 온라인 그림 : 감사
- 글꼴(HY견명조), 글꼴 크기(115/48), 텍스트 그림자, 글꼴 색(진한 빨강/자주)

2 새 프레젠테이션 문서에 다음과 같이 작성해 보세요.

- 온라인 그림 : 템즈강, 색(다시 칠하기 - '파랑, 밝은 강조색 1'), 맨 뒤로 보내기
- 온라인 그림 : 배낭
- 글꼴(HY헤드라인M), 글꼴 크기(54/32), 텍스트 그림자, 글꼴 색(빨강)

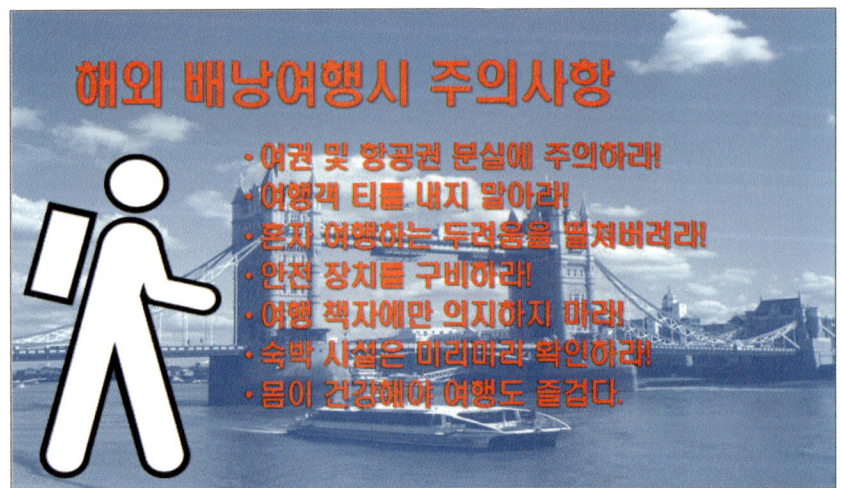

그림으로 사진 앨범 작성하기

사진 앨범 기능은 여러 장의 사진을 슬라이드에 표시할 경우 슬라이드 단위로 일일이 삽입하고 편집하여 시간을 단축해 주기 위한 기능입니다. 그림 작품을 자동 슬라이드 쇼로 진행하거나 건축, 디자인 등의 프리젠테이션 등에 활용하기 좋습니다.

Step 1 사진 앨범 작성하기

사진 앨범은 여러 개의 그림을 한꺼번에 불러오는 것이므로 사진 앨범을 구성하려면 먼저 사진 앨범에 사용할 사진을 하나의 폴더에 모아 둔 상태에서 시작하는 것이 좋습니다.

01 새 프레젠테이션 문서를 다음과 같이 작성한 후 [삽입] 탭-[이미지] 그룹에서 [사진 앨범]의 [목록] 단추를 클릭한 다음 [새 사진 앨범]을 클릭합니다.

- 슬라이드 레이아웃 : 빈 화면

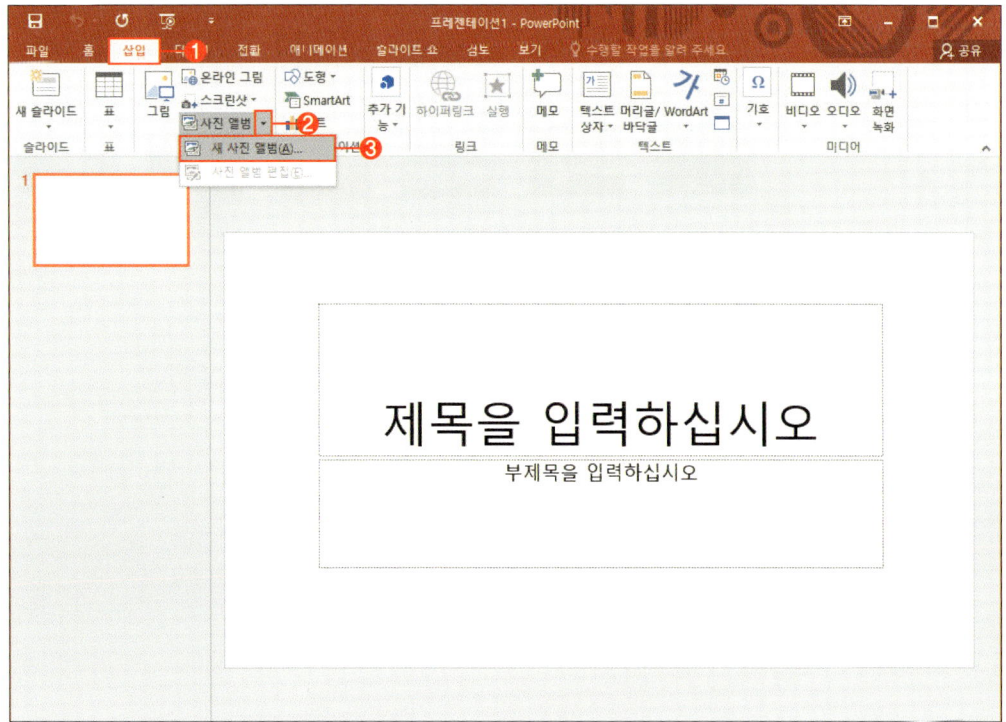

02 [사진 앨범] 대화상자가 나타나면 [파일/디스크] 단추를 클릭합니다.

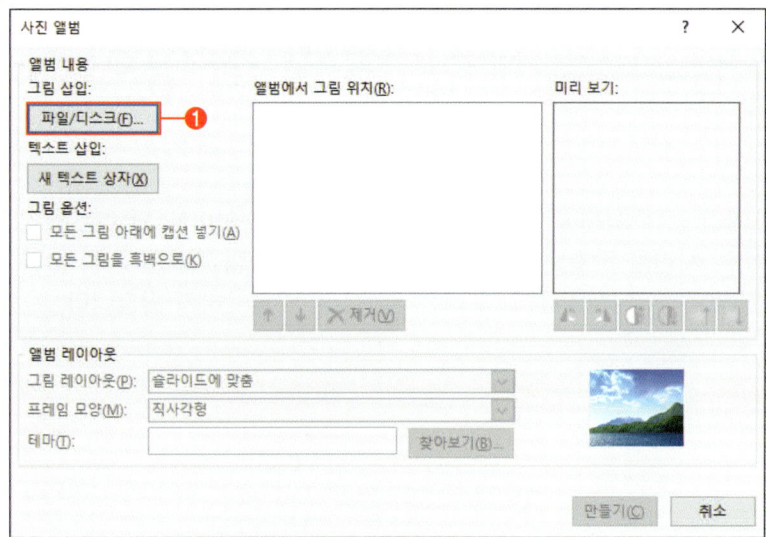

03 [새 그림 삽입] 대화상자가 나타나면 위치((Lecture Note) 파워포인트 2016₩Part 2₩Chapter06₩그림) 및 그림(배경4~배경15) 파일을 선택한 후 [삽입] 단추를 클릭합니다.

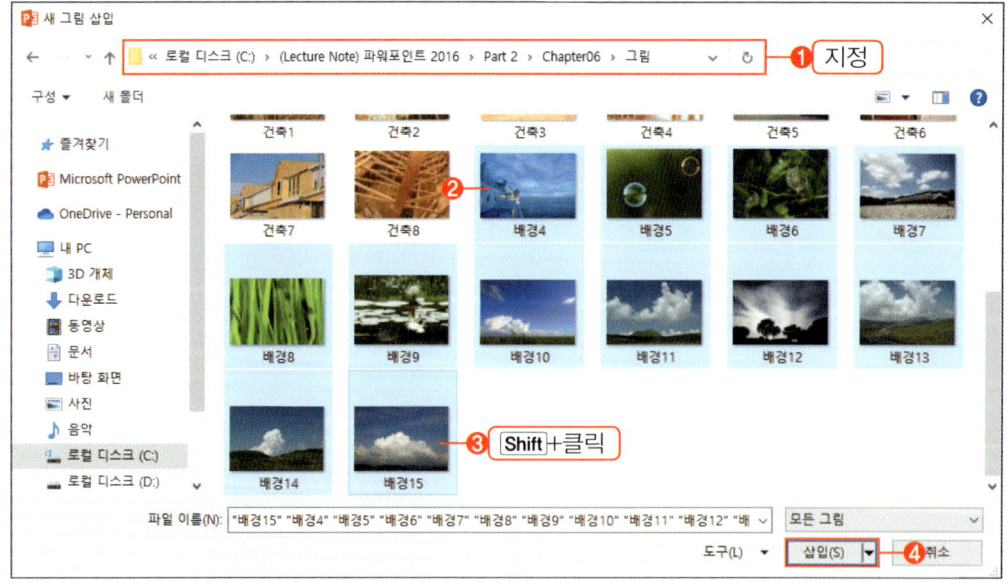

Tip

파일 선택
- **떨어져 있는 여러 개의 파일 선택** : Ctrl 을 누르고 순서대로 클릭합니다.
- **연속된 여러 개의 파일 선택** : 첫 번째 파일을 선택한 후 Shift 를 누른 상태에서 마지막 파일을 클릭합니다.

04 선택한 배경 그림이 삽입되면 [사진 앨범] 대화상자에서 [만들기] 단추를 클릭합니다.

PLUS α

[사진 앨범] 대화상자 살펴보기

❶ **그림 삽입** : 삽입할 그림 파일을 선택합니다.
❷ **텍스트 삽입** : 슬라이드에 삽입할 텍스트를 설정합니다.
❸ **그림 옵션** : 그림에 대한 캡션이나 흑백 등을 설정합니다.
❹ **앨범에서 그림 위치** : 슬라이드의 위치를 조정합니다.
❺ **그림 편집하기** : 그림의 삽입 방향, 대비, 밝기 등을 조정합니다.
❻ **앨범 레이아웃** : 한 슬라이드에 삽입될 그림의 수와 프레임 모양, 테마 등을 설정합니다.

05 선택한 사진을 이용하여 앨범이 완성됩니다. 첫 번째 슬라이드의 제목 개체의 텍스트를 수정한 후 다음과 같이 글꼴 서식을 지정합니다.

• 글꼴(HY목각파임B), 글꼴 크기(80)

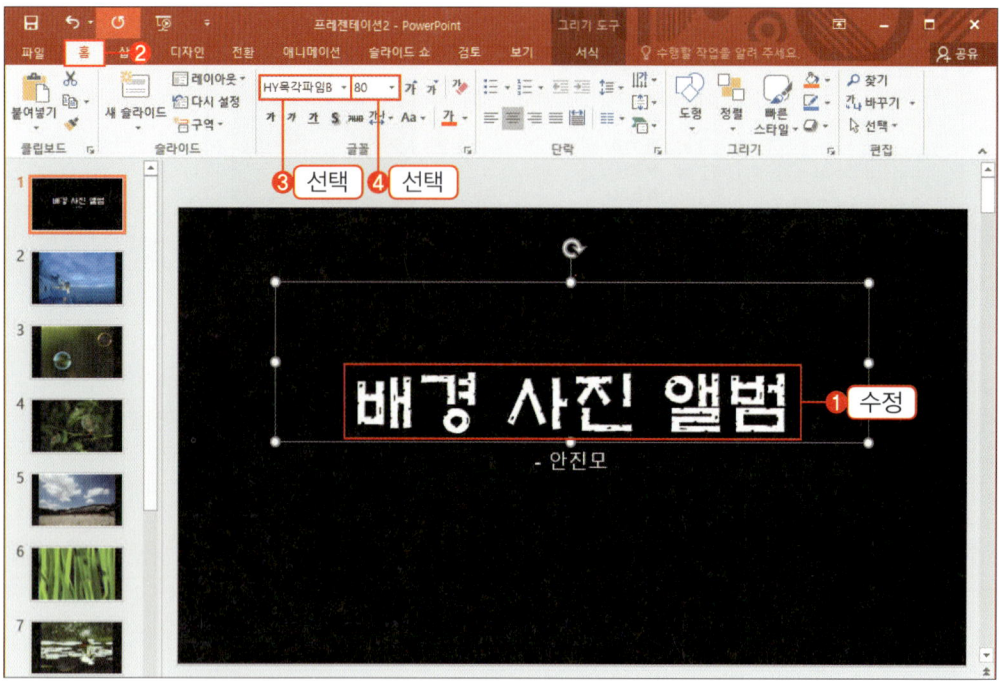

06 부 제목 개체의 텍스트를 수정한 후 다음과 같이 글꼴 서식을 지정합니다.

• 글꼴(휴먼엑스포), 글꼴 크기(32)

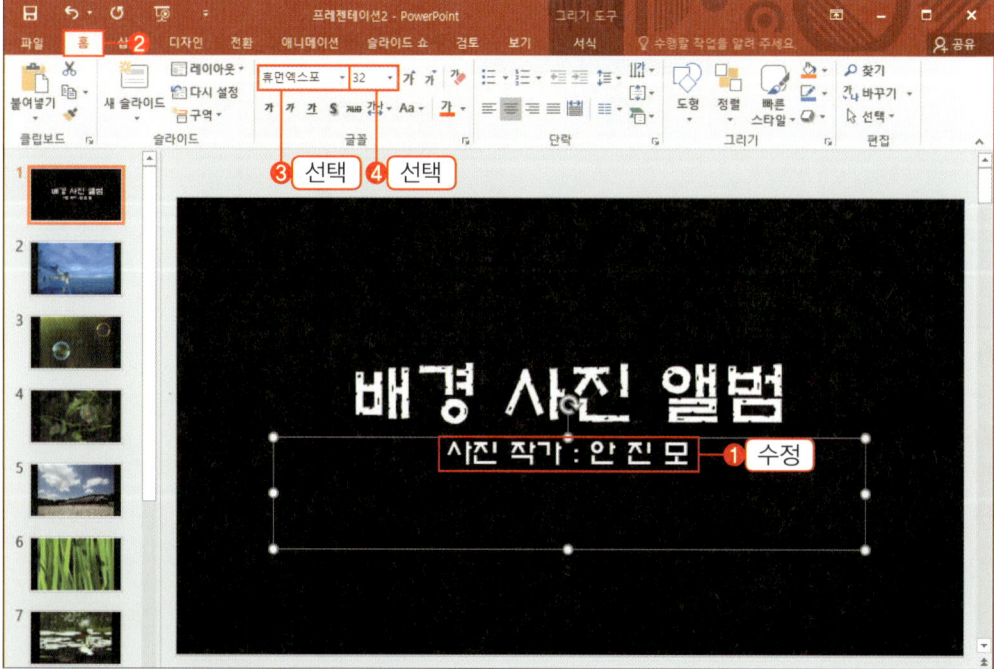

1. 새 프레젠테이션 문서에 다음과 같이 작성한 후 "Photo Flower"로 저장해 보세요.

- 사진 앨범 : [그림] 폴더의 Photo1~Photo12까지의 사진을 이용하여 작성

- 제목(Photo Flower) : 글꼴(Copperplate Gothic Bold), 글꼴 크기(72)
- 부 제목(사진 : 김 성 국) : 글꼴(HY엽서M), 글꼴 크기(48)

Step 2 사진 앨범 편집하기

사진 앨범이 작성된 후에도 [사진 앨범 편집하기]를 이용하여 그림의 순서를 변경, 텍스트 삽입, 레이아웃 및 프레임 모양 등 다양한 기능을 편집/수정 할 수 있습니다.

01 삽입된 앨범을 편집하기 위해 [삽입] 탭-[이미지] 그룹에서 [사진 앨범]의 ▼[목록] 단추를 클릭한 후 [사진 앨범 편집]을 클릭합니다.

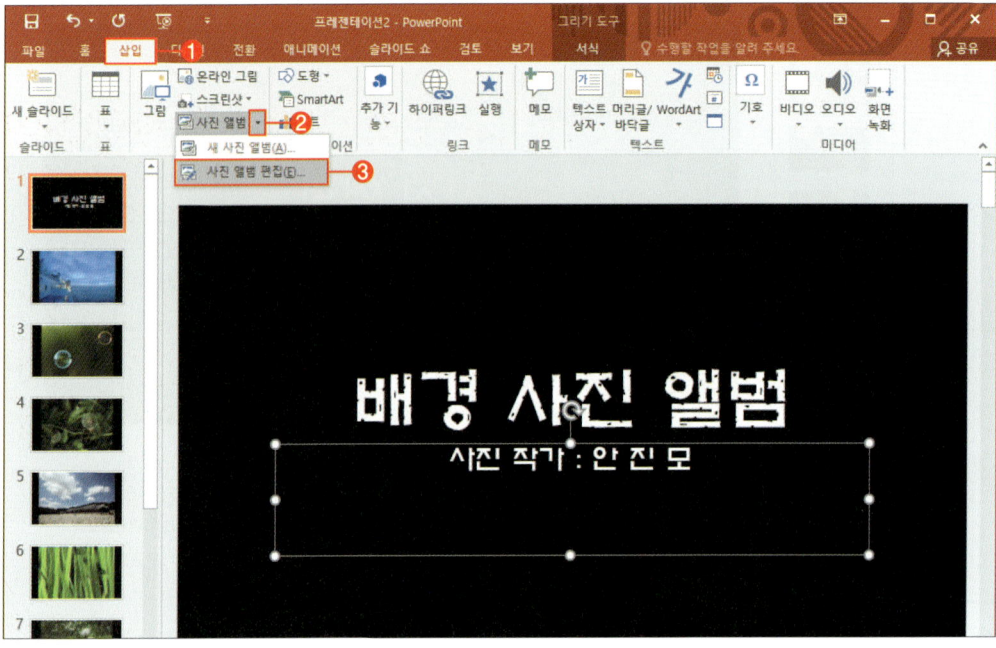

02 [사진 앨범 편집] 대화상자가 나타나면 그림 레이아웃(그림 4개), 프레임 모양 (단순형 프레임, 흰색)을 선택한 후 [찾아보기] 단추를 클릭합니다.

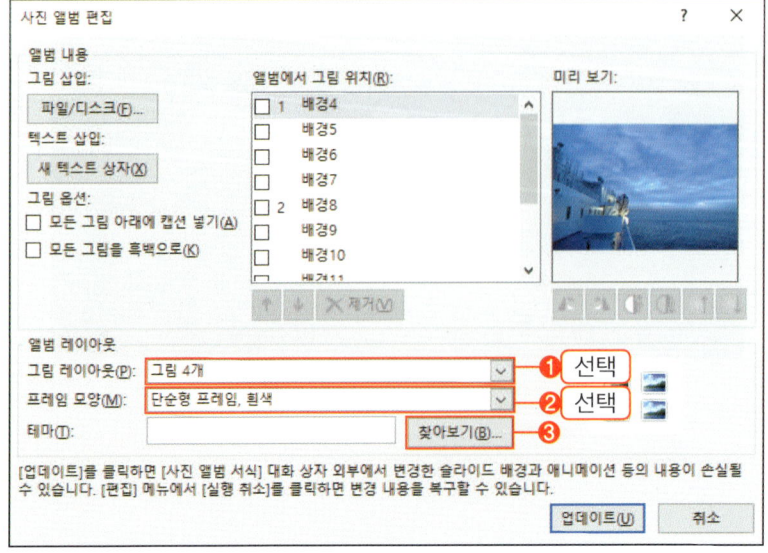

03 [테마 선택] 대화상자가 표시되면 원하는 테마(Slice)를 선택한 후 [선택] 단추를 클릭합니다.

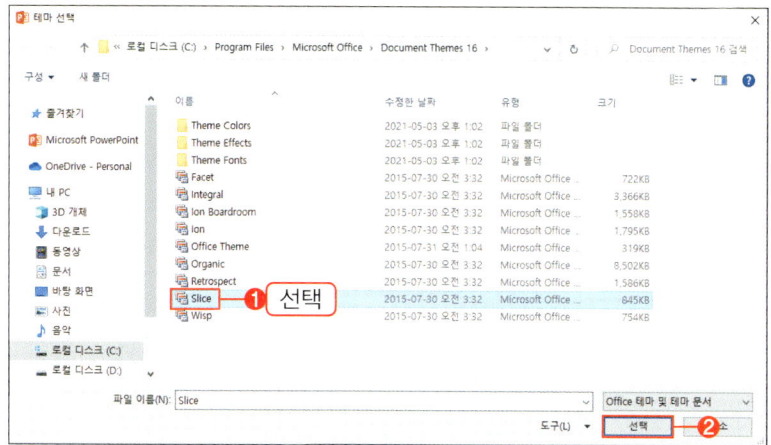

04 [사진 앨범 편집] 대화상자가 다시 나타나면 [모든 그림 아래에 캡션 넣기]를 선택한 후 [업데이트] 단추를 클릭합니다.

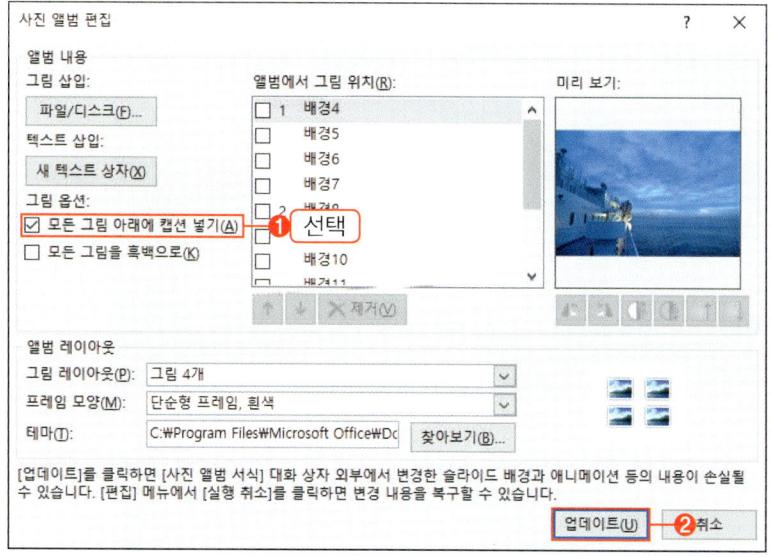

05 다음과 같이 사진 앨범이 설정한 모양으로 변경되어 표시됩니다.

06 각각의 슬라이드에 캡션을 클릭하여 내용을 수정합니다.

배운 내용을 확인하는! 

1 "Photo Flower" 문서에 사진 앨범 편집을 이용하여 다음과 같이 수정해 보세요.

- 사진을 세로 방향으로 회전
- 그림 레이아웃(그림 2개), 프레임 모양(복합형 프레임, 검정)

- 그림 옵션(모든 그림을 흑백으로)
- 테마 : 줄기(Wisp)

마무리 실전문제

1 사진 앨범 기능을 이용하여 다음과 같이 작성해 보세요.

- 사진 앨범 : [그림] 폴더의 "배경6"과 "배경9" 사진을 이용하여 작성
- 그림 레이아웃(슬라이드에 맞춤), 테마 : 자연주의(Organic)
- [사진 앨범 편집]-[새 텍스트 상자]로 1번, 3번 슬라이드 삽입 및 내용수정
- 사진 앨범의 제목 슬라이드 삭제
- 텍스트 서식 : 글꼴(HY견고딕), 글꼴 크기(48), 크기 및 위치 조절

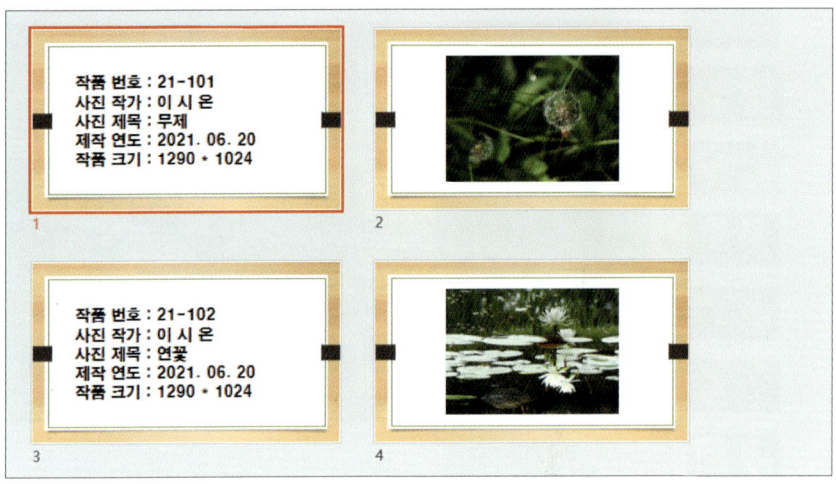

2 새 프레젠테이션 문서에 다음과 같이 작성해 보세요.

- 사진 앨범 : [그림] 폴더의 "건축1" ~ "건축8" 사진을 이용하여 작성
- 그림 레이아웃(그림 4개), 프레임 모양(단순형 프레임, 흰색), 테마 : 이온(Ion)
- 글꼴(HY헤드라인M), 글꼴 크기(80, 40), 가운데 맞춤, 텍스트 맞춤(중간)

SmartArt를 이용한 조직도 슬라이드 작성하기

SmartArt를 이용하여 만들 수 있는 슬라이드 중에서 가장 유용하면서 많이 사용하는 것이 조직도입니다. 조직도 슬라이드는 회사나 단체를 소개하는 프레젠테이션이라면 꼭 필요한 슬라이드라고 할 수 있습니다. 그럼 이번 Chapter에서는 SmartArt를 이용하여 조직도 슬라이드를 작성해보겠습니다.

Step 1 SmartArt로 조직도 작성하기

SmartArt를 이용하여 조직도를 만들 때 계층 구조형 SmartArt를 사용하며, 조직도를 삽입 후 앞/뒤/위/아래/보조자 등의 도형을 추가 및 삭제할 수 있습니다.

01 새 프레젠테이션 문서를 다음과 같이 작성한 후 [삽입] 탭-[일러스트레이션] 그룹에서 [SmartArt]를 클릭합니다.

- 슬라이드 레이아웃 : 제목만
- 테마 : 깊이

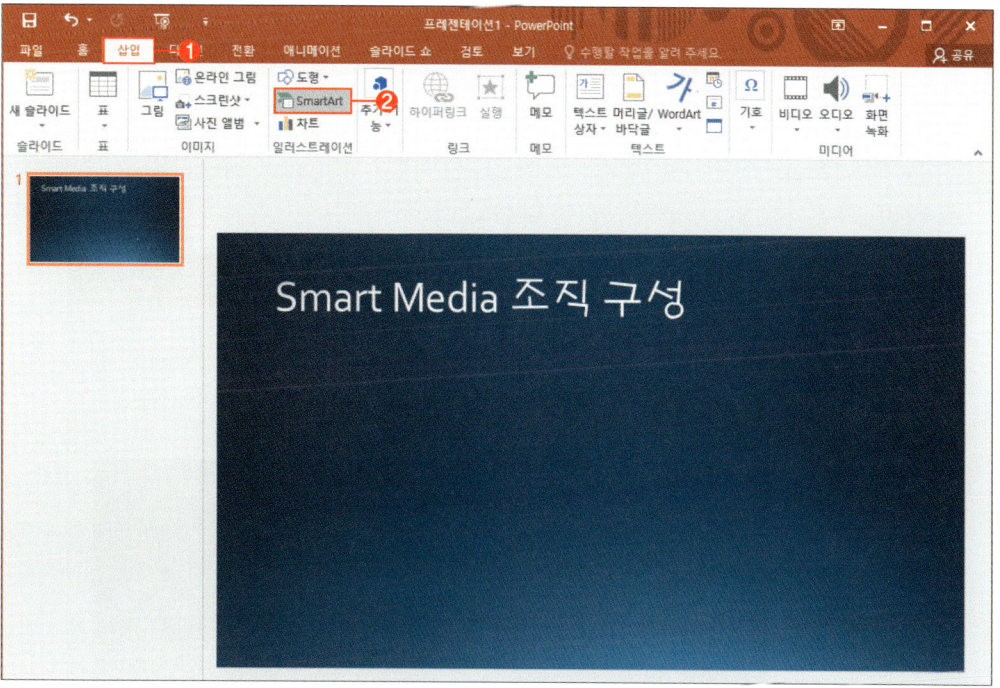

02 [SmartArt 그래픽 선택] 대화 상자가 나타나면 [계층 구조형]의 [조직도형]을 선택한 후 [확인] 단추를 클릭합니다.

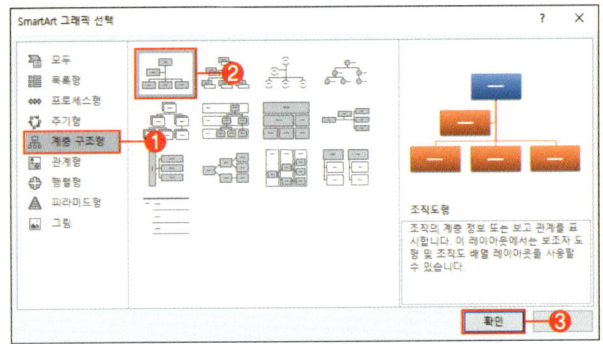

03 마지막 도형을 선택한 후 [SmartArt 도구] 정황 탭-[디자인] 탭-[그래픽 만들기] 그룹에서 [도형 추가]의 [목록] 단추를 클릭한 다음 [뒤에 도형 추가]를 클릭합니다.

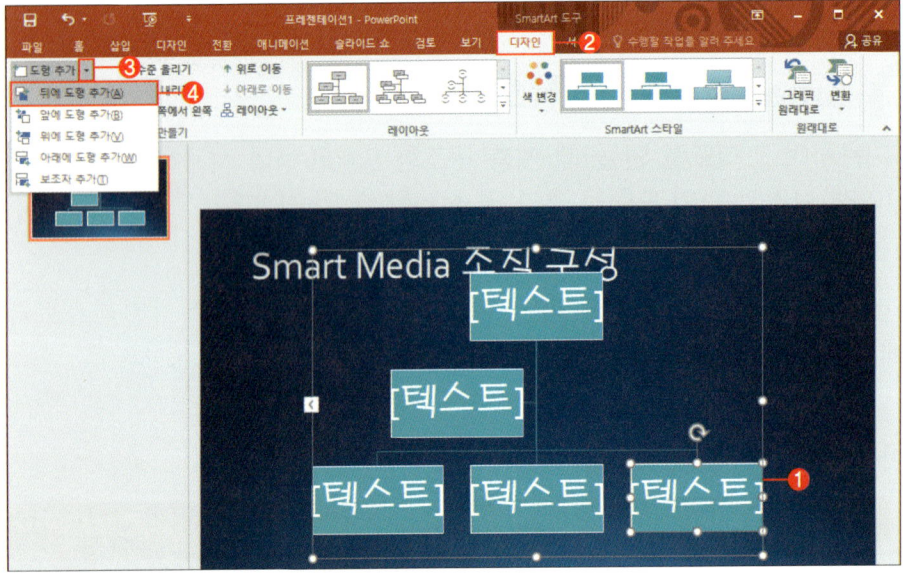

04 같은 방법으로 상단 첫 번째 도형을 선택한 후 [도형 추가]의 [목록] 단추를 클릭한 다음 [보조자 추가]를 클릭합니다.

05 같은 방법으로 마지막 도형에 하나씩 도형을 추가한 후 세 번째 줄의 4개의 도형을 선택한 다음 [그래픽 만들기] 그룹에서 [레이아웃]을 클릭하고 [표준]을 클릭합니다.

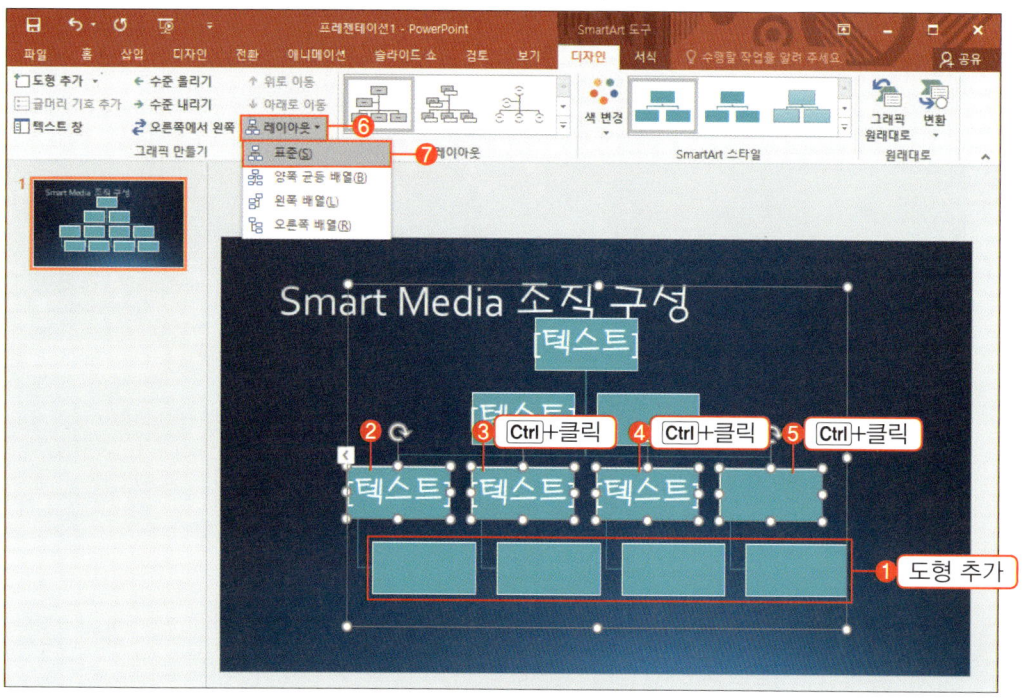

06 SmartArt 개체의 크기 조절점을 드래그하여 크기를 조절합니다.

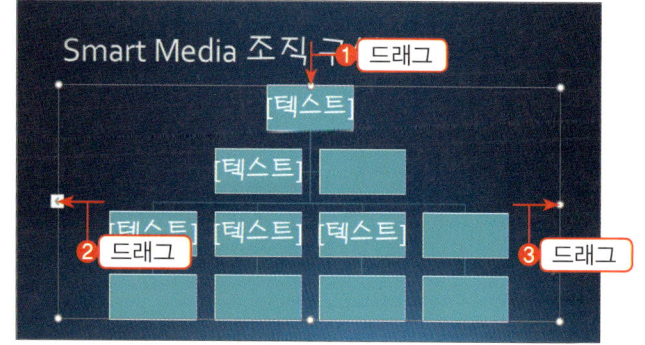

07 네 번째 줄의 4개의 도형을 선택한 후 크기 조절점을 드래그하여 크기를 조절합니다.

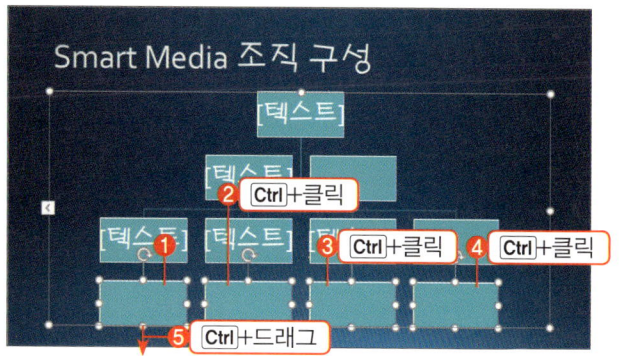

08 도형 전체를 선택한 후 크기 조절점을 드래그하여 크기를 조절합니다.

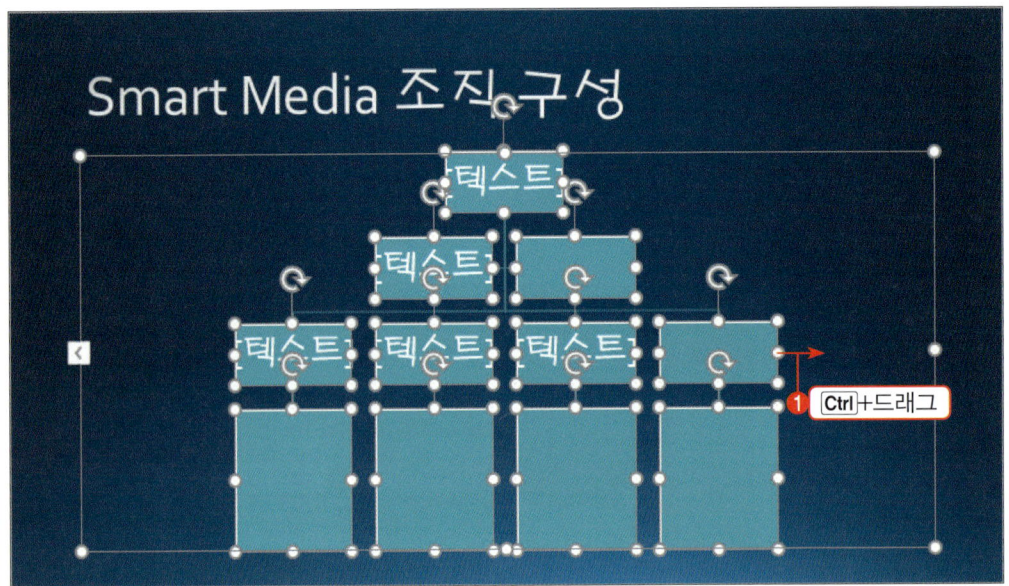

09 다음과 같이 내용을 입력한 후 Smart 개체를 선택한 다음 [홈] 탭-[글꼴] 그룹에서 글꼴(HY헤드라인M) 및 글꼴 크기(24)를 선택합니다.

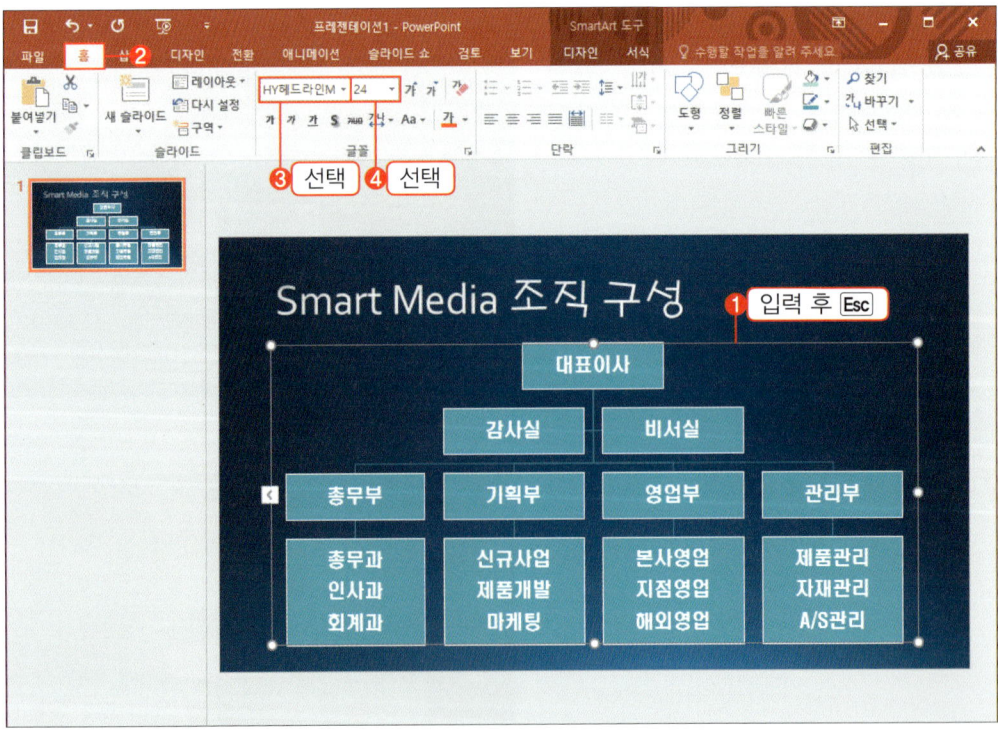

1 새 프레젠테이션 문서에 다음과 같이 작성한 후 "K리그 챔피언 결정전"으로 저장해 보세요.

- 슬라이드 레이아웃 : 제목만
- 디자인 테마 : 디지털 테마
- 제목 : 글꼴(휴먼옛체), 글꼴 크기(60), 굵게, 텍스트 그림자

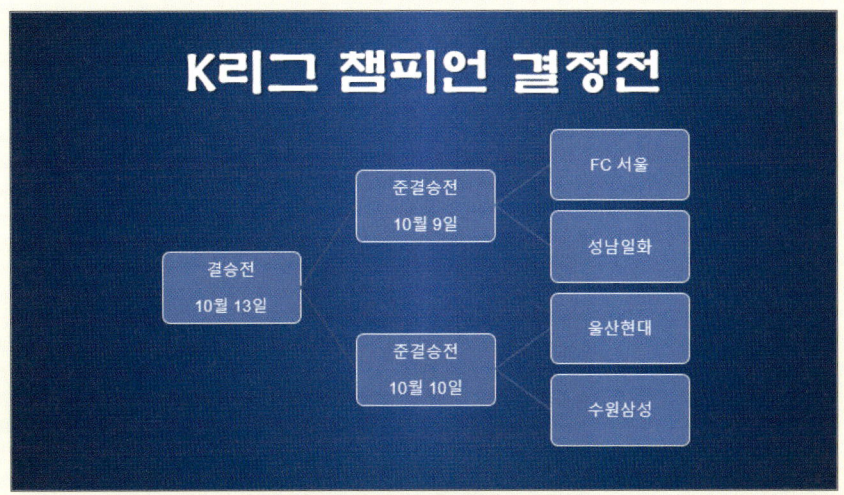

- 도형 크기 조절
- 내용 : 글꼴(HY헤드라인M), 글꼴 크기(28), 텍스트 그림자

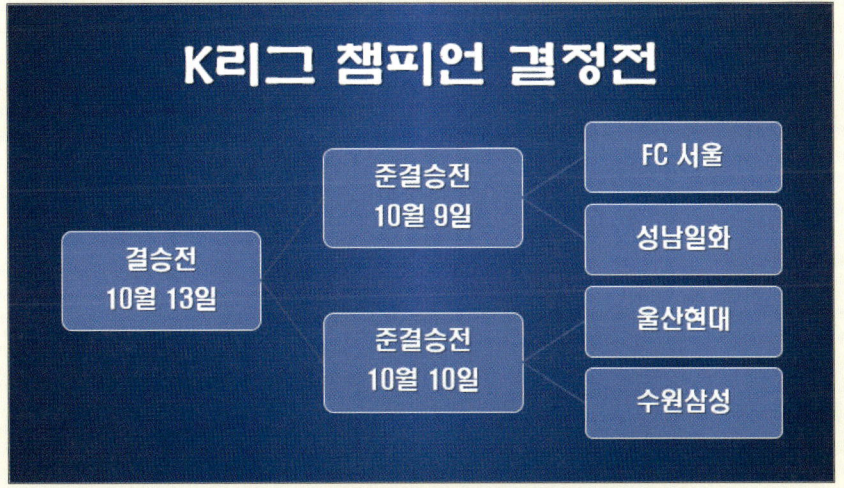

Step 2 조직도 모양 변경하기

조직도의 도형 모양은 [디자인 도구] 정황 탭–[서식] 탭–[도형] 그룹에서 [도형 모양 변경]을 이용하여 원하는 도형 모양을 선택하면 쉽게 바꿀 수 있습니다.

01 두 번째 줄에 표시된 두 개의 도형을 선택한 후 [SmartArt 도구] 정황 탭–[서식] 탭–[그래픽 만들기] 그룹에서 [도형 모양 변경]을 클릭한 다음 ☐[모서리가 둥근 직사각형]을 클릭합니다.

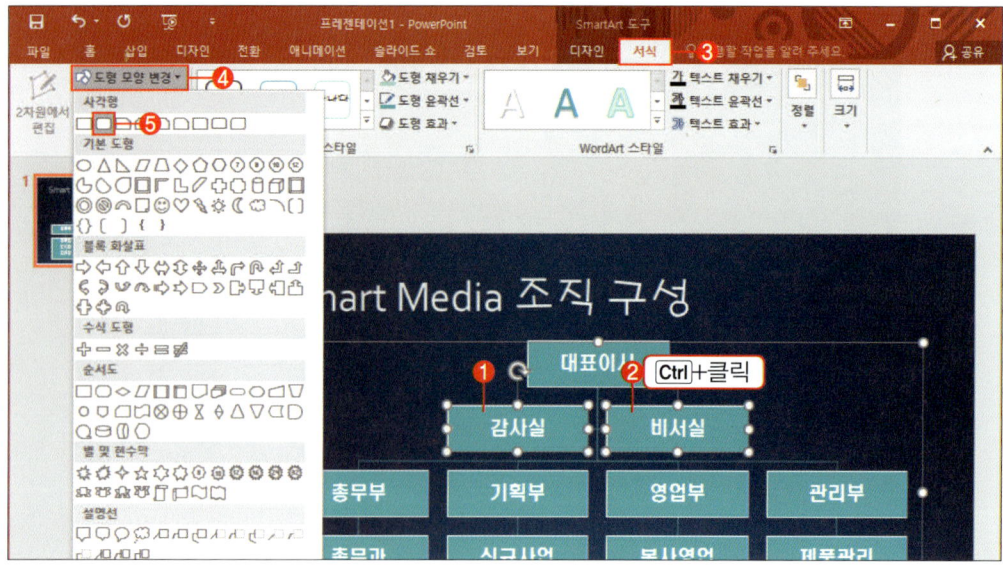

02 SmartArt 그래픽 개체를 선택한 후 [SmartArt 도구] 정황 탭–[디자인] 탭–[SmartArt 스타일] 그룹에서 [색 변경]을 클릭한 다음 [색상형 범위 – 강조 5 또는 6]을 클릭합니다.

03 [SmartArt 도구] 정황 탭-[디자인] 탭-[SmartArt 스타일] 그룹에서 [자세히] 단추를 클릭한 후 3차원 항목의 [만화]를 클릭합니다.

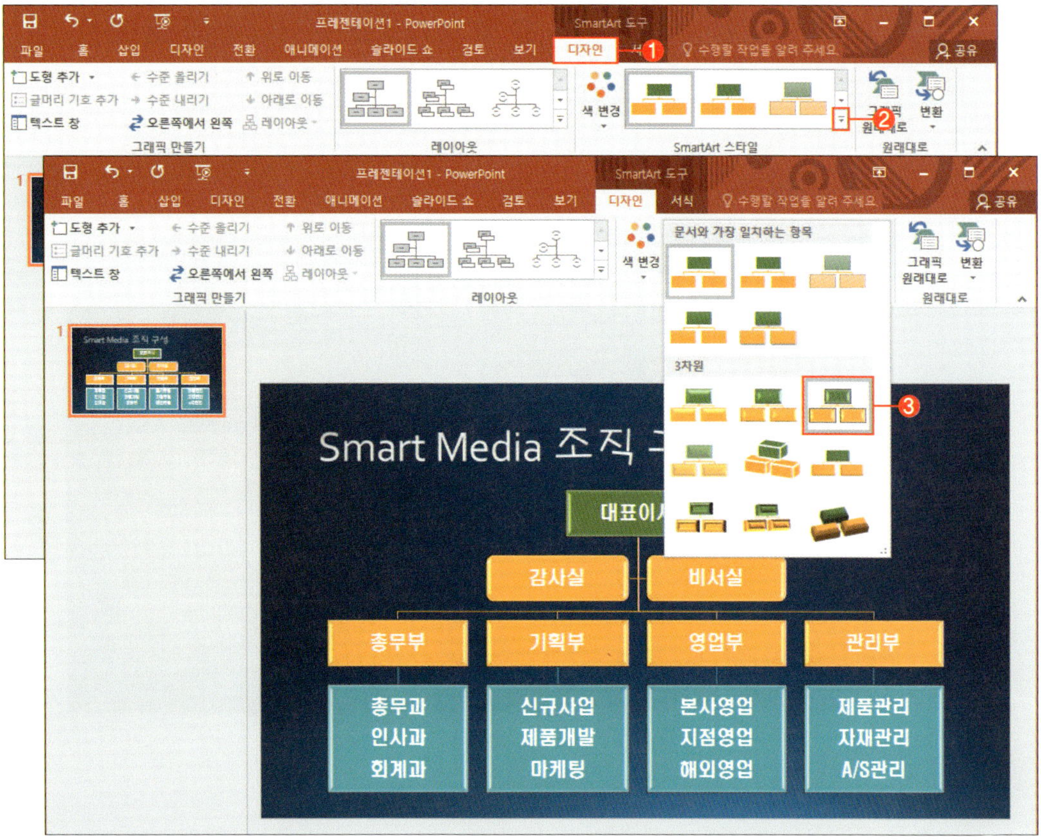

04 다음과 같이 조직도의 디자인이 선택한 효과로 변경됩니다.

실습문제 배운 내용을 확인하는!

1 "K리그 챔피언 결정전" 문서를 열고 다음과 같이 수정해 보세요.

- 도형 모양 변경 : 첫 번째 도형을 대각선 방향의 모서리가 잘린 사각형 도형으로 변경
- 색 변경(색상형 범위 – 강조색 4 또는 5), SmartArt 스타일(3차원 – 광택 처리)

2 "K리그 챔피언 결정전" 문서를 열고 다음과 같이 수정해 보세요.

❶ 도형 스타일(강한 효과 – 주황, 강조 4)

마무리 실전문제

1 새 슬라이드(제목만) 문서에 디자인 테마(발전 테마)를 적용한 후 다음과 같이 문서를 작성해 보세요.

- 제목 : 글꼴(HY견고딕), 글꼴 크기(44), 굵게
- SmartArt(조직도형), 색 변경(색상형 범위 – 강조색 4 또는 5), SmartArt 스타일(3차원 – 경사)
- 내용 : 글꼴(HY헤드라인M), 글꼴 크기(28), 텍스트 그림자

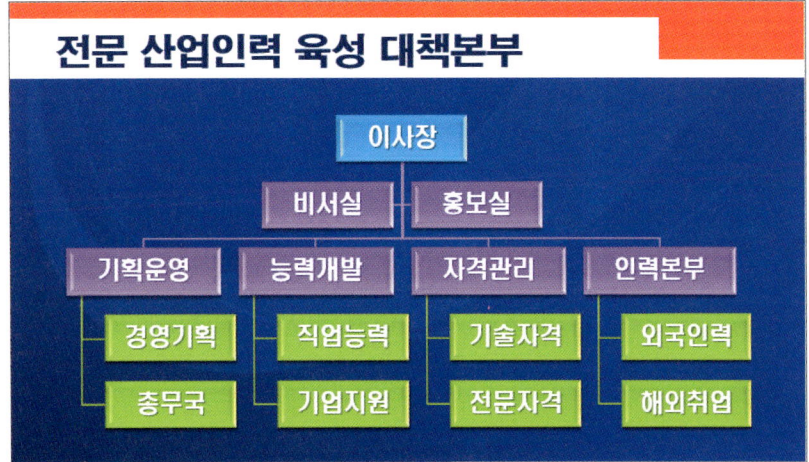

2 새 슬라이드(제목만) 문서에 디자인 테마(기본)를 적용한 후 다음과 같이 문서를 작성해 보세요.

- 제목 : 글꼴(휴먼엑스포), 글꼴 크기(66), 굵게, 텍스트 그림자
- SmartArt(가로 계층 구조형), 색 변경(그라데이션 반복 – 강조 1), SmartArt 스타일(벽돌)
- 내용 : 글꼴(휴먼엑스포), 글꼴 크기(24), 텍스트 그림자

 하이퍼링크와 실행 설정하기

하이퍼링크란 개체를 클릭했을 때 주로 웹사이트를 연결하는 기능으로 많이 사용하며, 다른 문서나 슬라이드로 이동할 경우에도 사용할 수 있습니다. 이번 Chapter에서는 하이퍼링크와 실행 도형을 작성한 후 다른 슬라이드로 이동하는 기능에 대해 알아보겠습니다.

Step 1 하이퍼링크 삽입하기

하이퍼링크는 [하이퍼링크 삽입] 대화상자를 이용하며, 현재 문서, 기존 파일이나 웹 페이지, 전자 메일 주소 등에 연결할 때 사용합니다.

01 "프레젠테이션 전략.pptx" 문서를 열고 두 번째 슬라이드에 다음과 같이 작성합니다.
  - 도형 : 모서리가 둥근 직사각형
  - 글꼴(HY헤드라인M), 글꼴 크기(32), 텍스트 그림자

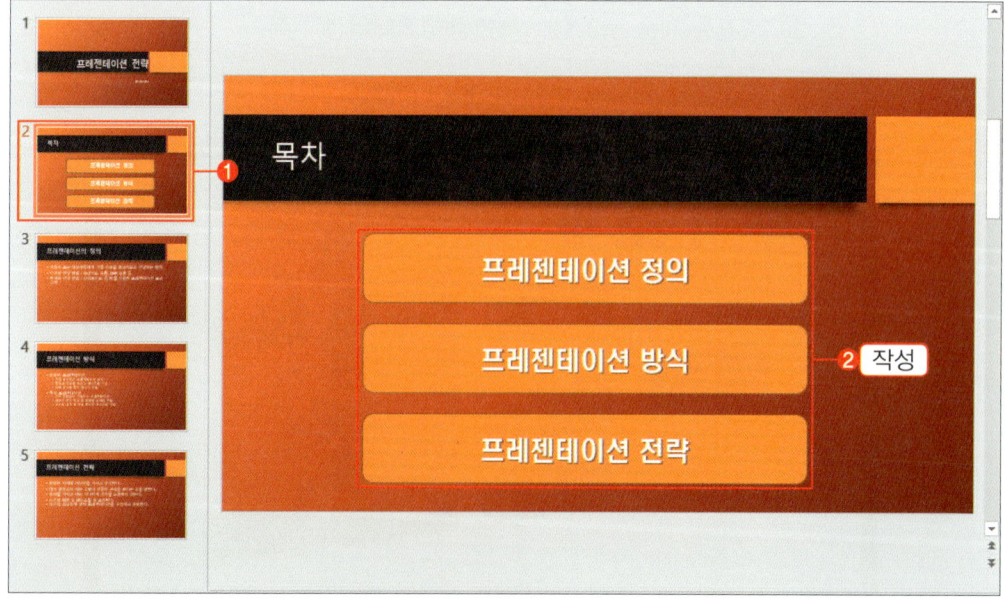

02 3개의 모서리가 둥근 직사각형 도형을 선택한 후 [그리기 도구] 정황 탭-[서식] 탭-[도형 스타일] 그룹에서 [도형 윤곽선]을 클릭한 다음 [윤곽선 없음]을 클릭합니다.

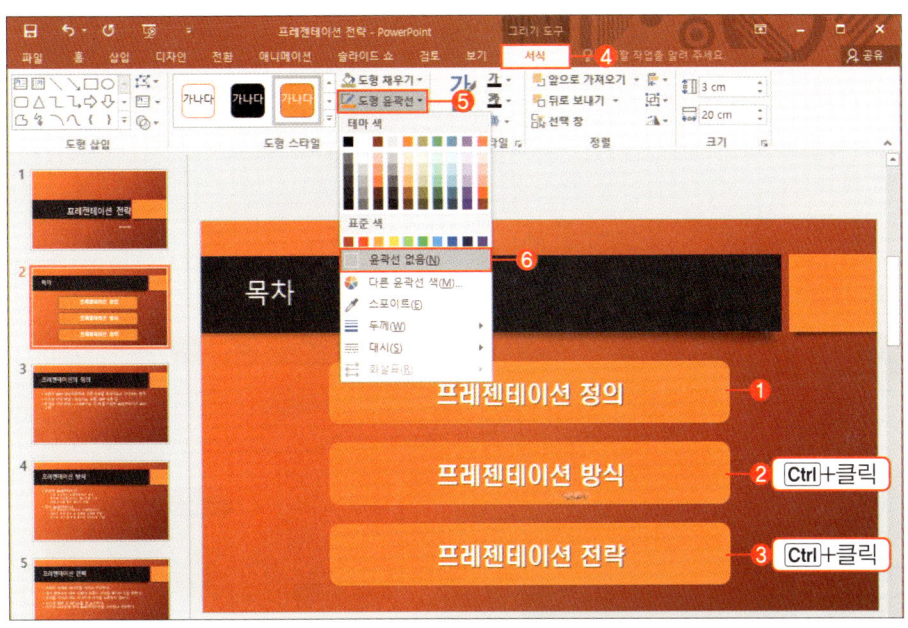

03 윤곽선 없음이 적용되면 [도형 효과]를 클릭한 후 [입체 효과]-[둥글게]를 클릭합니다.

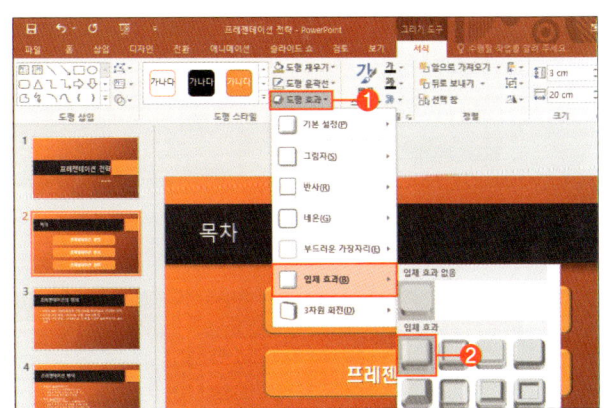

04 첫 번째 도형을 선택한 후 [삽입] 탭-[링크] 그룹에서 [하이퍼링크]를 클릭합니다.

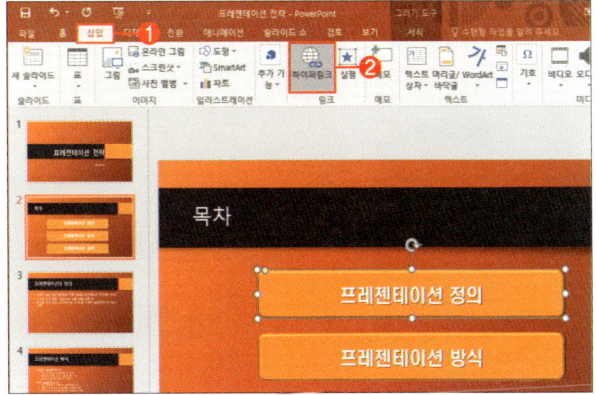

05 [하이퍼링크 삽입] 대화상자가 나타나면 [현재 문서]를 선택한 후 슬라이드 제목의 [3. 프레젠테이션 정의]를 선택한 다음 [확인] 단추를 클릭합니다.

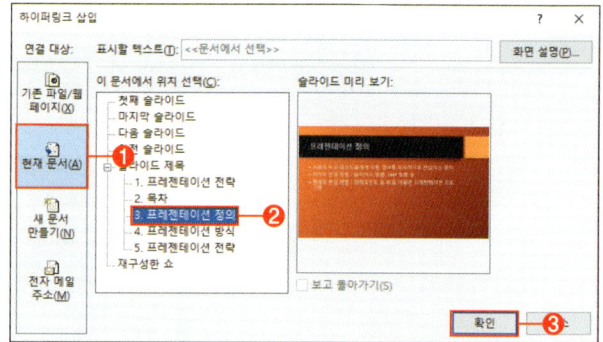

06 같은 방법으로 나머지 도형에도 하이퍼링크를 지정합니다.

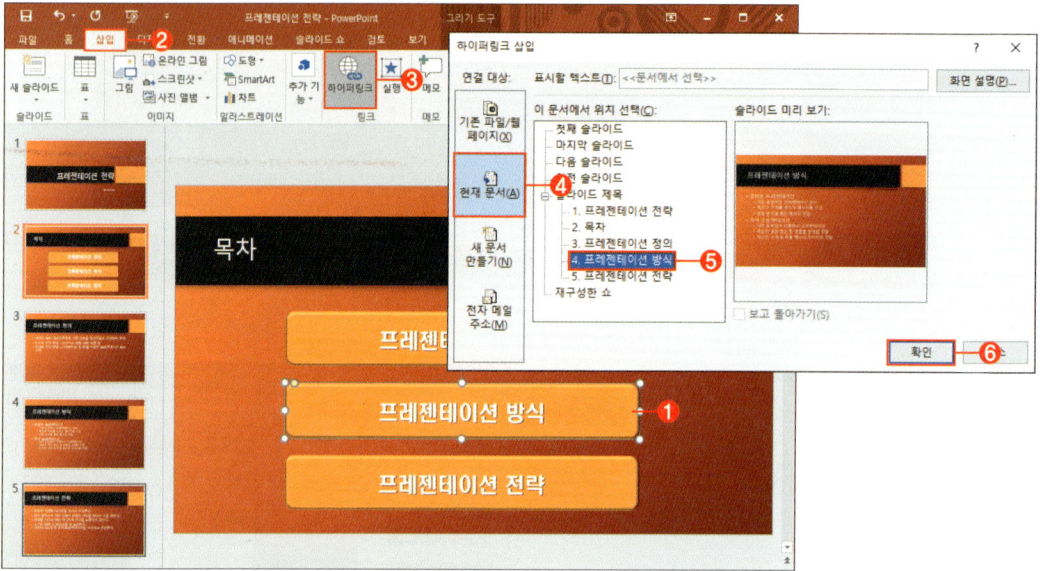

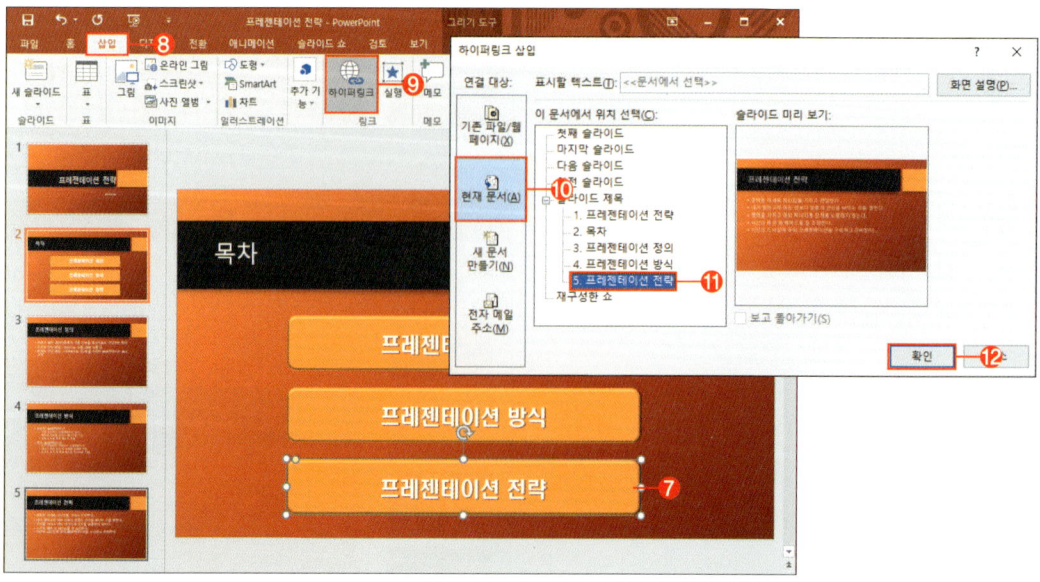

[하이퍼링크 삽입] 대화상자 살펴보기

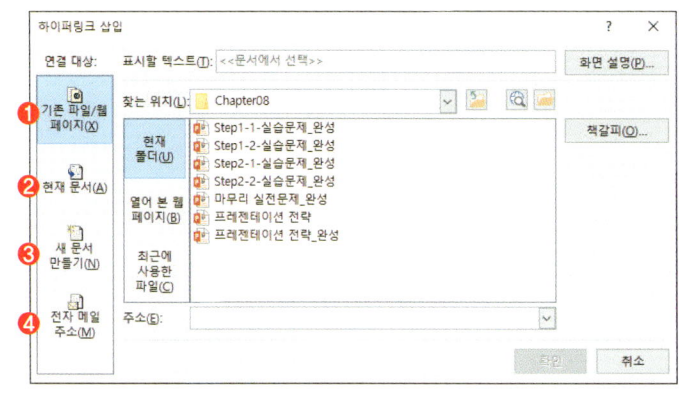

❶ **기존 파일/웹 페이지** : 기존에 작성해둔 파일이나 문서 혹은 웹 페이지로 연결합니다.
❷ **현재 문서** : 현재 작업 중인 프레젠테이션 파일의 슬라이드로 연결합니다.
❸ **새 문서 만들기** : 새로 만들 문서의 이름과 저장할 경로, 문서 편집 방법 등을 설정합니다.
❹ **전자 메일 주소** : 하이퍼링크를 클릭하면 전자 메일을 발송할 수 있도록 설정합니다.

07 슬라이드 쇼를 진행한 후 두 번째 목차 슬라이드에서 도형을 클릭하여 해당 슬라이드로 이동하는지 확인합니다.

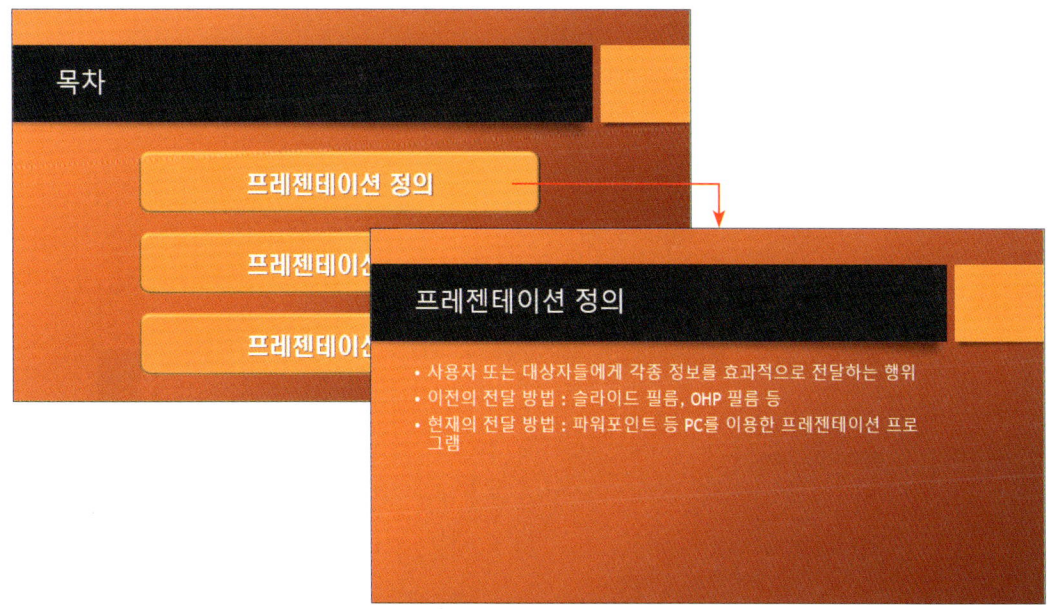

Tip
슬라이드 쇼
[슬라이드 쇼] 탭–[슬라이드 쇼 시작] 그룹에서 [처음부터] 또는 [현재 슬라이드부터]를 클릭하여 실행할 수 있으며, F5 또는 Shift + F5를 눌러도 슬라이드 쇼가 진행됩니다.

실습문제 배운 내용을 확인하는!

1 "사업 계획서" 문서에서 2번(목차) 슬라이드에 다음과 같이 하이퍼링크 연결 후 슬라이드 쇼를 실행해 보세요.

- 도형(모서리가 둥근 직사각형) : 도형 효과(비스듬하게), 글꼴(맑은 고딕), 글꼴 크기(44), 텍스트 그림자
- 하이퍼링크 : ❶ 도형은 3번 슬라이드, ❷ 도형은 4번 슬라이드와 하이퍼링크

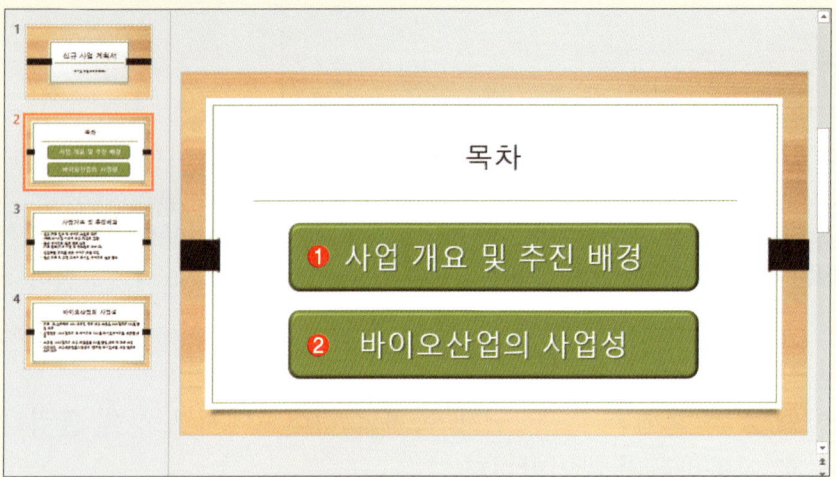

2 "신간 도서 기획서" 문서에서 부제목 개체에 다음과 같이 하이퍼링크 연결 후 슬라이드 쇼를 실행해 보세요.

- 하이퍼링크 : 부제목(렉스미디어 출판사)에 http://www.rexmedia.net 주소를 하이퍼링크로 설정

Step 2 실행 설정하기

실행 설정이란 하이퍼링크와 비슷한 기능을 하는 것으로써 개체를 클릭 또는 개체에 올려두었을 때의 간단한 설정을 적용할 수 있습니다. 주로 하이퍼링크로 연결된 페이지나 문서로 되돌아가는 버튼 등을 만들 때 사용합니다.

01 세 번째 슬라이드를 선택한 후 [삽입] 탭-[일러스트레이션] 그룹에서 [도형]을 클릭한 다음 [실행 단추: 시작]을 클릭합니다.

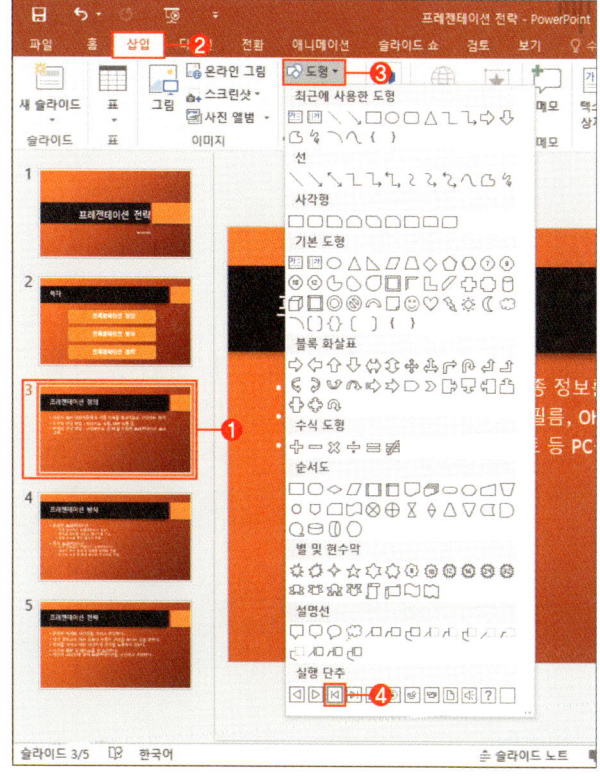

02 마우스 포인터 모양이 +모양으로 변경되면 드래그하여 도형을 작성합니다.

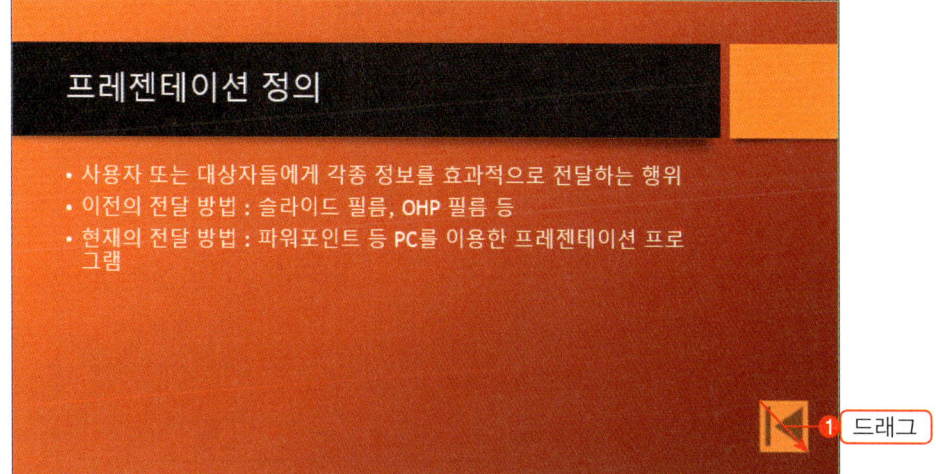

Chapter 08 하이퍼링크와 실행 설정하기　**155**

03 [실행 설정] 대화상자가 자동으로 나타나면 [마우스를 클릭할 때] 탭에서 [하이퍼링크]의 [목록] 단추를 클릭한 후 [슬라이드…]를 클릭합니다.

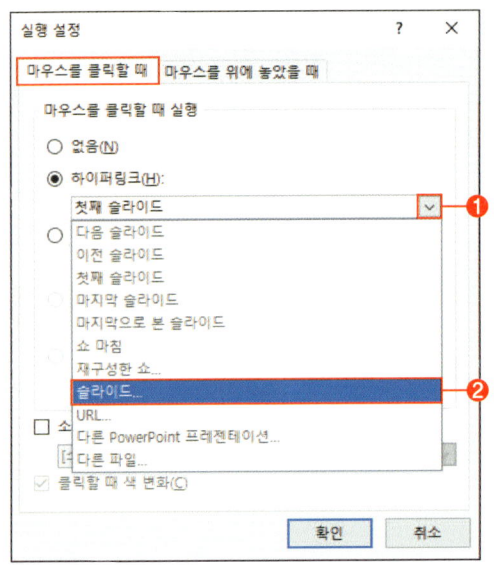

04 [슬라이드 하이퍼링크] 대화상자가 나타나면 슬라이드 제목(목차)을 선택한 후 [확인] 단추를 클릭합니다.

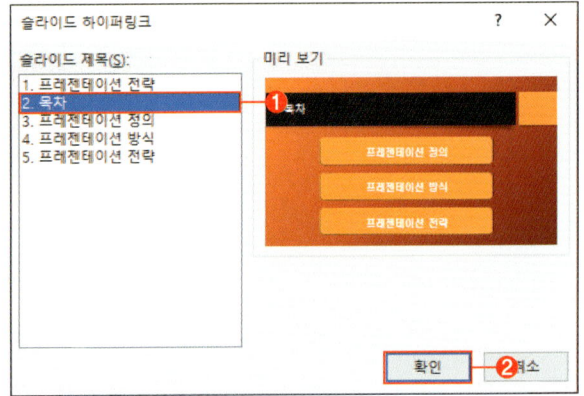

05 [실행 설정] 대화상자가 다시 나타나면 [확인] 단추를 클릭합니다.

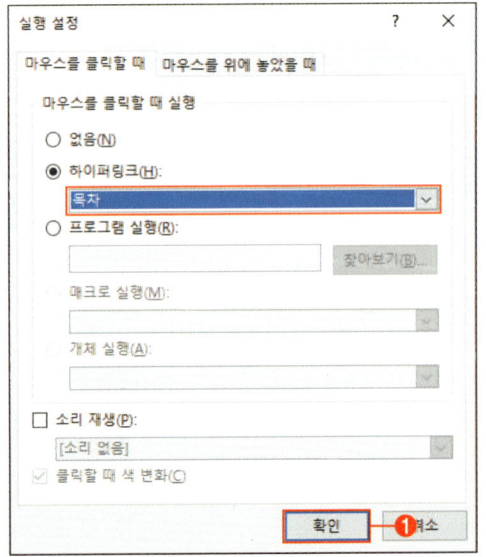

06 같은 방법으로 네 번째와 다섯 번째 슬라이드에 실행 단추를 작성한 후 하이퍼링크 연결을 목차 슬라이드로 설정합니다.

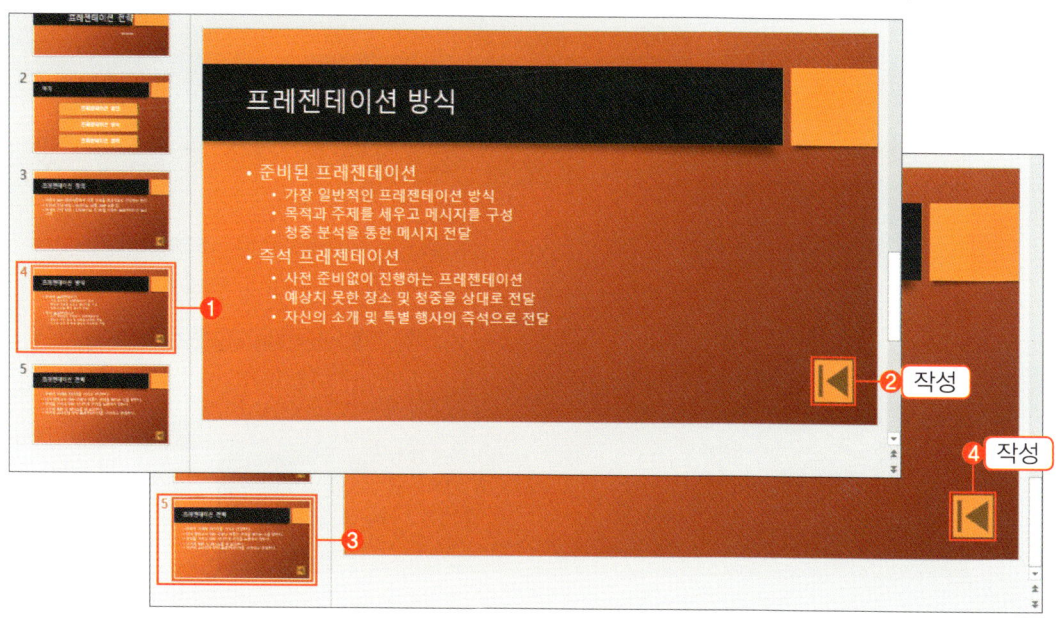

> **Tip**
> **실행 단추 복사**
> 세 번째 슬라이드에서 만든 실행 단추를 복사하여 네 번째와 다섯 번째 슬라이드에 붙여넣기 해도 실행이 가능합니다.

07 슬라이드 쇼를 진행한 후 두 번째 목차 슬라이드에서 도형을 클릭하여 해당 슬라이드로 이동하는지 확인합니다.

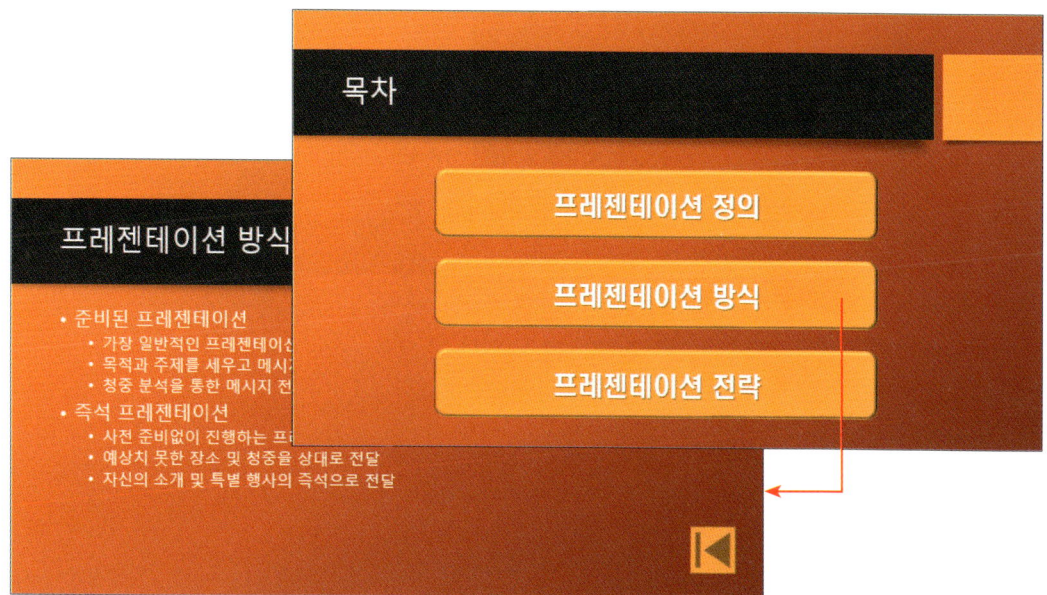

08 해당 슬라이드로 이동하면 [실행 단추: 시작]를 클릭하여 '목차' 슬라이드로 이동하는지 확인합니다.

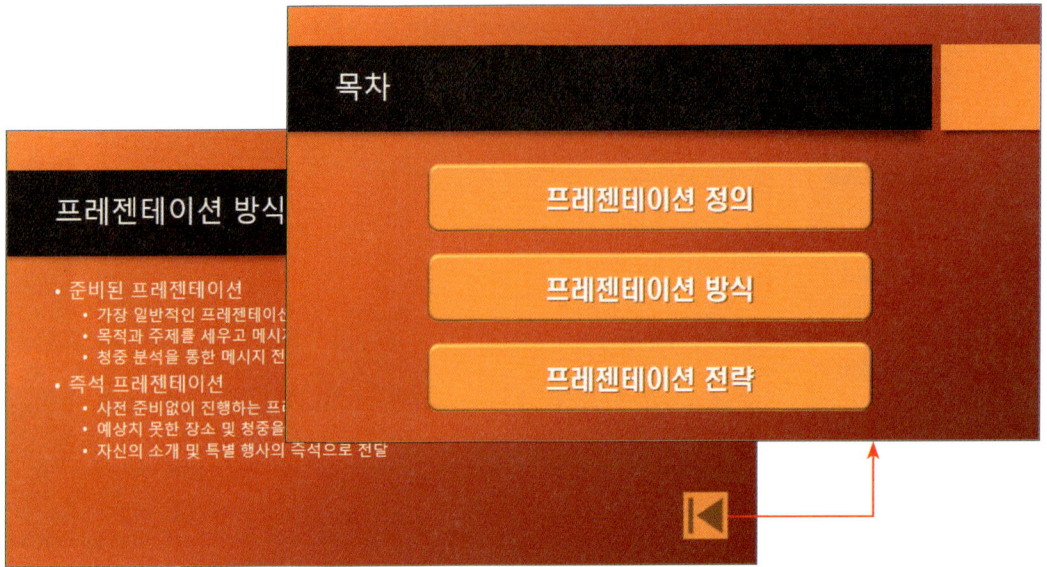

09 실행 단추를 이용한 설정을 확인했으면 바로가기 메뉴의 [쇼 마침]을 클릭하여 슬라이드 쇼 진행을 종료합니다.

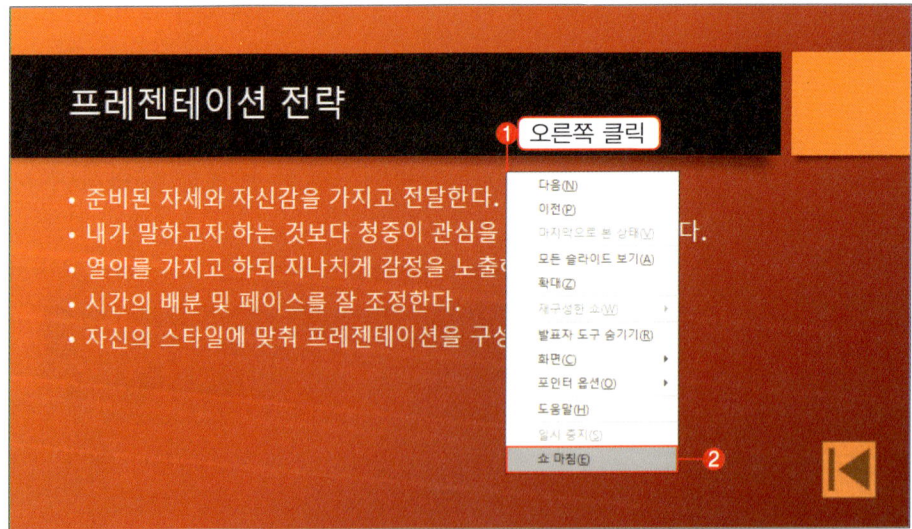

1. "사업 계획서" 문서에 도형을 이용하여 다음과 같이 실행 설정을 작성해 보세요.

   - 도형 작성 : [실행 단추: 뒤로 또는 이전], [실행 단추: 홈], [실행 단추: 앞으로 또는 다음]
   - 하이퍼링크 : ❶ 도형(이전 슬라이드), ❷ 도형(처음 슬라이드), ❸ 도형(다음 슬라이드)

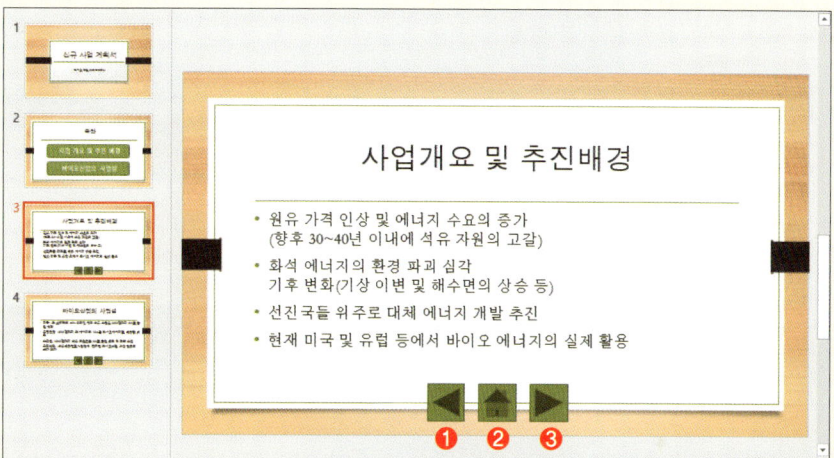

2. "신간 도서 기획서" 문서에 도형을 이용하여 다음과 같이 실행 설정을 작성해 보세요.

   - 도형 작성 : [실행 단추: 시작], [실행 단추: 끝]
   - 하이퍼링크 : ❶ 도형(첫째 슬라이드), ❷ 도형(마지막 슬라이드)

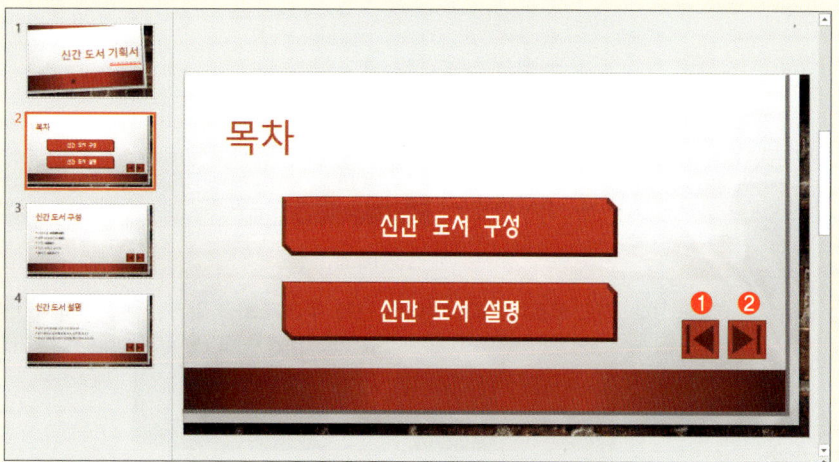

마무리 실전문제

1 "유비쿼터스" 문서에서 2번(목차) 슬라이드에 다음과 같이 하이퍼링크 연결 후 슬라이드 쇼를 실행해 보세요.

   ❶ 도형(배지) : 도형 효과(기본 설정 - 기본 설정 5),
      글꼴(휴먼옛체), 글꼴 크기(36), 텍스트 그림자
   ❷ 하이퍼링크 : ❶ 도형(3번 슬라이드), ❷ 도형(4번 슬라이드)

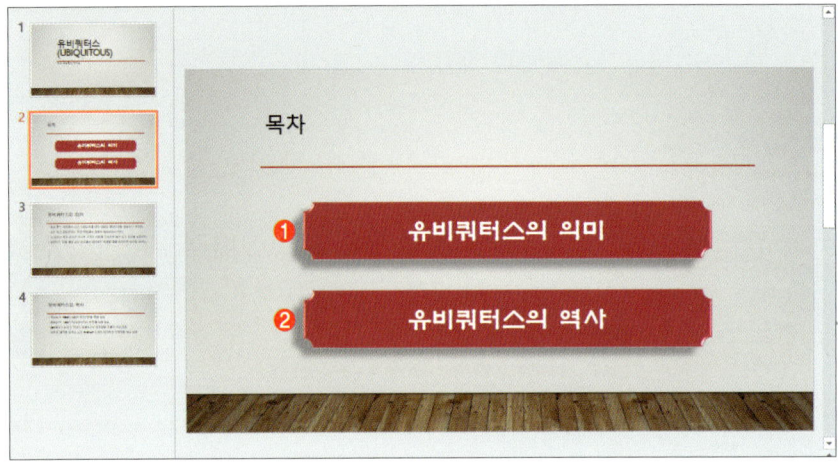

2 "유비쿼터스" 문서를 다음과 같이 수정해 보세요.

   • 하이퍼링크(전자신문) : 인터넷 주소(http://www.etnews.com) 주소와 연결

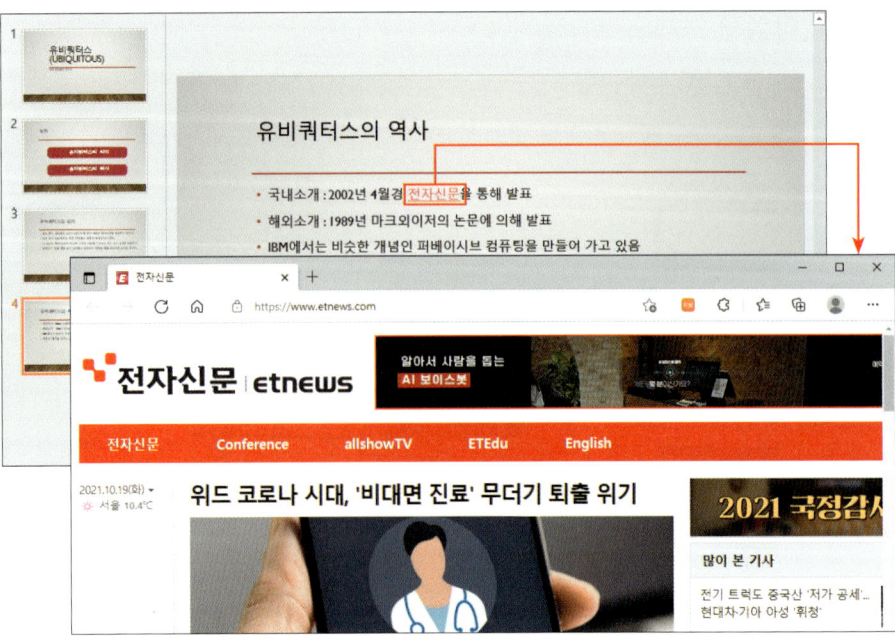

PART 03

파워포인트 2016
실력 높이기

제01장 • 표를 이용한 슬라이드 작성하기

제02장 • 입체 모양의 표 슬라이드 작성하기

제03장 • 세로 막대형 차트 작성하기

제04장 • 비율을 한눈에 원형 차트 작성하기

제05장 • 애니메이션 효과로 생동감 있는 슬라이드 작성하기

제06장 • 동영상 슬라이드로 청중들 시선 사로잡기

제07장 • 슬라이드 마스터 작성하기

 표를 이용한 슬라이드 작성하기

표는 여러 개의 셀이 모여 이루어진 하나의 개체로 각 셀에는 표를 이용하여 정리할 내용들을 하나씩 삽입하게 됩니다. 또한 표가 삽입된 후에도 특정 셀 범위를 합치거나 나누는 등 편집 작업을 할 수 있습니다. 이번 Chapter에서는 기본 표를 작성하고 셀 병합 및 셀 분할 방법에 대해 알아보겠습니다.

Step 1 표 그리기

많은 자료를 한 눈에 알아보기 쉽게 정리하는 도구인 표는 [삽입] 탭-[표] 그룹에서 [표] 단추를 클릭한 후 셀의 개수를 직접 선택하거나 슬라이드 창의 내용 개체에서 [표 삽입]을 클릭하여 만드는 방법이 있습니다.

01 새 프레젠테이션 문서를 다음과 같이 작성합니다.
- 레이아웃 : 제목 및 내용
- 디자인 테마 : 우주 테마
- 글꼴(HY헤드라인M), 글꼴 크기(48), 굵게, 텍스트 그림자

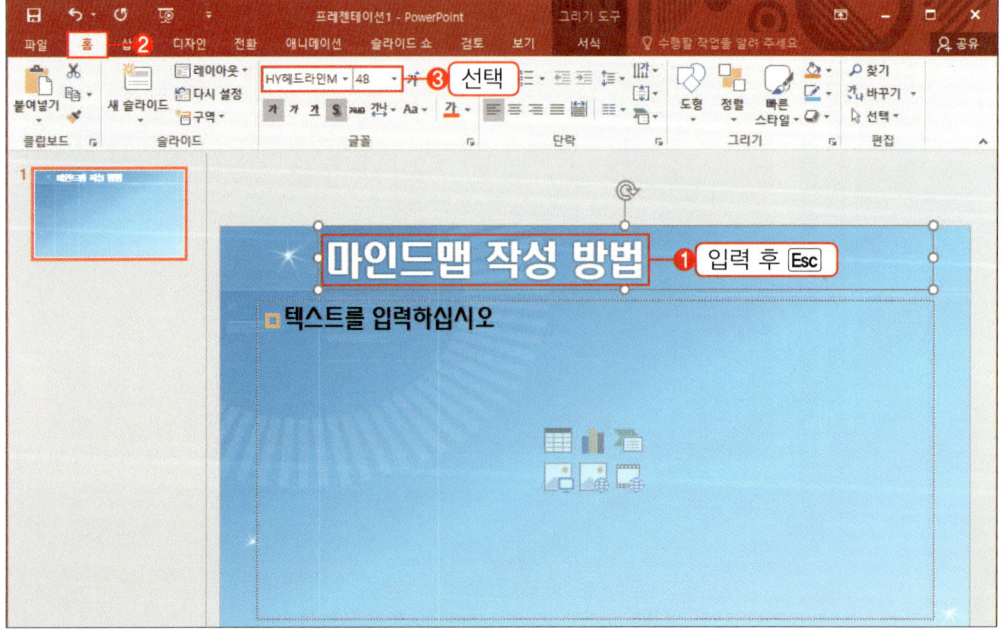

02 내용 개체에서 [표 삽입]을 클릭한 후 [표 삽입] 대화상자가 나타나면 열 개수(3) 및 행 개수(5)를 입력한 다음 [확인] 단추를 클릭합니다.

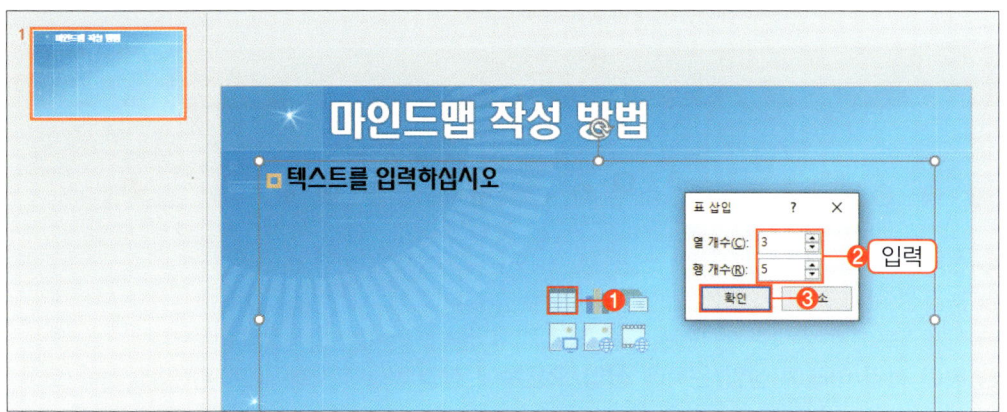

03 표가 삽입되면 마우스로 크기 조절점을 드래그하여 표의 크기를 수정합니다.

▲ PLUS α

[표 삽입] 대화상자 살펴보기

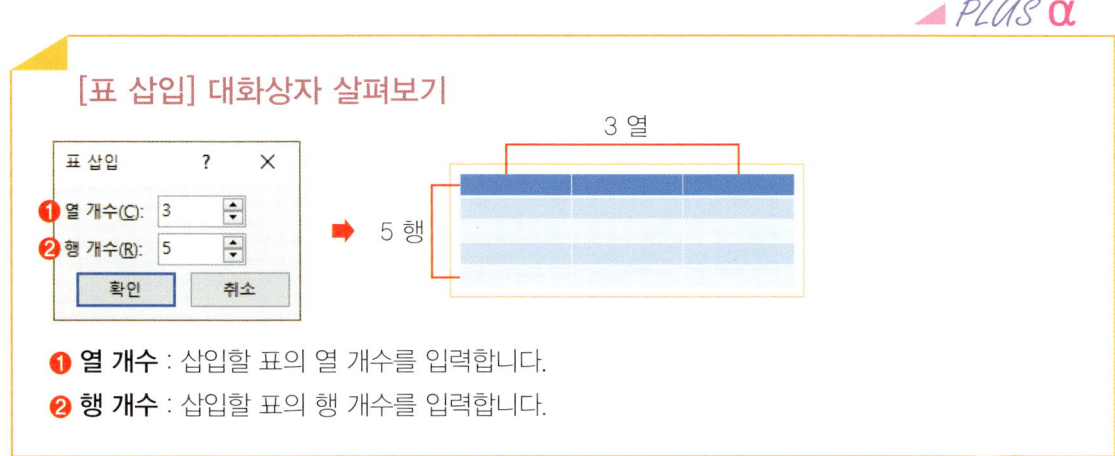

❶ **열 개수** : 삽입할 표의 열 개수를 입력합니다.
❷ **행 개수** : 삽입할 표의 행 개수를 입력합니다.

[표 도구] 정황 탭–[레이아웃] 탭 살펴보기

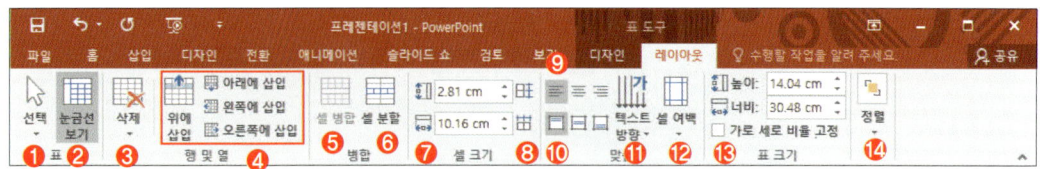

❶ **선택** : 마우스 커서가 위치해 있는 행, 열 또는 표 전체를 선택합니다.
❷ **눈금선 보기** : 표 안의 눈금선을 표시 또는 숨깁니다.
❸ **삭제** : 표에서 선택한 행 또는 열을 삭제합니다.
❹ **위에 삽입/아래에 삽입/왼쪽에 삽입/오른쪽에 삽입** : 선택한 행 바로 위/아래/왼쪽/오른쪽에 선택한 행만큼의 새 행을 삽입합니다.
❺ **셀 병합** : 선택한 두 개 이상의 셀을 하나로 합칩니다.
❻ **셀 분할** : 선택한 하나 이상의 셀을 여러 개의 셀로 나눕니다.
❼ **표 행/열 높이** : 선택한 행/열의 높이/너비를 지정합니다.
❽ **행 높이/열 너비를 같게** : 선택한 행/열의 높이/너비를 동일하게 지정합니다.
❾ **가로 맞춤** : 셀 안의 텍스트를 왼쪽, 가운데, 오른쪽을 기준으로 정렬합니다.
❿ **세로 맞춤** : 셀 안의 텍스트를 위쪽, 세로 가운데, 아래쪽을 기준으로 정렬합니다.
⓫ **텍스트 방향** : 텍스트의 입력 방향을 지정합니다.
⓬ **셀 여백** : 선택한 셀 안의 여백을 지정합니다.
⓭ **표 크기** : 표 전체의 높이 및 너비를 지정하고 가로 세로 비율을 고정하여 비율대로 축소, 확대할 수 있습니다.
⓮ **정렬** : 맨 앞으로 가져오기, 맨 뒤로 보내기, 맞춤, 그룹, 회전 등을 지정할 수 있습니다.

04 셀을 합치기 위해 표의 2행1열~3행1열을 드래그하여 범위를 지정한 후 [표 도구] 정황 탭–[레이아웃] 탭–[병합] 그룹에서 [셀 병합]을 클릭합니다.

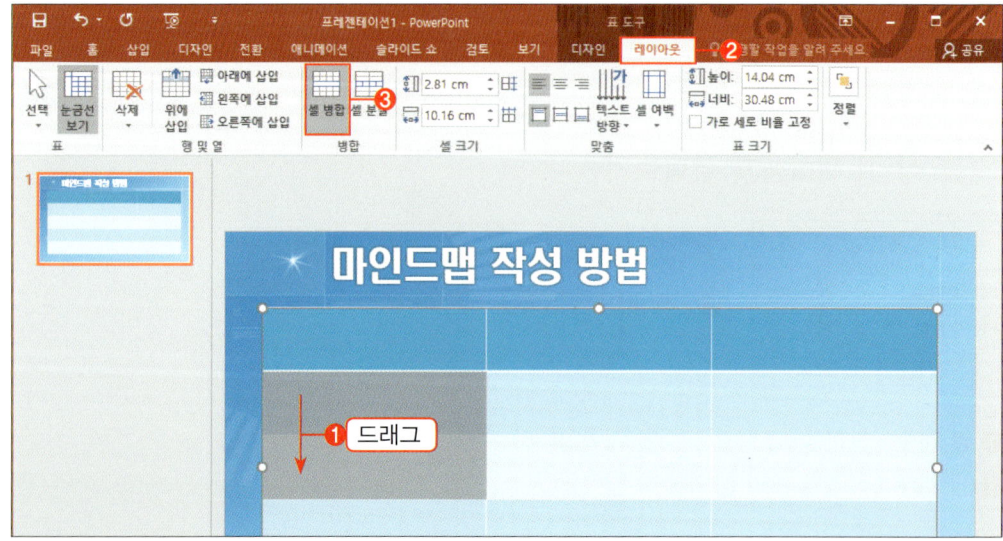

05 같은 방법으로 4행1열~5행1열 셀을 셀 병합합니다.

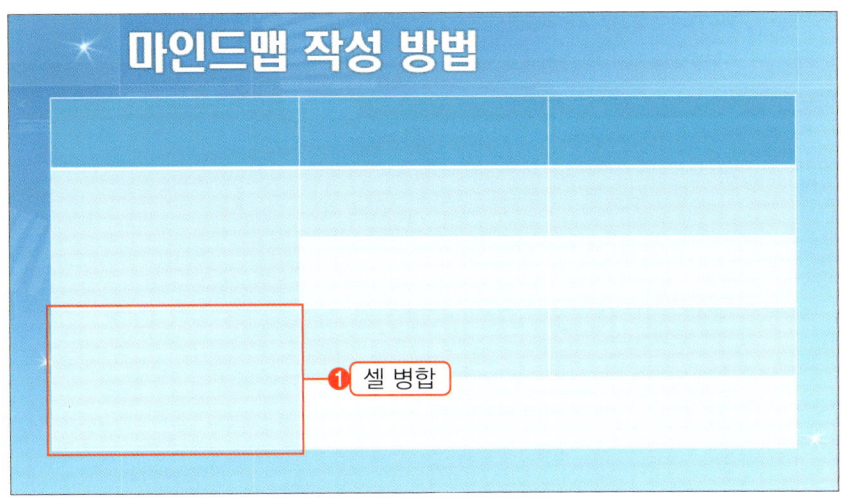

06 2행3열~5행3열을 드래그하여 범위를 지정한 후 [표 도구] 정황 탭-[레이아웃] 탭-[병합] 그룹에서 [셀 분할]을 클릭합니다.

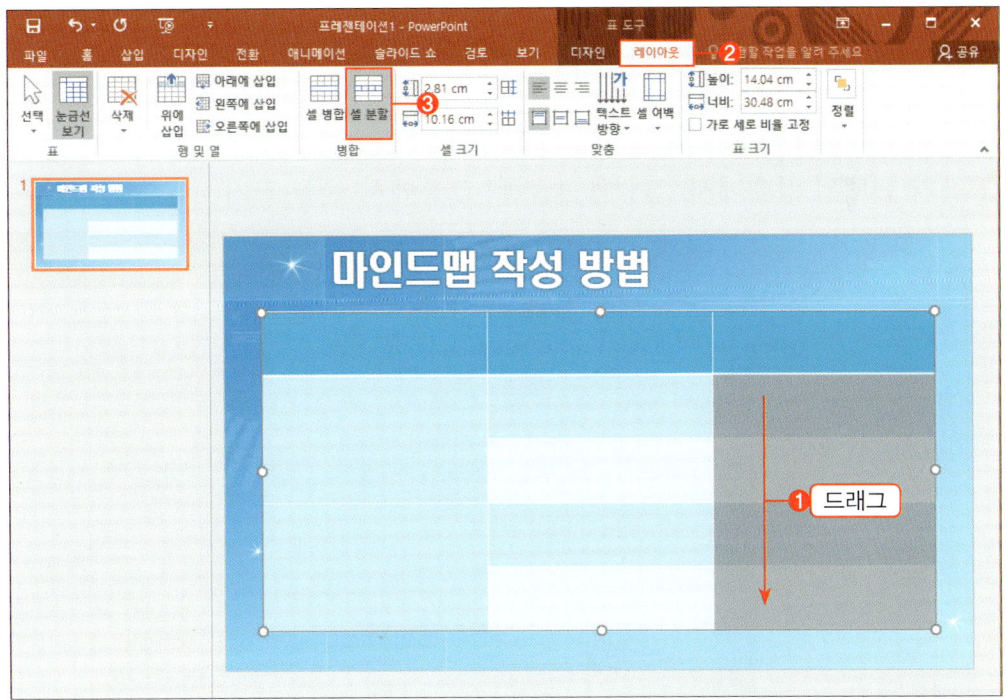

07 [셀 분할] 대화상자가 나타나면 열 개수(1) 및 행 개수(2)를 지정한 후 [확인] 단추를 클릭합니다.

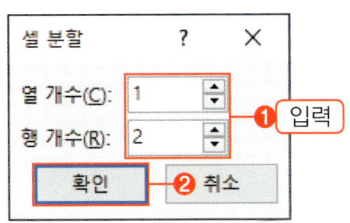

08 내용을 입력한 후 표 개체를 선택한 다음 [표 도구] 정황 탭–[레이아웃] 탭–[맞춤] 그룹에서 [가운데 맞춤]과 [세로 가운데 맞춤]을 선택합니다.

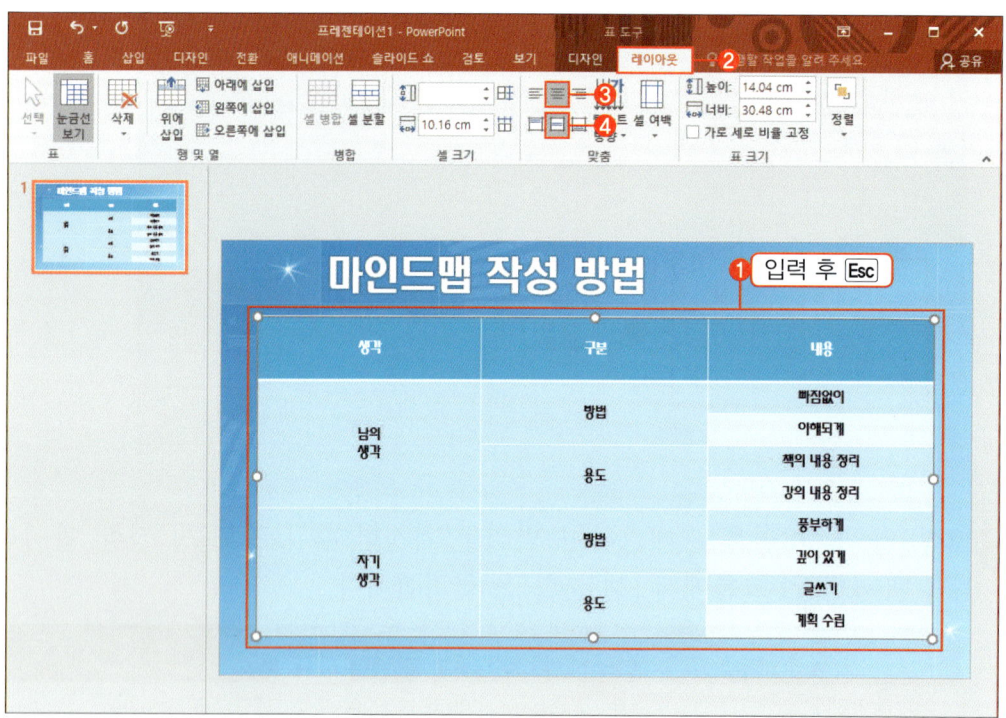

09 표가 선택된 상태에서 [홈] 탭–[글꼴] 그룹에서 글꼴 크기(24)를 선택합니다.

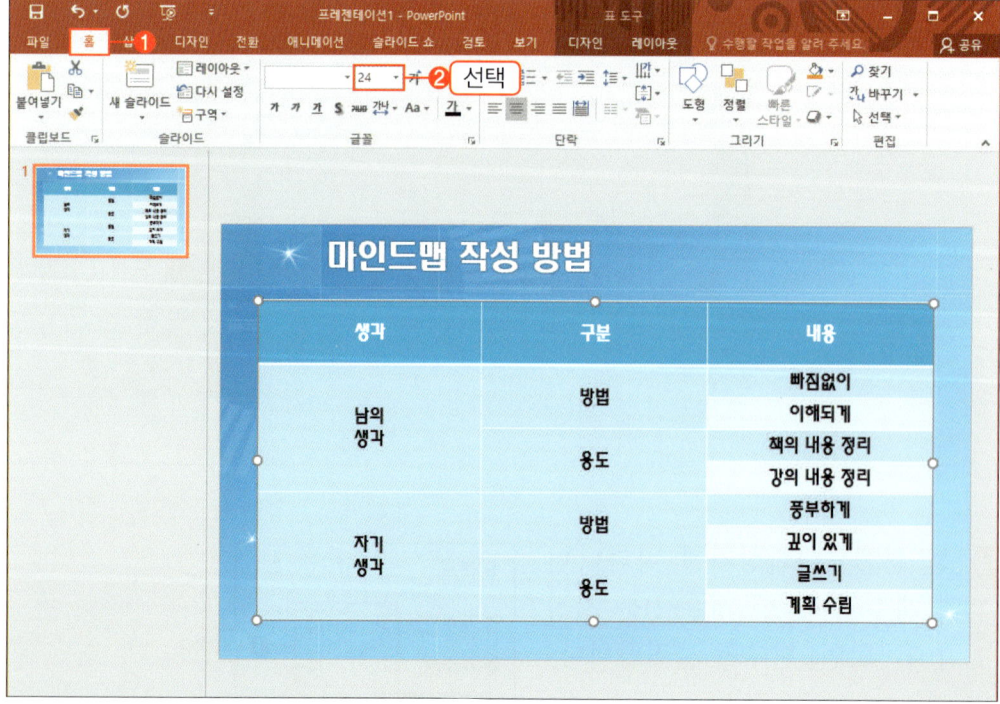

1 새 프레젠테이션 문서에 표를 작성한 후 "천연가스 판매실적"으로 저장해 보세요.

- 제목 : 글꼴(HY헤드라인M), 글꼴 크기(60), 텍스트 그림자
- 표 만들기 : 문자(가운데 맞춤), 숫자(오른쪽 맞춤)

천연가스 판매실적

구분		2020년	2021년	2022년
도시 가스 (단위:톤)	난바용	7,530	7,240	6,830
	일반용	5,090	5,965	6,815
	난방용	6,245	6,205	5,205
	산업용	8,530	8,320	9,100
	발전용	13,800	13,500	14,450

- 표 내용 : 글꼴(돋움), 글꼴 크기(24)

천연가스 판매실적

구분		2020년	2021년	2022년
도시 가스 (단위:톤)	난방용	7,530	7,240	6,830
	일반용	5,090	5,965	6,815
	난방용	6,245	6,205	5,205
	산업용	8,530	8,320	9,100
	발전용	13,800	13,500	14,450

Step 2 표 디자인 설정하기

[표 도구] 정황 탭–[디자인] 탭은 표의 스타일, 테두리, 표에 들어가는 텍스트의 WordArt 스타일 등의 전반적인 디자인 서식을 지정할 경우 사용하는 탭입니다.

01 [표 도구] 정황 탭–[디자인] 탭–[표 스타일 옵션] 그룹에서 [첫째 열]을 선택한 후 [줄무늬 행]을 선택 해제합니다. 그런다음 [표 스타일] 그룹에서 [자세히]를 클릭한 후 [보통 스타일 2 – 강조 2]를 클릭합니다.

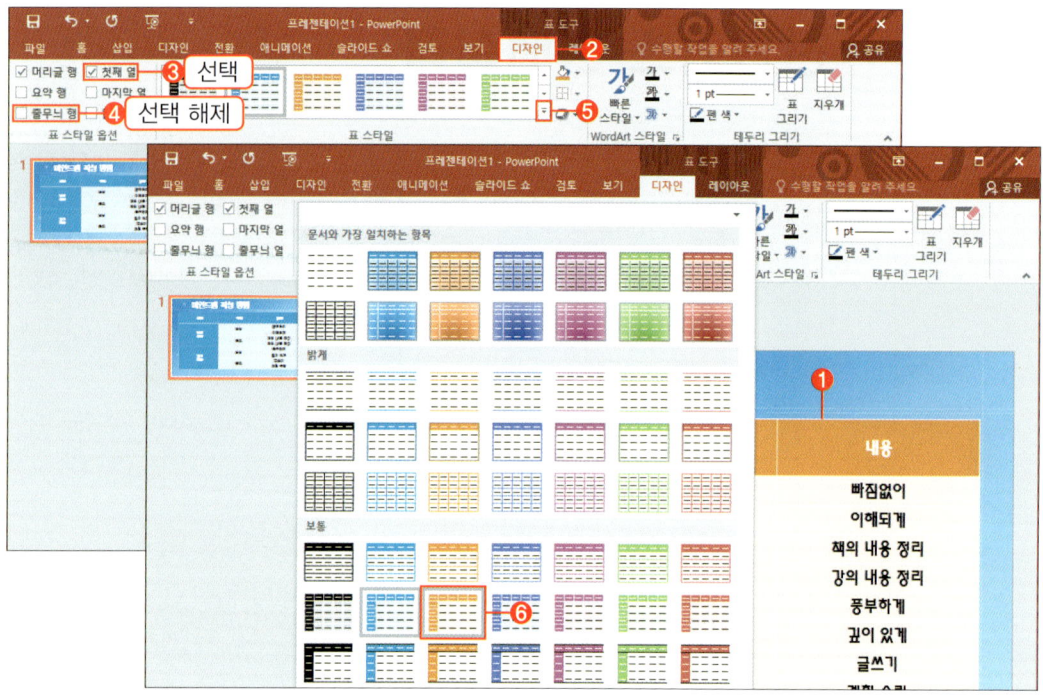

02 표가 선택된 상태에서 [표 도구] 정황 탭–[디자인] 탭–[표 스타일] 그룹에서 [효과]를 클릭한 후 [셀 입체 효과]–[둥글게]를 클릭합니다.

[표 도구] 정황 탭-[레이아웃] 탭 살펴보기

❶ **표 스타일 옵션** : 표의 머리글 행, 첫째 열, 요약 행, 마지막 열, 줄무늬 행, 줄무늬 열중에서 선택한 부분에 서식을 설정하거나 해제합니다.
❷ **표 스타일** : 표의 스타일을 빠르게 적용할 수 있습니다.
❸ **음영** : 선택한 셀의 색상을 설정합니다.
❹ **테두리** : 선택한 셀의 테두리 유형을 설정합니다.
❺ **효과** : 표에 그림자, 입체, 3차원 등 특별한 효과를 지정합니다.
❻ **빠른 스타일** : 표에 들어가는 텍스트의 WordArt 스타일을 설정합니다.
❼ **텍스트 채우기** : 선택한 셀에 삽입한 텍스트의 색상을 설정합니다.
❽ **텍스트 윤곽선** : 선택한 셀에 삽입한 텍스트의 윤곽선을 설정합니다.
❾ **텍스트 효과** : 텍스트에 그림자, 네온, 반사 또는 3차원 회전과 같은 시각 효과를 적용합니다.
❿ **펜 스타일** : 표의 테두리 선 스타일을 설정합니다.
⓫ **펜 두께** : 표의 테두리 선 두께를 설정합니다.
⓬ **펜 색** : 선의 색을 설정합니다.
⓭ **표 그리기** : 표의 테두리를 그리거나 셀을 분할할 때 사용합니다.
⓮ **표 지우기** : 표의 테두리를 지우거나 셀을 병합할 때 사용합니다.

03 [머리글 행]을 드래그하여 셀 블록으로 설정한 후 [홈] 탭-[글꼴] 그룹에서 글꼴 색(검정, 텍스트 1) 및 S[텍스트 그림자]를 선택합니다.

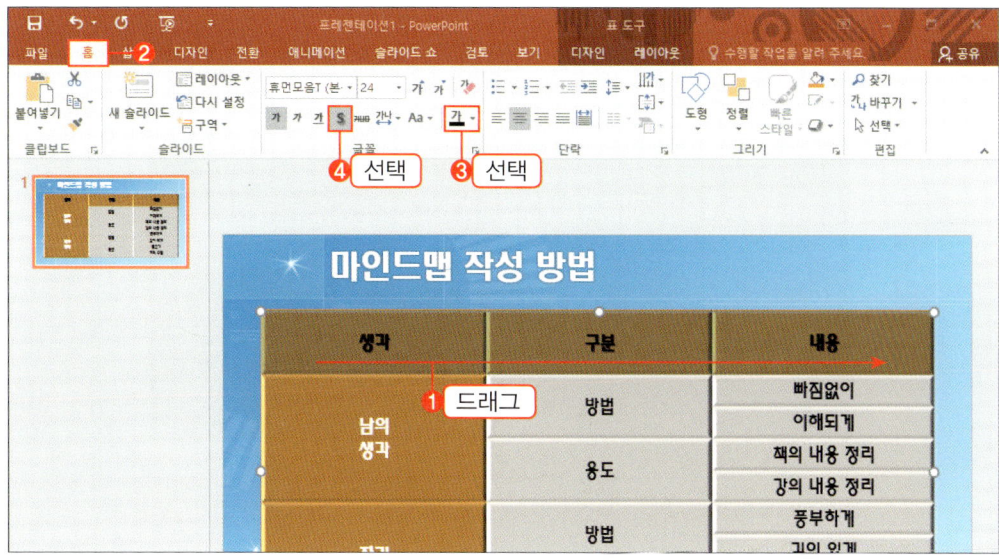

실습문제 배운 내용을 확인하는!

1 "천연가스 판매실적" 문서를 열고 다음과 같이 수정해 보세요.

- 표 스타일(보통 스타일 2 – 강조 2)
- 효과 : 셀 입체 효과(각지게)
- 표 스타일 옵션(머리글 행과 요약행만 선택)
- 내용 : 글꼴(휴먼모음T), 글꼴 크기(28)

천연가스 판매실적

구분		2020년	2021년	2022년
도시가스 (단위:톤)	난방용	7,530	7,240	6,830
	일반용	5,090	5,965	6,815
	난방용	6,245	6,205	5,205
	산업용	8,530	8,320	9,100
발전용		13,800	13,500	14,450

2 새 프레젠테이션 문서에 다음과 같이 작성해 보세요.

- 표 스타일(어두운 스타일 2 – 강조 5/강조 6)
  표 스타일 옵션(머리글 행과 줄무늬 행만 선택)
  셀 입체 효과(부드럽게 둥글리기)
  그림자(오프셋 가운데)
- 제목 : 글꼴(돋움), 굵게, 글꼴 크기(48)
- 내용 : 글꼴(돋움), 글꼴 크기(20)
- 머리글 행 : 굵게, 텍스트 그림자, 가로 및 세로 가운데 맞춤

제품 특성에 따른 경쟁우위

	A타입	B타입	C타입	D타입
상품특성	정형품		비정형품	
소비특성	비일상품	일상품	비일상품	일상품
상품군	전자제품 브랜드PC	생활용품 식음료품	여행 서비스 상품, 의류	수산물 축산물
핵심경쟁력	가격 경쟁력		전문성	

마무리 실전문제

1 새 프레젠테이션 문서에 다음과 같이 작성해 보세요.

- 제목 : 글꼴(HY헤드라인M), 글꼴 크기(60), 텍스트 그림자
- 내용 : 글꼴(맑은 고딕), 글꼴 크기(20), 가로 및 세로 가운데 맞춤
- 표 스타일(보통 스타일 3 - 강조 4), 표 스타일 옵션(머리글 행과 첫째 열만 선택) 셀 입체 효과(비스듬하게)

BSC의 성공사례

	KT	POSCO	KTF
개발년도	2020년	2021년	2023년
KPI 수	250개	123개	260개
특징	KM과 연동	1차, 2차로 나누어 개발	
구축효과	KPI 중심의 전략	실천적 성과평가	정보의 투명성
	조직간의 의사소통 향상	지표의 일원화 투명경영실천	경영과 분석의 신뢰도 향상

2 새 프레젠테이션 문서에 디자인 테마(비누)를 적용한 후 다음과 같이 작성해 보세요.

- 제목 : 글꼴(휴먼엑스포), 글꼴 크기(54), 텍스트 그림자
- 내용 : 글꼴(맑은 고딕), 글꼴 크기(20), 가로 및 세로 가운데 맞춤
- 표 스타일(보통 스타일 2 - 강조 4), 표 스타일 옵션(머리글 행과 줄무늬 행, 첫째 열만 선택), 셀 입체 효과(디벗)

제지의 종류

	종류	특징		구분
인쇄용지	인쇄 선화지	주로 만화 잡지의 본문 사용		특수 갱지 양면 선화지
	코티드 페이퍼	고급 미술서	상업 인쇄용	아트지 코르지
박엽지	콘덴서 페이퍼	콘덴서에 사용하는 아주 얇은 절연지		콘덴서 페이퍼
	글래싱 페이퍼	통기성 낮은 반투명지	꽃, 과자류 포장	글래싱 페이퍼

 입체 모양의 표 슬라이드 작성하기

표 슬라이드에서도 도형이나 SmartArt 등을 삽입할 경우 사용되는 그림자, 입체 등 여러 가지 효과를 사용할 수 있습니다. 주로 단순한 내용의 표에 사용하며, 내용을 읽기 불편하지 않은 상태라면 표에 효과를 적용하여 허전해 보이는 표를 훌륭한 표 슬라이드로 만들어줄 것입니다.

Step 1 표 슬라이드 작성하기

표는 모든 셀의 크기를 같은 크기가 아닌 특정 행 또는 열 단위로 크기를 조절할 수 있으며, 테두리 모양을 사용자가 원하는 스타일의 모양으로 자유롭게 변경할 수 있습니다. 그럼 [삽입] 탭-[표] 그룹을 이용하여 표를 작성한 후 크기 및 테두리를 변경해보겠습니다.

01 새 프레젠테이션 문서를 다음과 같이 작성합니다.
- 디자인 테마 : 분할
- 글꼴(휴먼엑스포), 글꼴 크기(48), 텍스트 그림자

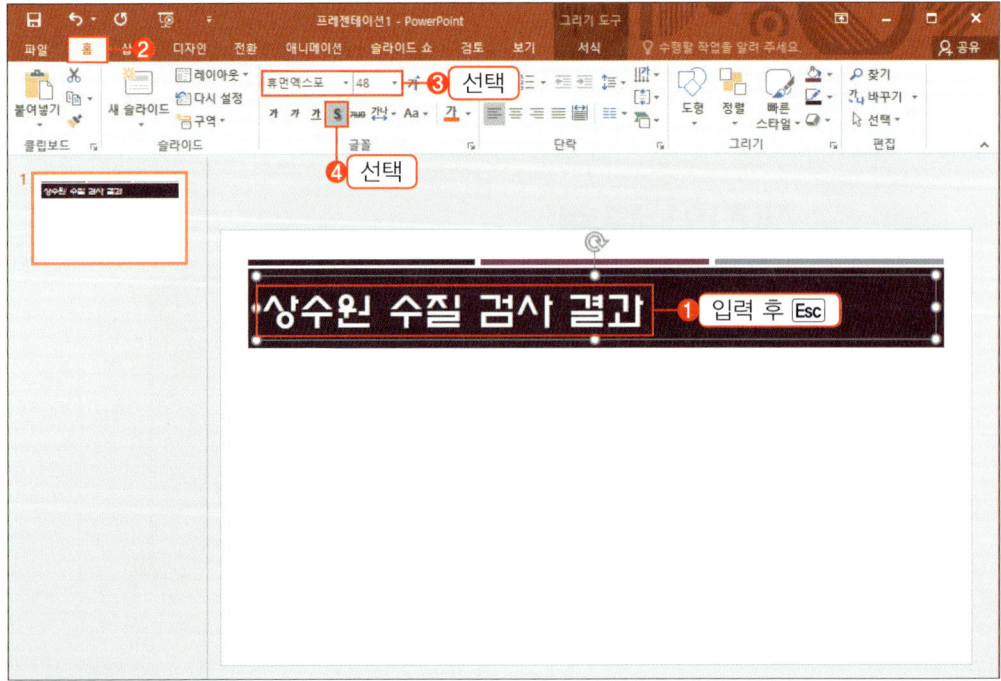

02 [삽입] 탭-[표] 그룹에서 [표]를 클릭한 후 [3×5 표]의 위치까지 드래그하면 5줄 3칸의 표가 작성됩니다.

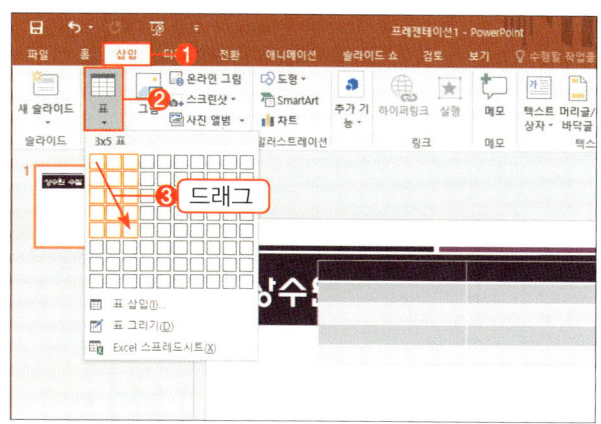

03 표의 크기 및 위치를 조절합니다. 그런다음 내용을 입력한 후 [홈] 탭-[글꼴] 그룹에서 글꼴(휴먼엑스포), 글꼴 크기(28)를 선택한 다음 [단락] 그룹에서 ≡[가운데 맞춤], ↕▾-[텍스트 맞춤]-[중간]을 클릭합니다.

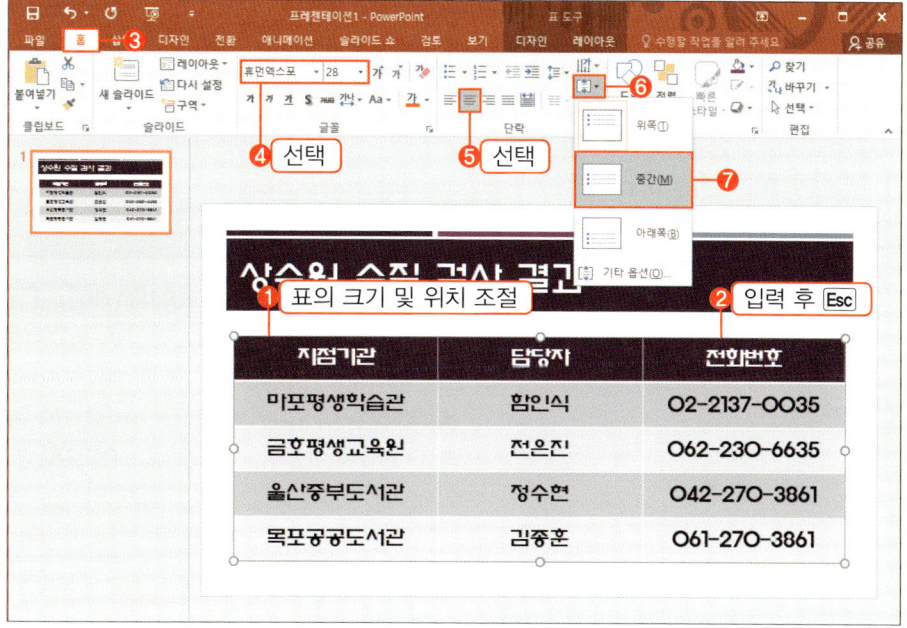

04 표의 열을 조절하기 위해 다음과 같이 열 경계선을 드래그하여 두 번째 열의 너비를 줄이고 첫 번째 열과 세 번째 열의 너비를 늘려줍니다.

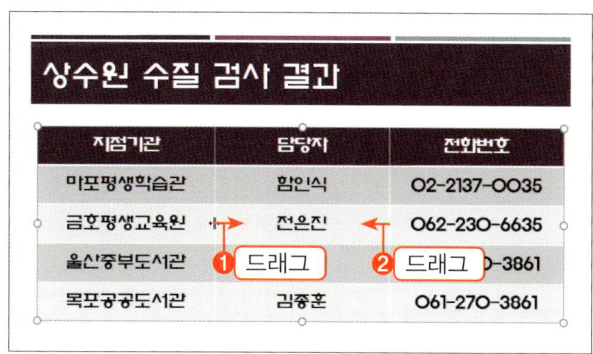

05 표의 테두리를 변경하기 위해 [표 도구] 정황 탭–[디자인] 탭–[테두리 그리기] 그룹에서 펜 스타일(실선), 펜 두께(6 pt), 펜 색(흰색, 배경 1) 등을 지정합니다. 그런다음 [표 스타일] 그룹에서 [테두리]의 [목록] 단추를 클릭한 후 [모든 테두리]를 클릭합니다.

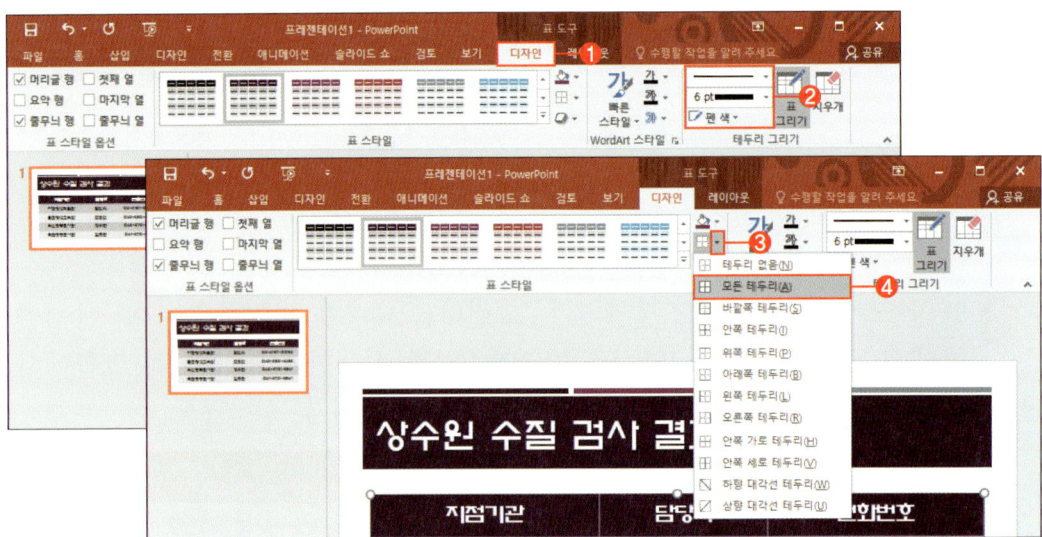

06 설정한 형식으로 테두리가 변경됩니다.

▲ PLUS α

표 테두리 설정하기

❶ **테두리 없음** : 모든 셀의 테두리를 지웁니다.
❷ **모든 테두리** : 모든 셀에 테두리를 설정합니다.
❸ **바깥쪽 테두리** : 표나 셀의 바깥쪽에만 테두리를 설정합니다.
❹ **안쪽 테두리** : 표나 셀의 안쪽에만 테두리를 설정합니다.
❺ **위쪽/아래쪽/왼쪽/오른쪽 테두리** : 선택한 방향에만 테두리를 설정합니다.
❻ **안쪽 가로/세로 테두리** : 표나 셀의 안쪽에 한쪽 방향으로 테두리를 설정합니다.
❼ **하향/상향 대각선 테두리** : 셀에 대각선 테두리를 설정합니다.

배운 내용을 확인하는! 실습문제

1 새 프레젠테이션에 표를 작성한 후 "업무 역량 강화"로 저장해 보세요.

- 제목 : 글꼴(HY헤드라인M), 글꼴 크기(60), 텍스트 그림자, 글꼴 색(자주)
- 표 스타일(보통 스타일 2 – 강조 5), 표 스타일 옵션(머리글 행과 첫째 열만 선택), 모든 테두리 : 펜 스타일(실선), 펜 두께(3pt), 펜 색(빨강)
- 내용 : 글꼴(맑은 고딕), 글꼴 크기(24), 가로 및 세로 가운데 맞춤

업무 역량 강화

	단계	세부내역
전략	최적화된 마케팅	평가 지표 산출 및 평가 체계
	자원의 효과적 분배	차원별 성과 측정
	성과 모니터링	성과 지표 산출 및 분석
프로세스	영업 목표 설정	영업 관리
	판매 및 유통 절차 개선	
	영업 사후 관리 개선	서비스 활동 관리

2 새 프레젠테이션에 표를 작성한 후 "월별 추천 여행 장소"로 저장해 보세요.

- 디자인 테마 : 줄기
- 제목 : 글꼴(HY견명조), 글꼴 크기(60), 텍스트 그림자
- 표 스타일(보통 스타일 2 – 강조 6), 표 스타일 옵션(머리글 행과 줄무늬 열만 선택)
  안쪽 테두리(표 스타일 – 점선, 표 두께 – 3pt, 표 색 – 흰색, 배경 1)
  바깥쪽 테두리(표 스타일 – 실선, 표 두께 – 3pt, 표 색 – 밤색, 텍스트 2)
- 내용 : 글꼴(HY견명조), 글꼴 크기(20)

월별 추천 여행 장소

	추천 내용	테마	장소
2월	겨울바다 별미 여행	음식	삼척
	바람이 고이 빚어낸 생선회		포항
1월	눈꽃 세상, 겨울 낭만	스키	평창
	시원한 바람과 함께하는 스키 여행		무주
12월	동해 바닷가 산중의 온천	온천	울진
	알카리성 유황 온천		완주
11월	한국인 식탁과 매운맛 고추	음식	청양
	젓갈 내음 물씬 풍기는 가을		부안

| Step 2 | **도형을 이용한 표 슬라이드 꾸미기**

표를 좀 더 입체감 있게 표현하기 위해서는 도형을 이용하여 표를 작성하거나 표에 도형을 결합하여 3차원 입체 모양으로 효과를 주어 표현할 수 있습니다.

01 도형을 이용하여 표 슬라이드를 꾸미기 위해 [삽입] 탭-[일러스트레이션] 그룹에서 [도형]을 클릭한 후 ▢[직사각형]을 클릭합니다.

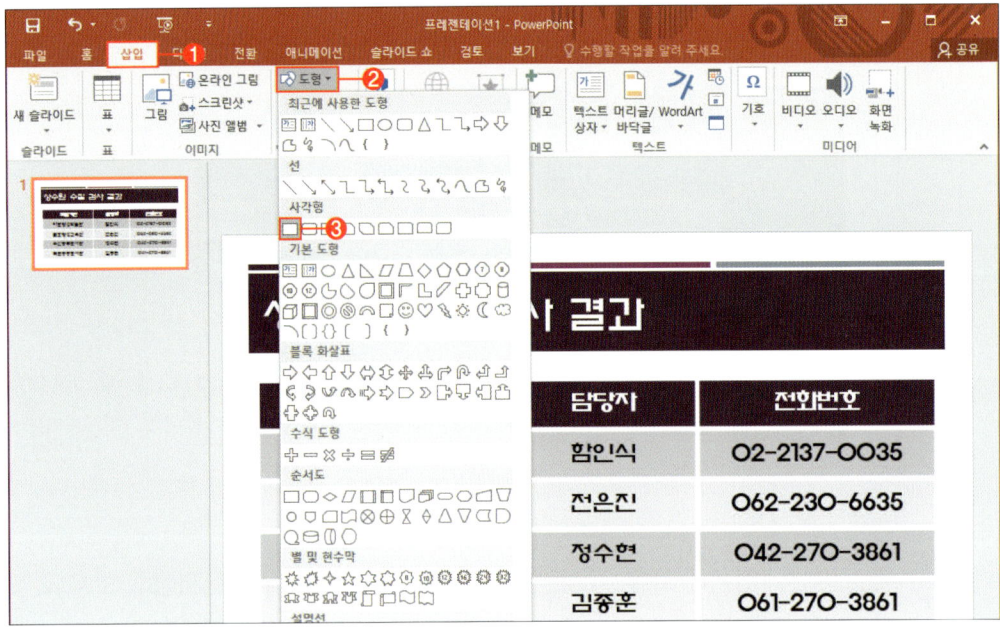

02 마우스 포인터 모양이 +모양으로 변경되면 다음과 같이 드래그하여 도형을 작성합니다.

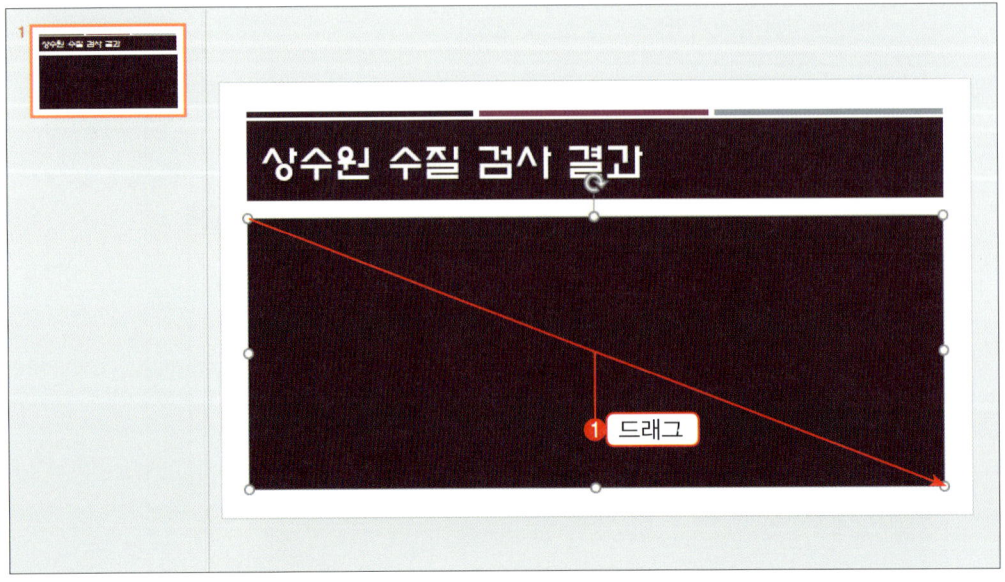

03 [그리기 도구] 정황 탭-[서식] 탭-[도형 스타일] 그룹에서 [도형 윤곽선]을 클릭한 후 [윤곽선 없음]을 클릭합니다.

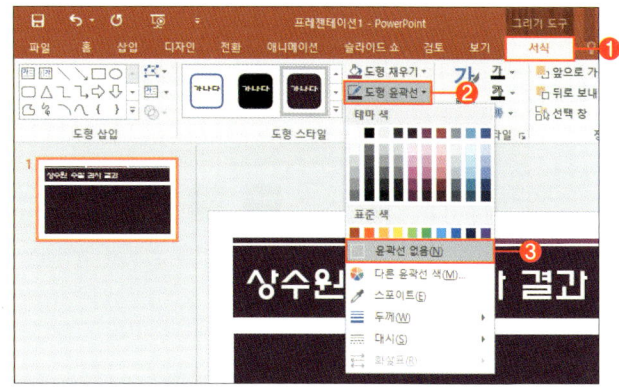

04 도형 서식을 변경하기 위해 [도형 스타일] 그룹에서 ▫[추가 옵션]을 클릭합니다.

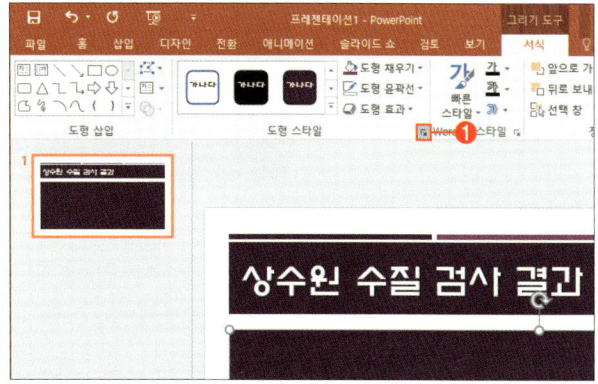

05 [도형 서식] 작업 창이 나타나면 ⌂[효과]를 클릭한 후 [3차원 서식] 탭에서 위쪽 입체(▫[디벗]), 너비(11), 높이(11), 깊이(40)를 지정합니다. 그런다음 [3차원 회전] 탭에서 미리 설정(▫[왼쪽 위 오블리크])를 선택한 후 [닫기]를 클릭합니다.

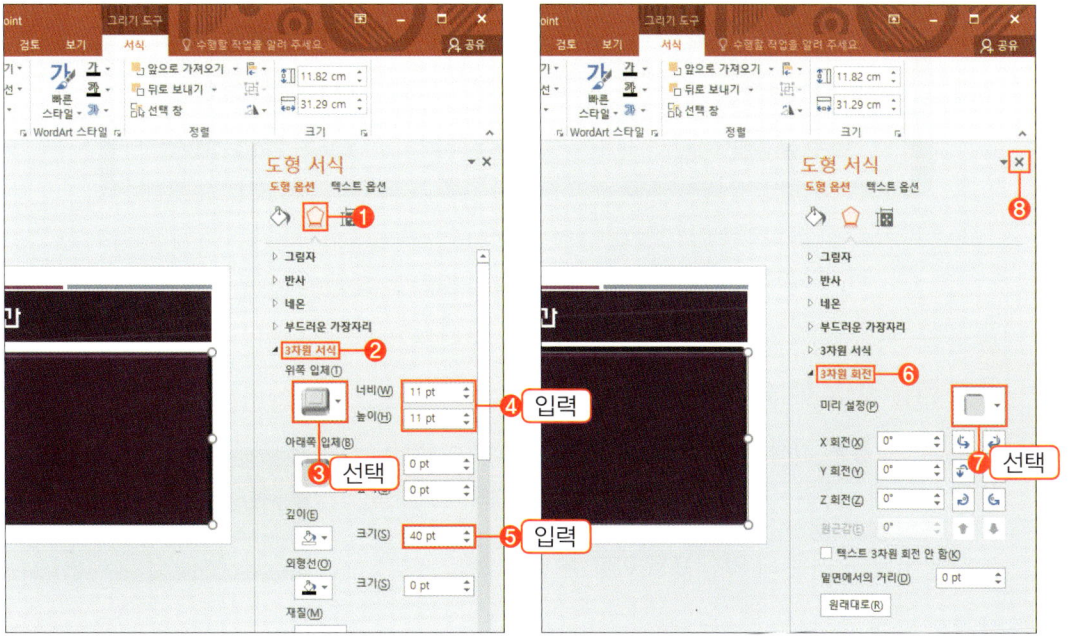

06 도형 효과가 지정되면 [그리기 도구] 정황 탭-[서식] 탭-[정렬] 그룹에서 [뒤로 보내기]의 [목록] 단추를 클릭한 후 [맨 뒤로 보내기]를 클릭합니다.

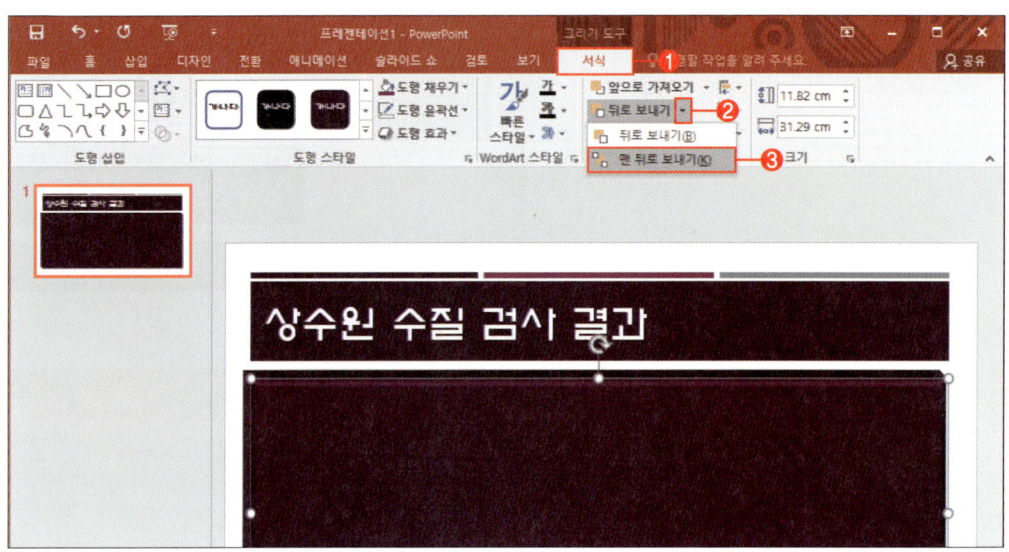

07 도형 및 표의 크기를 조절하여 입체 모양의 표를 완성합니다.

▲ PLUS α

도형을 이용한 표 만들기

슬라이드에 표를 작성하는 방법은 표 삽입 기능을 이용하는 방법 이외에 도형을 이용하여 직접 표를 만드는 방법도 있습니다. 도형을 이용하면 다양한 형태의 스타일 및 효과 등을 지정할 수 있어 더욱 더 멋진 표를 만들 수 있을 것입니다.

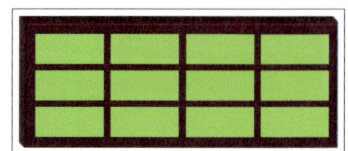

배운 내용을 확인하는! 실습문제

1 "업무 역량 강화" 문서를 이용하여 다음과 같이 수정해 보세요.

- 도형(빗면) 삽입 : 도형 효과(부드러운 가장자리 - 10 포인트), 정렬(맨 뒤로 보내기)

2 "월별 추천 여행 장소" 문서를 이용하여 다음과 같이 수정해 보세요.

- 도형(직사각형) 삽입 : 도형 스타일(강한 효과 - 황록색, 강조 5)
  3차원 서식(위쪽(둥글게), 높이 및 너비(6pt), 깊이(20)),
  3차원 회전(오른쪽 아래 오블리크), 맨 뒤로 보내기

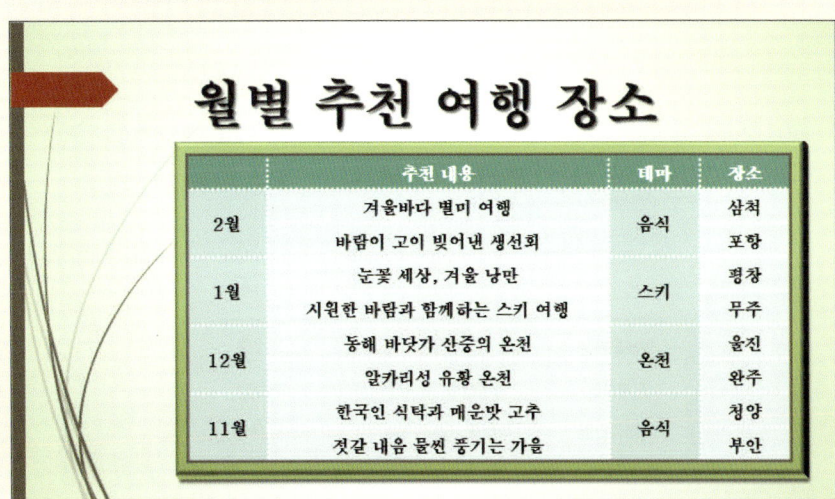

마무리 실전문제

1 새 프레젠테이션 문서에 다음과 같이 작성해 보세요.

- 디자인 테마 : 자연 테마
- 제목 : 글꼴(HY헤드라인M), 글꼴 크기(40), 굵게, 텍스트 그림자
- 표 스타일(보통 스타일 2 - 강조 1), 셀 입체 효과(각지게), 글꼴(휴먼모음T), 글꼴 크기(24)
- 도형(오른쪽 화살표) : 도형 스타일(밝은 색 1 윤곽선, 색 채우기 - 옥색, 강조 1)

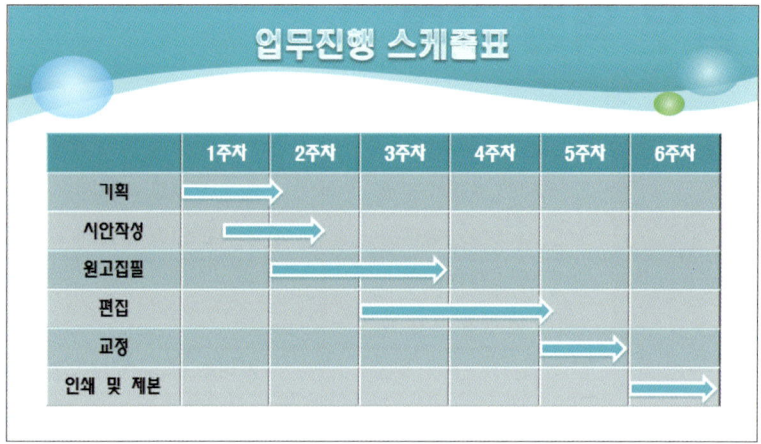

2 새 프레젠테이션 문서에 디자인 테마(어린이 테마)를 적용한 후 다음과 같이 작성해 보세요.

- 제목 : 글꼴(휴먼모음T), 글꼴 크기(40)
- 표 스타일(보통 스타일 2 - 강조 2), 글꼴(휴먼모음T), 글꼴 크기(24)
- 도형(사다리꼴/모서리가 둥근 직사각형) : 도형 효과(기본 설정 - 기본 설정 4)
- 도형(폭발 1) : 도형 스타일(미세 효과 - 분홍, 강조 6)

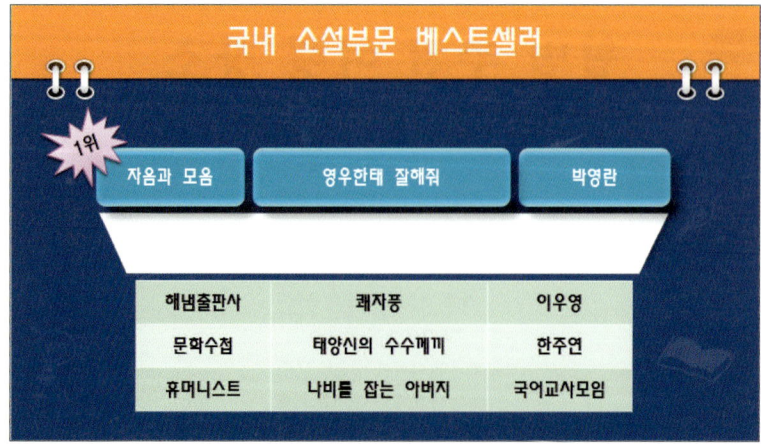

 세로 막대형 차트 작성하기

차트는 텍스트, 도형 등을 이용하여 표현하기 어려운 수치 데이터를 표나 엑셀 문서로 정리한 후 그래프로 표현한 것으로 각 항목에 해당하는 계열 값, 범례, 레이블 등을 보기 좋게 조합하여 시각화한 것을 의미합니다. 이번 Chapter에서는 묶은 세로 막대형 차트를 작성해 보겠습니다.

Step 1 묶은 세로 막대형 차트 작성하기

묶은 세로 막대형 차트는 각 계열을 항목 별로 묶은 형태로 항목별, 계열별 값의 차이를 한눈에 파악할 수 있습니다. 묶은 세로 막대형 차트는 시각적으로 값의 크기를 보여주거나 값의 수치를 정확하게 표현할 때 사용합니다.

01 새 프레젠테이션 문서에 레이아웃(제목 및 내용)을 지정한 후 내용 개체의 [차트 삽입]을 클릭합니다.

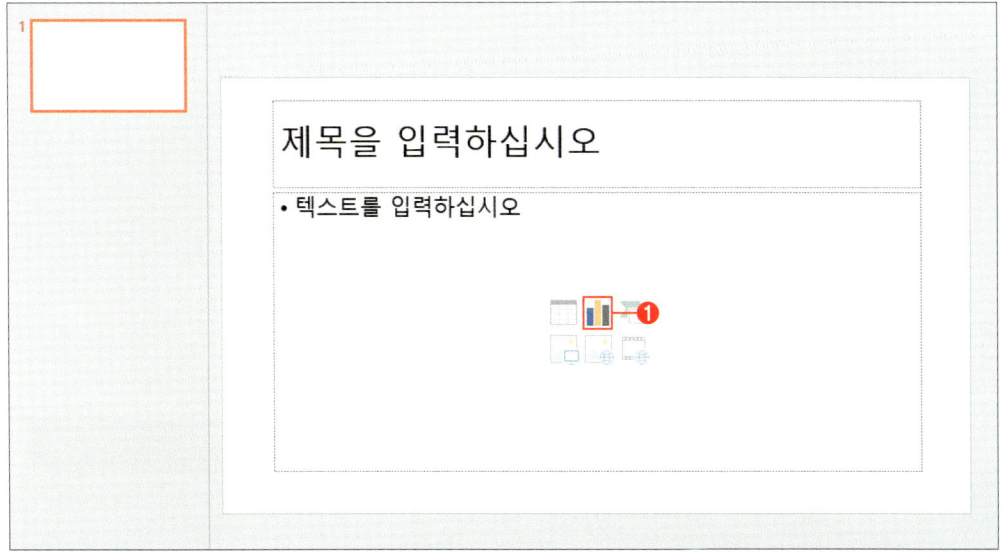

Tip

차트 삽입
[삽입] 탭–[일러스트레이션] 그룹에서 [차트]를 클릭하여 차트를 삽입할 수도 있습니다.

02 [차트 삽입] 대화상자가 나타나면 [세로 막대형] 탭의 [묶은 세로 막대형]을 선택한 후 [확인] 단추를 클릭합니다.

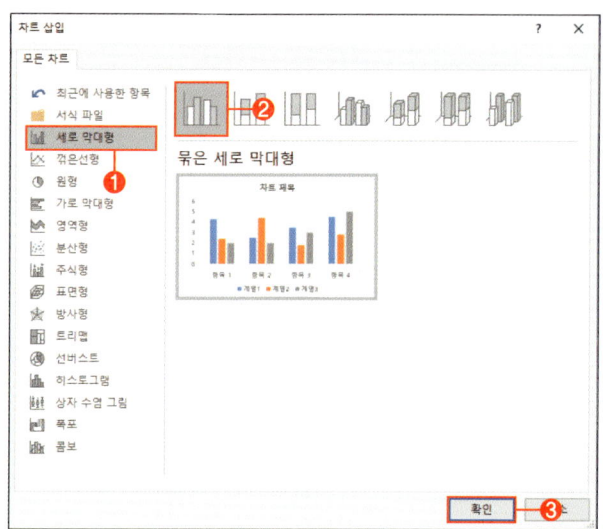

▲ PLUS α

[차트 삽입] 대화상자

❶ **차트 종류** : 차트의 종류를 선택합니다.
❷ **차트 레이아웃** : 차트의 종류에 따른 세부적인 레이아웃을 선택합니다.

03 [Microsoft PowerPoint의 차트] 창이 나타나면 입력되어 있는 모든 셀의 내용을 다음과 같이 수정합니다. 그런다음 [닫기]를 클릭합니다.

	A	B	C	D	E
1		2020년	2021년	2022년	2023년
2	농협	289	297	264	215
3	할인점	326	342	349	359
4	백화점	118	125	119	108
5	전문매장	357	378	396	412

04 차트가 삽입되면 슬라이드 제목 개체에 텍스트를 입력한 후 [홈] 탭-[글꼴] 그룹에서 글꼴(HY견고딕) 및 글꼴 크기(48)를 지정합니다.

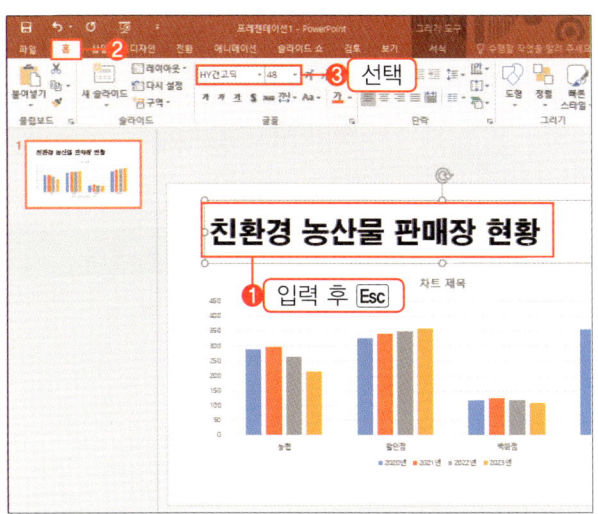

▲ PLUS α

차트의 구성 요소

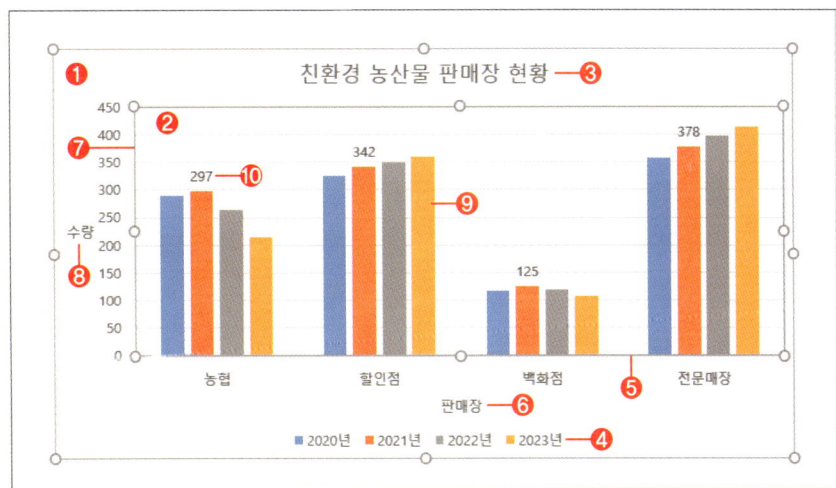

❶ **차트 영역** : 차트의 모든 요소를 포함하며, 차트 요소는 차트 영역, 그림 영역, 차트 제목, 범례 등이 있습니다.
❷ **그림 영역** : 실제 그래프가 그려지는 영역으로 가로/세로 축 및 축 제목 등이 포함됩니다.
❸ **차트 제목** : 차트의 제목입니다.
❹ **범례** : 데이터 계열을 구분하는 색과 이름을 표시하는 곳입니다.
❺ **가로 축** : 데이터 계열의 이름을 표시하는 축입니다.
❻ **가로 축 제목** : 가로 축의 제목입니다.
❼ **세로 축** : 데이터 계열의 값을 표시하는 축입니다.
❽ **세로 축 제목** : 세로 축의 제목입니다.
❾ **데이터 계열** : 관련 데이터 요소의 집합으로 수치 데이터를 나타내는 가로 막대, 세로 막대, 꺾은선 등을 말합니다.
❿ **데이터 레이블** : 데이터 요소의 계열 이름, 항목 이름, 값을 표시합니다.

실습문제 — 배운 내용을 확인하는!

1 새 프레젠테이션 문서에 차트를 작성한 후 "매출 증가 현황"으로 저장해 보세요.

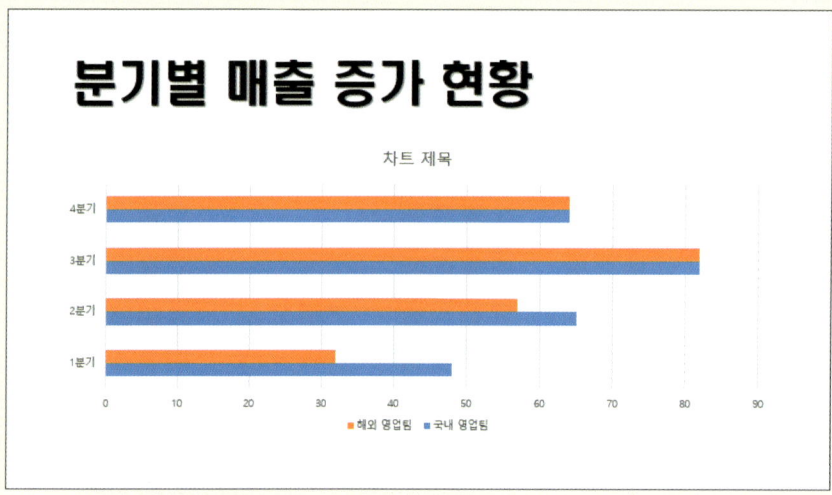

- 제목 : 글꼴(HY헤드라인M), 글꼴 크기(54), 텍스트 그림자
- 차트 종류(묶은 가로 막대형)

Step 2 차트 스타일 변경하기

차트를 삽입한 후 해당 차트를 선택하면 [차트 도구] 정황 탭이 표시됩니다. [디자인] 탭, [서식] 탭으로 구성되어 있으며, 차트를 꾸미는 것은 크게 디자인에 관한 설정과 레이아웃에 관한 설정으로 이루어집니다.

01 차트를 선택한 후 [차트 도구] 정황 탭−[디자인] 탭−[차트 스타일] 그룹에서 [자세히]를 클릭한 다음 [스타일 5]를 클릭합니다.

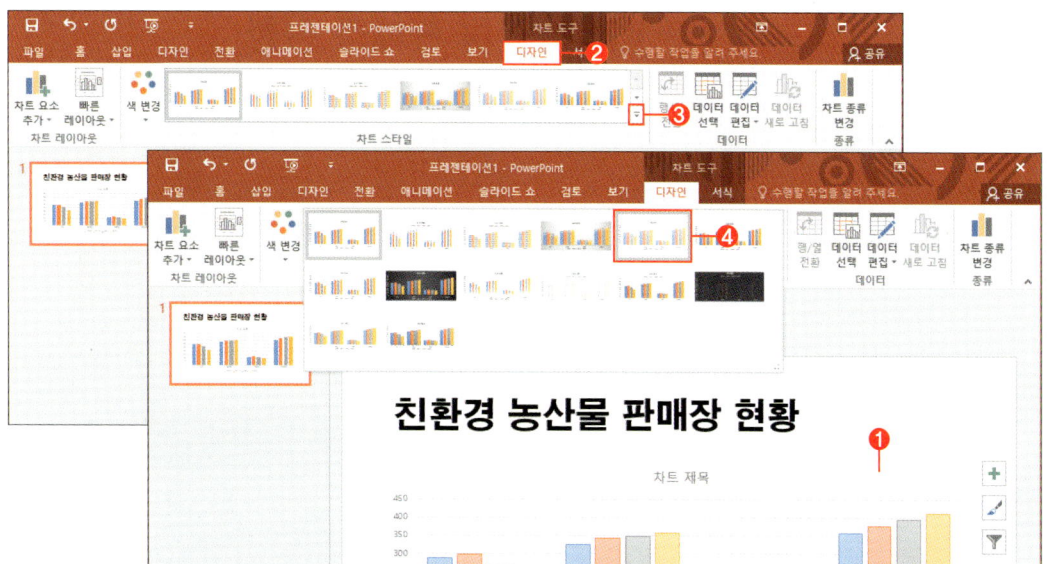

▲ PLUS α

[차트 도구] 정황 탭−[디자인] 탭 살펴보기

❶ **차트 요소 추가** : 차트 요소(차트 제목, 축 제목, 범례, 데이터 레이블 등)를 변경합니다.
❷ **빠른 레이아웃** : 차트의 전체 레이아웃을 변경합니다.
❸ **색 변경** : 차트 데이터 계열의 색상을 변경합니다.
❹ **차트 스타일** : 차트의 전체 표시 스타일을 변경합니다.
❺ **행/열 전환** : 데이터의 행과 열을 바꿉니다.
❻ **데이터 선택** : 차트에 포함된 데이터의 범위를 변경합니다.
❼ **데이터 편집** : 차트를 이루고 있는 데이터의 편집 화면으로 이동합니다.
❽ **데이터 새로 고침** : 차트를 새로 고칩니다.
❾ **차트 종류 변경** : 현재 적용된 차트를 다른 종류의 차트로 변경합니다.

02 차트가 선택된 상태에서 [차트 도구] 정황 탭-[디자인] 탭-[차트 레이아웃] 그룹에서 [차트 요소 추가]를 클릭한 후 [차트 제목]-[없음]을 클릭합니다.

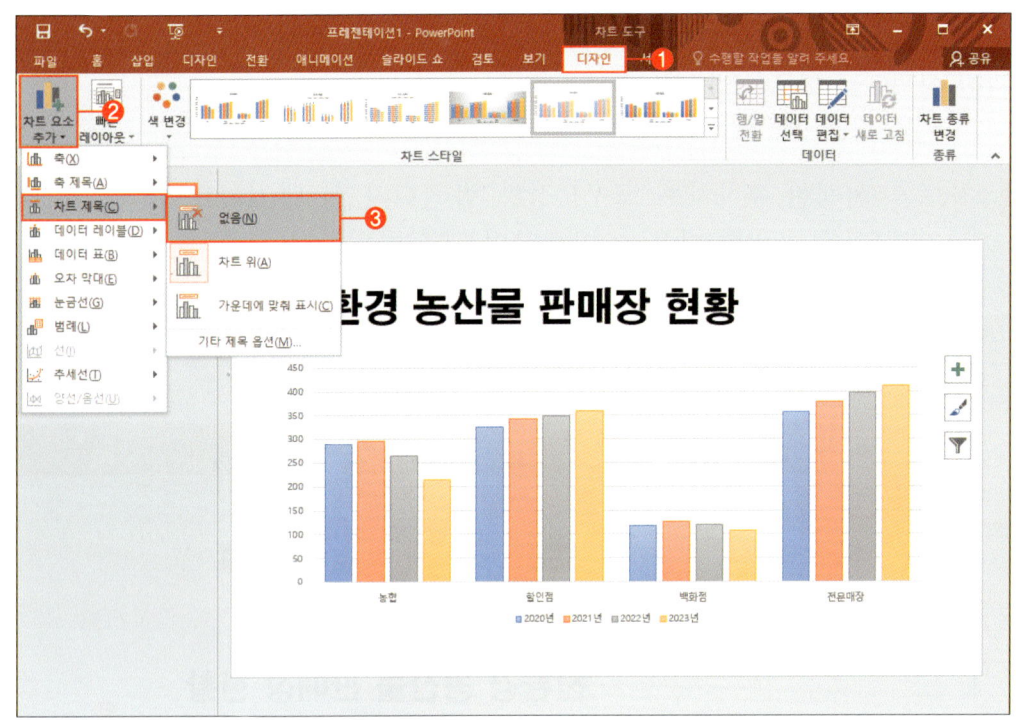

▲ PLUS α

차트 요소 추가

① **축** : 각 축의 서식과 레이아웃을 변경합니다.
② **축 제목** : 가로, 세로 축 제목을 추가, 제거 또는 제목의 방향을 바꿉니다.
③ **차트 제목** : 차트 제목을 추가, 제거 또는 위치를 바꿉니다.
④ **데이터 레이블** : 데이터 레이블을 추가, 제거 또는 위치를 바꿉니다.
⑤ **데이터 표** : 차트에 데이터 표를 추가합니다.
⑥ **오차 막대** : 오차 한계 및 표준 편차를 한 눈에 파악할 수 있습니다
⑦ **눈금선** : 차트 눈금선을 설정하거나 해제합니다.
⑧ **범례** : 차트 범례를 추가, 제거 또는 위치를 바꿉니다.
⑨ **추세선** : 차트에 추세선을 추가합니다.

03 차트 제목이 없어지면 [차트 도구] 정황 탭-[디자인] 탭-[차트 레이아웃] 그룹에서 [차트 요소 추가]를 클릭한 후 [범례]-[오른쪽]을 클릭합니다.

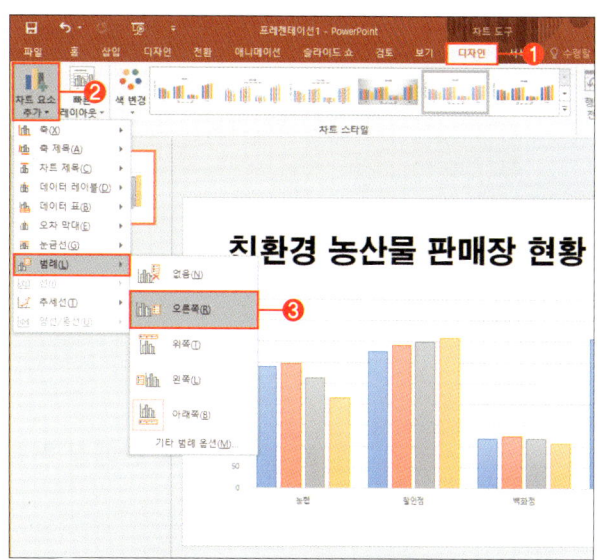

04 2023년 계열을 선택한 후 [차트 도구] 정황 탭-[디자인] 탭-[차트 레이아웃] 그룹에서 [차트 요소 추가]를 클릭한 후 [데이터 레이블]-[바깥쪽 끝에]를 클릭합니다.

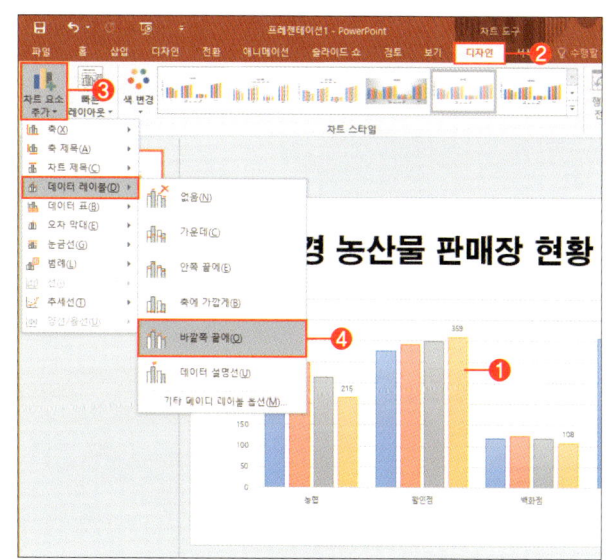

05 세로 축을 선택한 후 바로가기 메뉴의 [축 서식]을 클릭합니다.

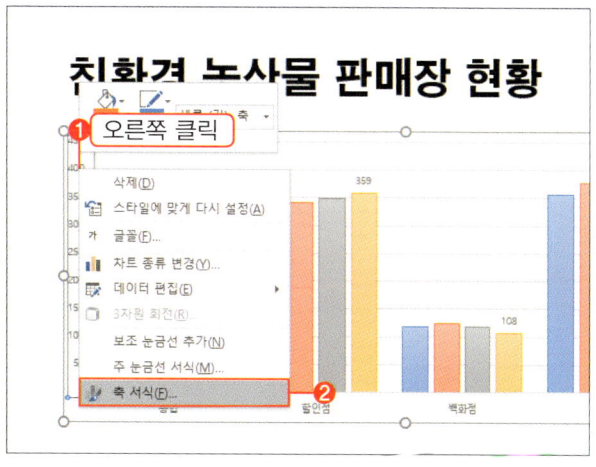

06 [축 서식] 작업 창이 나타나면 축 옵션 항목의 최대(500), 주(100)를 입력한 후 [닫기]를 클릭합니다.

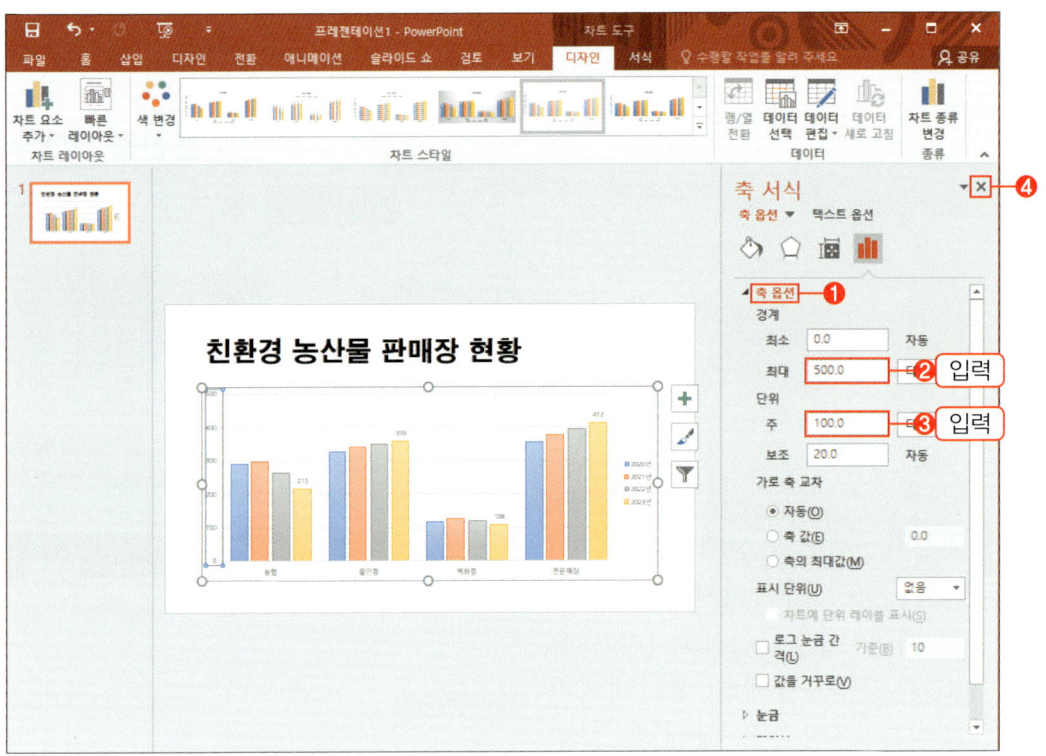

07 차트를 선택한 후 [홈] 탭-[글꼴] 그룹에서 글꼴 크기(16)를 선택합니다.

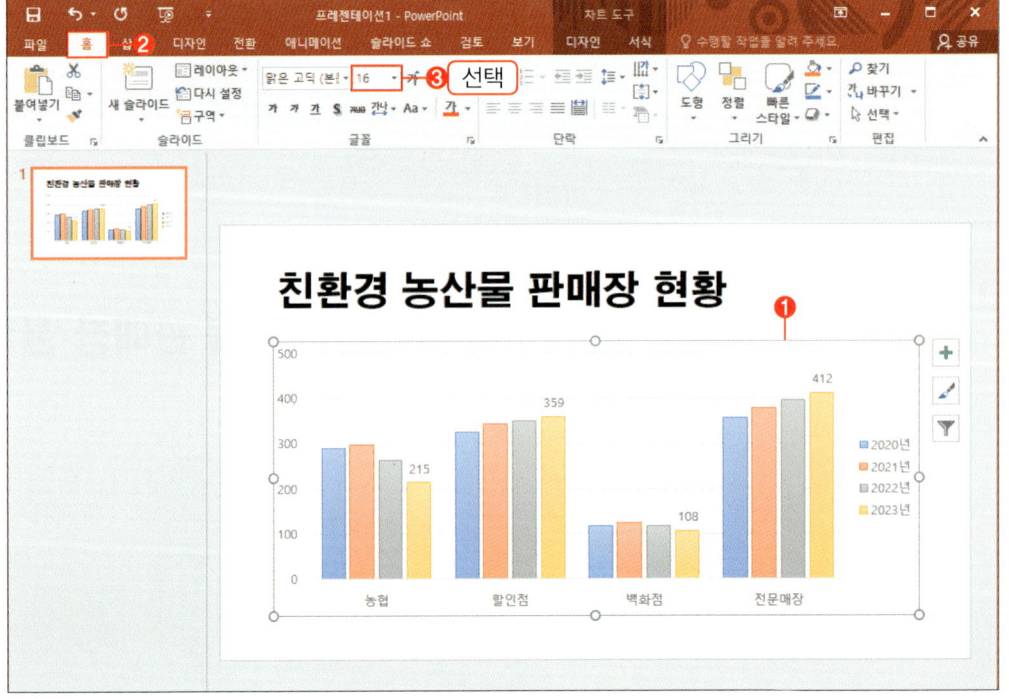

1 "매출 증가 현황" 문서를 열고 차트 슬라이드를 다음과 같이 수정해 보세요.

- 차트 스타일 : 스타일 4
- 차트 영역 : 단색 채우기(연한 녹색), 투명도(50%)
- 그림 영역 : 단색 채우기(흰색, 배경 1)
- 차트 제목 : 없음
- 범례 : 없음
- 데이터 레이블 : 바깥쪽 끝에
- 데이터 표 : 범례 표지 포함
- 가로 축 : 최대(100), 주(20)
- 차트 : 글꼴(맑은 고딕), 글꼴 크기(16)

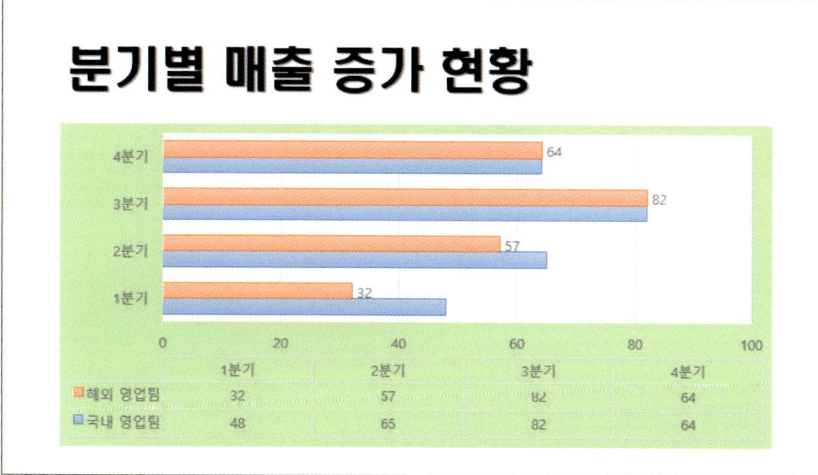

Hint

그림 영역 서식 지정하기
차트를 선택한 후 바로가기 메뉴의 [차트 영역 서식]을 클릭한 후 [차트 영역 서식] 작업 창이 나타나면 채우기 색(연한 녹색), 투명도(50%)를 지정한 다음 [닫기]를 클릭합니다.

마무리 실전문제

1 새 프레젠테이션 문서에 다음과 같이 작성해 보세요.

	A	B	C
1		신문광고	인터넷광고
2	2020년	43	57
3	2021년	35	64
4	2022년	31	78
5	2023년	24	86

- 제목 : 글꼴(HY헤드라인M), 글꼴 크기(60), 텍스트 그림자
- 차트 종류(3차원 묶은 세로 막대형), 차트 스타일(스타일 7)

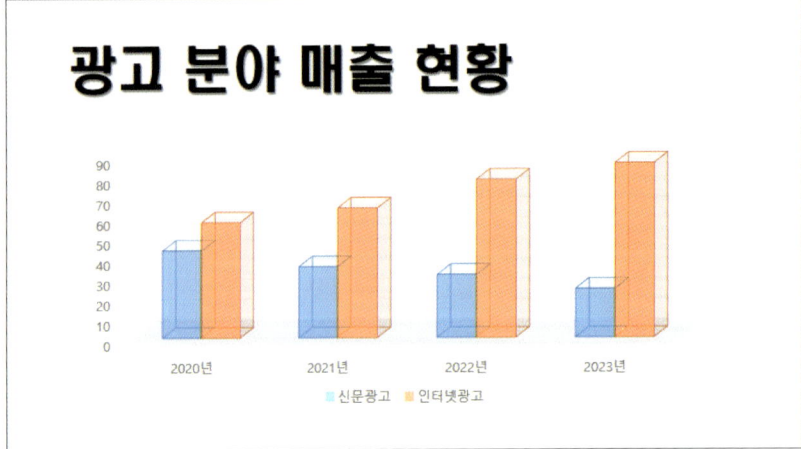

- 차트 : 글꼴(함초롬돋움), 글꼴 크기(18)
- 인터넷광고 계열의 2022년 요소만 데이터 레이블 '값' 표시

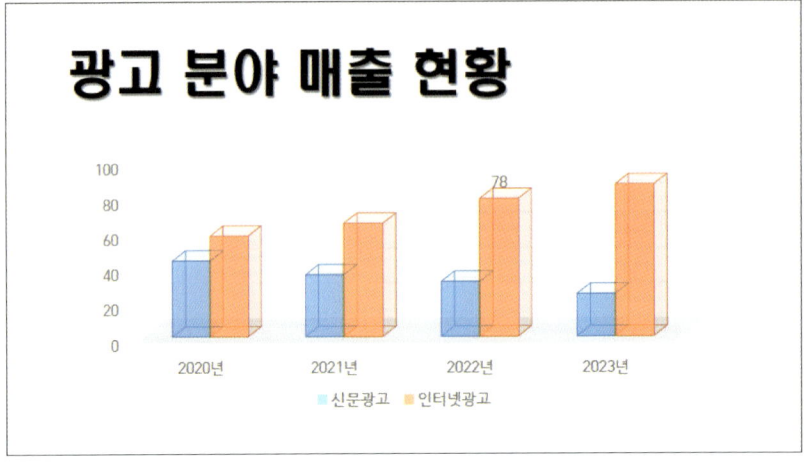

04 비율을 한눈에 원형 차트 작성하기

차트를 작성하기 위해서는 엑셀을 이용하여 차트로 만들 데이터를 입력하면 해당 슬라이드에 자동으로 차트가 작성됩니다. 하지만 파워포인트에서 표를 이용하여 작성된 데이터가 있다면 또다시 엑셀에서 만들지 않고도 표 슬라이드를 이용하여 차트 슬라이드를 작성할 수 있습니다.

Step 1 원형 차트 작성하기

원형 차트는 비율이나 분포도를 나타낼 때 효과적으로 사용할 수 있는 차트로 주로 시장 조사 및 여론조사 등의 결과물을 백분율로 나타낼 때 사용합니다.

01 새 프레젠테이션 문서에 레이아웃(제목 및 내용)을 지정한 후 [표 삽입]을 이용하여 다음과 같이 작성합니다.
  • 제목 : 글꼴(HY견고딕), 글꼴 크기(48)
  • 글꼴(휴먼모음T), 글꼴 크기(24), 가운데 맞춤, 세로 가운데 맞춤

친환경 농업을 위한 투자 규모

	투자금액(억원)
2020년	3,872
2021년	4,625
2022년	5,609
2023년	6,164
2024년	6,305

02 표 안에 셀 전체를 드래그하여 범위를 설정한 후 [홈] 탭-[클립보드] 그룹에서 [복사]를 클릭합니다.

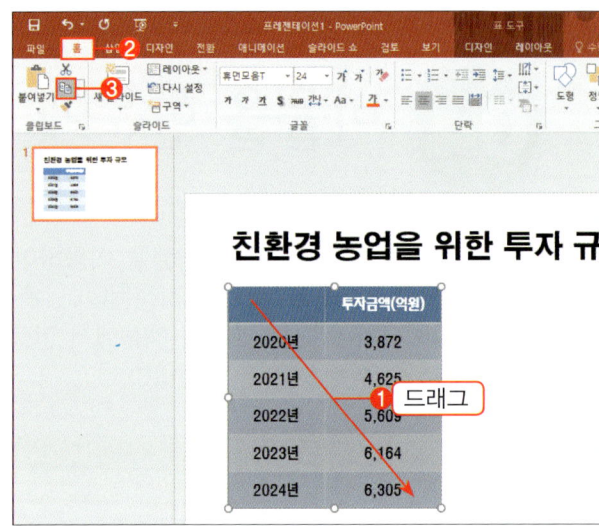

Tip
복사는 바로 가기 메뉴의 [복사] 또는 Ctrl+C를 눌러도 실행할 수 있습니다.

03 [삽입] 탭-[일러스트레이션] 그룹에서 [차트]를 클릭합니다.

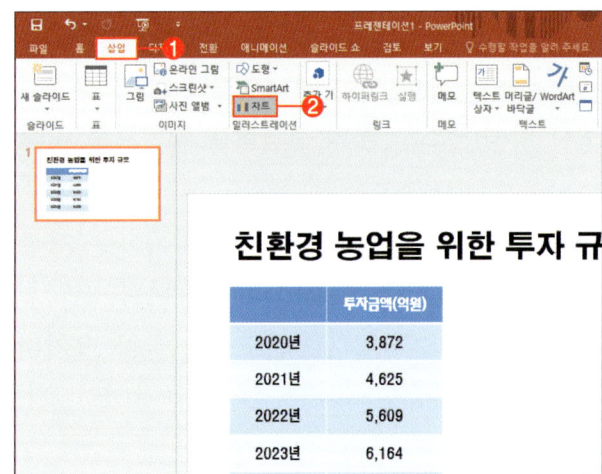

04 [차트 삽입] 대화상자가 나타나면 [원형] 탭의 [3차원 원형]을 선택한 후 [확인] 단추를 클릭합니다.

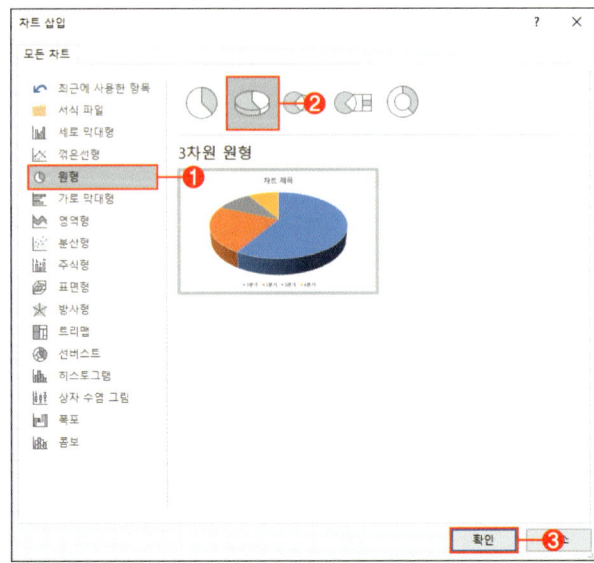

05 [Microsoft PowerPoint의 차트] 창이 나타나면 [A1] 셀을 클릭한 후 바로 가기 메뉴의 📋[주변 서식에 맞추기]를 클릭합니다.

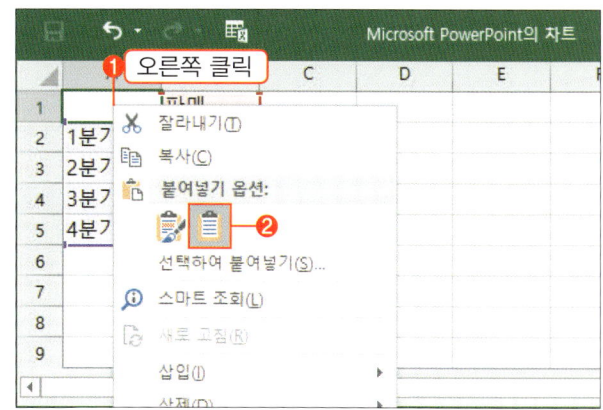

> **Tip**
> **원본 서식에 맞추기**
> 붙여넣기 옵션 항목의 📋[원본 서식에 맞추기]를 클릭하면 표 슬라이드의 서식에 맞추어 복사한 내용이 삽입됩니다.

06 [Microsoft PowerPoint의 차트] 창에 내용이 입력되면 ❌[닫기]를 클릭합니다.

	A	B
1	열1	투자금액(억원)
2	2020년	3,872
3	2021년	4,625
4	2022년	5,609
5	2023년	6,164
6	2024년	6,305

07 차트가 삽입되면 다음과 같이 차트의 크기를 조절합니다.

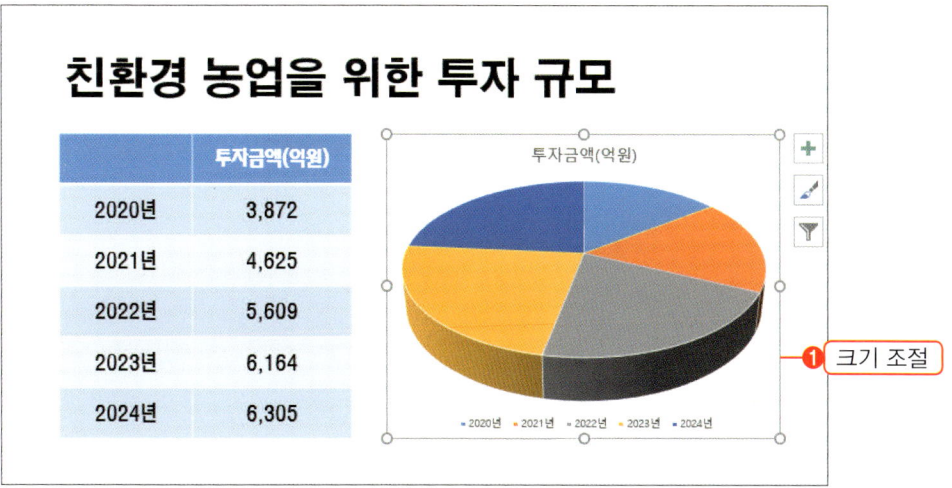

실습문제 배운 내용을 확인하는!

1 새 프레젠테이션 문서에 차트를 작성한 후 "여론조사"로 저장해 보세요.

- 슬라이드 제목 : 글꼴(HY견고딕), 글꼴 크기(48)
- 표 : 글꼴(휴먼엑스포), 글꼴 크기(24)

경기도 교육감후보 여론조사

	득표
공정길	3,180
한기택	2,135
이시형	3,982
김형준	1,913

- 차트 종류 : 도넛형

경기도 교육감후보 여론조사

	득표
공정길	3,180
한기택	2,135
이시형	3,982
김형준	1,913

Step 2 원형 차트 꾸미기

차트를 삽입한 후 해당 차트를 선택하면 [차트 도구] 정황 탭이 표시됩니다. [디자인] 탭, [서식] 탭으로 구성되어 있으며, 차트를 꾸미는 것은 크게 디자인에 관한 설정과 레이아웃에 관한 설정으로 이루어집니다.

01 차트를 선택한 후 [차트 도구] 정황 탭-[디자인] 탭-[차트 스타일] 그룹에서 [자세히]를 클릭한 다음 [스타일 4]를 클릭합니다.

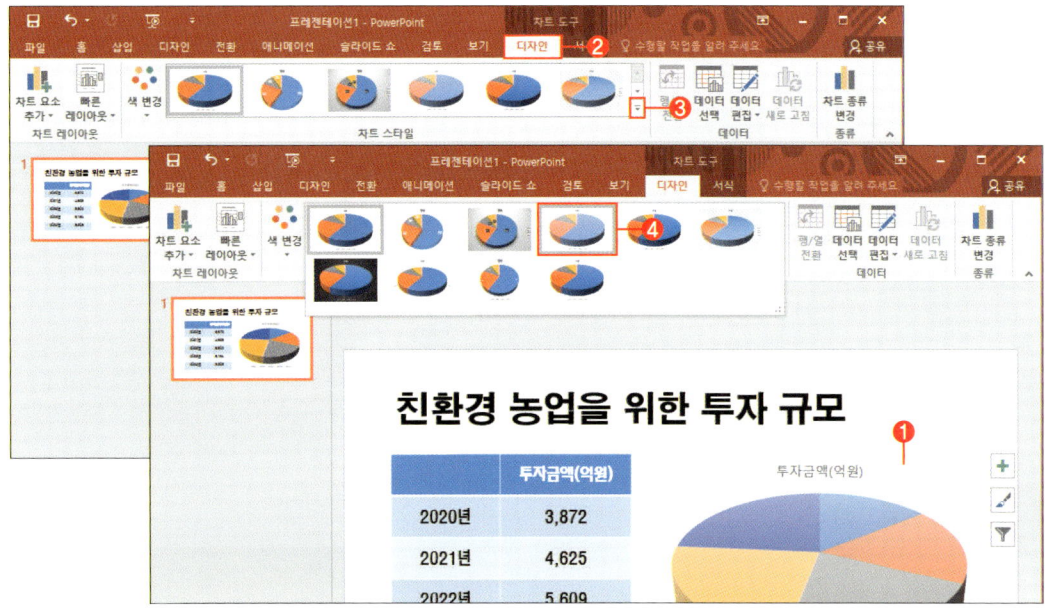

02 차트 스타일이 적용되면 [차트 도구] 정황 탭-[디자인] 탭-[차트 레이아웃] 그룹에서 [차트 요소 추가]를 클릭한 후 [데이터 레이블]-[기타 데이터 레이블 옵션]을 클릭합니다.

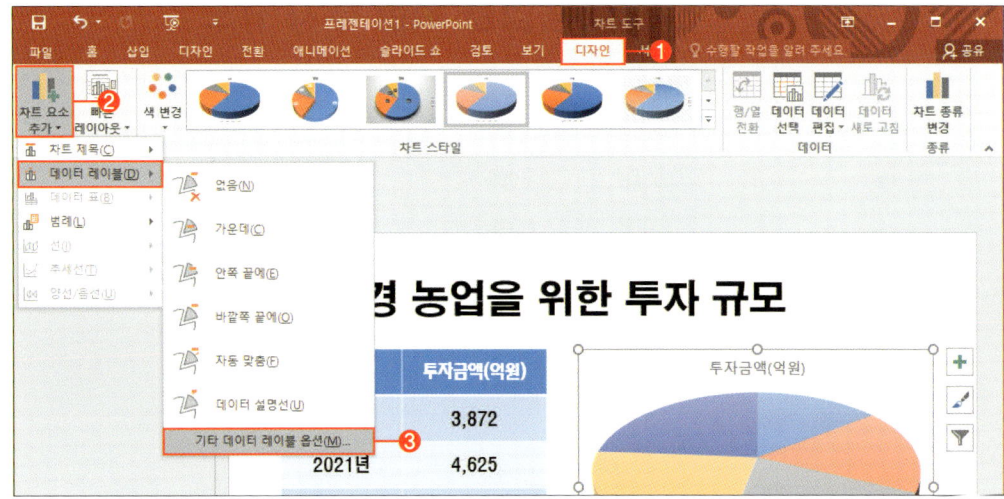

03 [데이터 레이블 서식] 작업 창이 나타나면 [레이블 옵션] 항목에서 [값]과 [백분율]을 선택한 후 [닫기]를 클릭합니다.

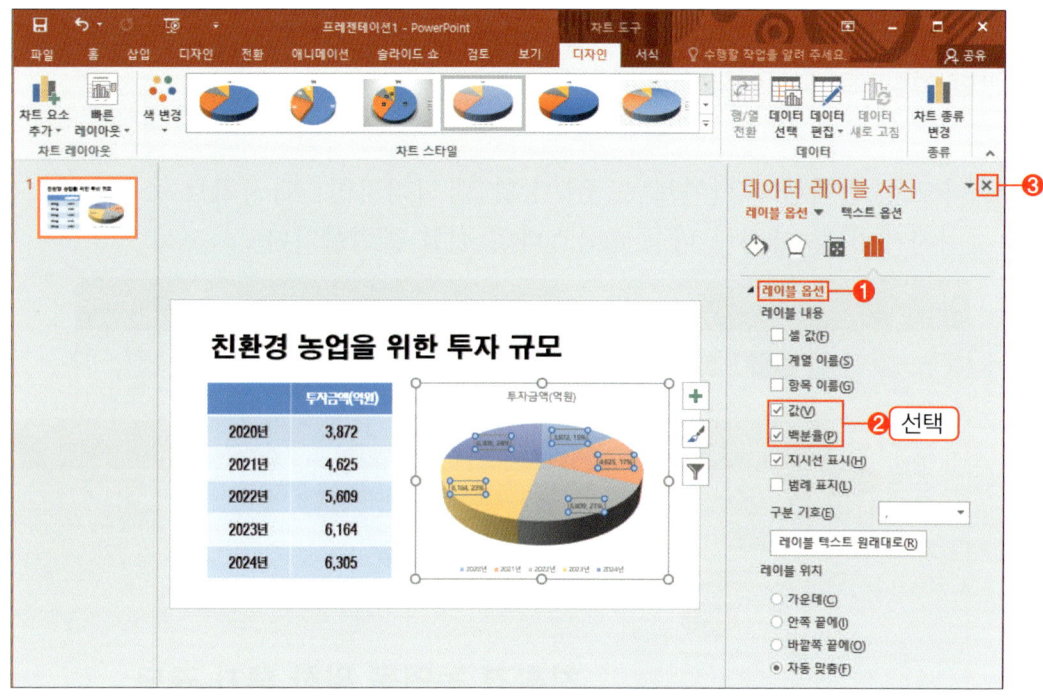

04 [홈] 탭-[글꼴] 그룹에서 글꼴 크기(16)를 선택합니다.

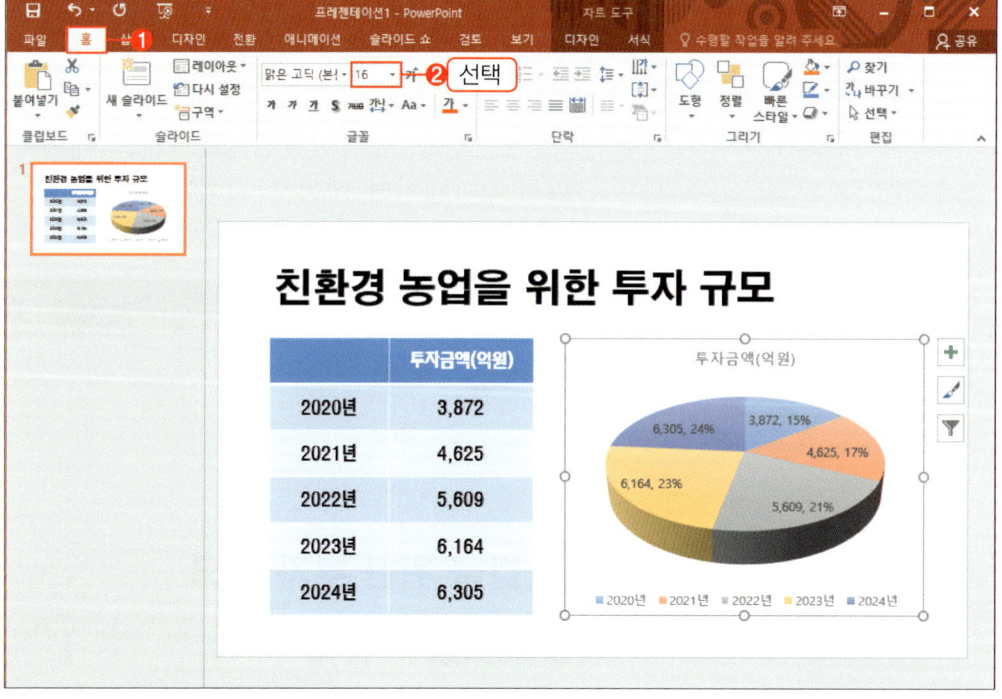

05 차트 계열을 선택한 후 모든 계열이 선택되면 다시 2024년 계열만 클릭하여 2024년 계열만 선택합니다.

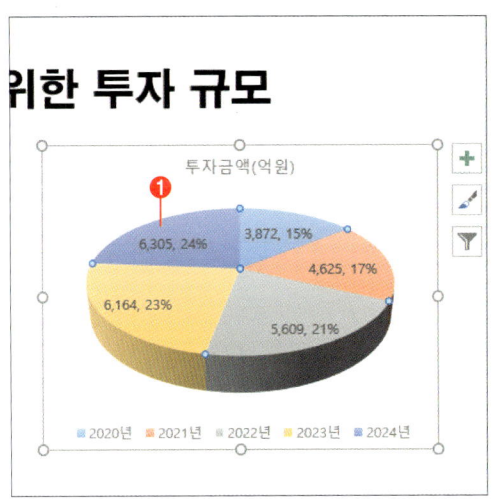 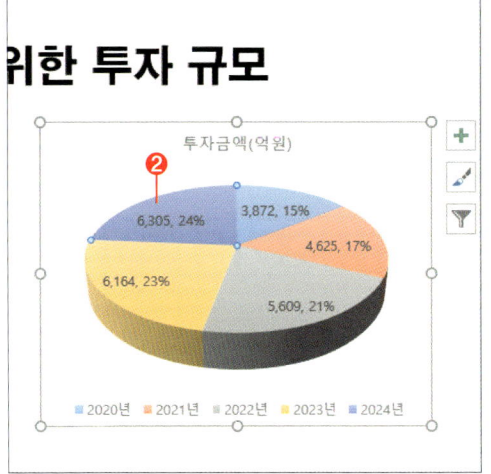

06 2024년 계열을 드래그하여 다음과 같이 돌출형 차트로 작성합니다.

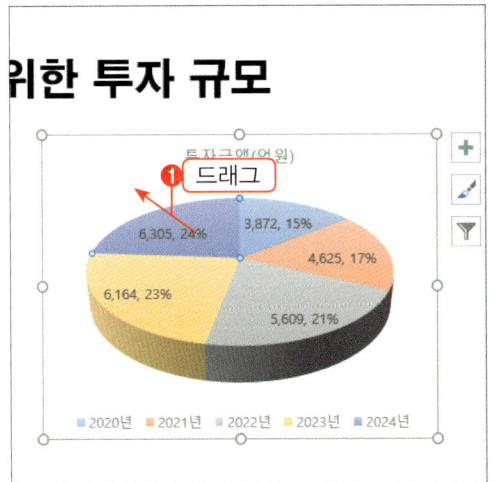 

실습문제 배운 내용을 확인하는!

1 "여론조사" 문서를 열고 다음과 같이 작성해 보세요.

- 차트 스타일 : 스타일 8
- 차트 제목 : 없음
- 범례 : 오른쪽

경기도 교육감후보 여론조사

	득표
공정길	3,180
한기택	2,135
이시형	3,982
김형준	1,913

- 데이터 레이블 서식 : [값] 선택, [백분율] 선택 해제
- 차트 : 글꼴(돋움), 글꼴 크기(18)
- '이시형' 데이터 계열 조각 분리

경기도 교육감후보 여론조사

	득표
공정길	3,180
한기택	2,135
이시형	3,982
김형준	1,913

마무리 실전문제

1 새 프레젠테이션 문서에 다음과 같이 차트 슬라이드를 작성한 후 "돼지고기 영양성분"으로 저장해 보세요.

- 디자인 테마 : 메모 테마
- 제목 : 글꼴(HY헤드라인M), 글꼴 크기(54)
- 차트 종류(꺾은선형), 차트 스타일(스타일 10), 차트 제목(없음), 범례(아래쪽)
- 차트 : 글꼴(HY헤드라인M), 글꼴 크기(18)

	A	B	C	D
1		단백질(g)	지방(g)	나트륨(mg)
2	등심	17.4	19.9	34
3	안심	14.1	13.2	49
4	뒷다리	18.5	16.5	59
5	앞다리	16.3	12.3	50
6	사태	22	2.9	50
7	갈비	18.5	13.9	61
8	목살	20.3	9.5	108
9	삼겹살	17.2	28.4	44
10	족발	22.5	16.8	110

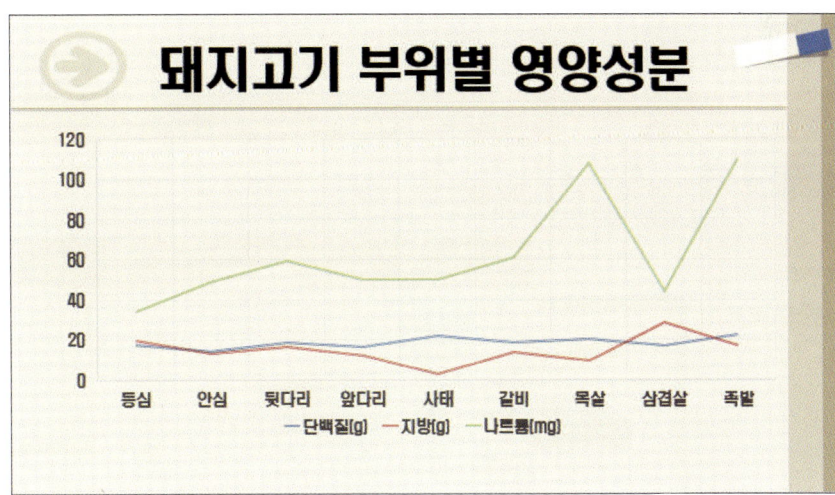

Chapter 04 비율을 한눈에 원형 차트 작성하기

애니메이션 효과로 생동감 있는 슬라이드 작성하기

파워포인트 2016에서는 사용자 지정 애니메이션 기능을 이용하여 슬라이드 쇼를 진행할 때 각각의 개체들이 이해하기 쉽고 보기에도 좋게 등장하는 방법을 연출할 수 있습니다. 하지만 너무 많은 애니메이션 효과는 내용의 이해나 흐름을 방해하기 때문에 특별히 핵심이 되는 부분에 포인트로 사용하는 것이 좋습니다.

Step 1 애니메이션 효과 지정하기

애니메이션은 [애니메이션] 탭에서 원하는 애니메이션을 설정하고 애니메이션의 순서와 효과, 등장 방법 등을 설정하여 적용합니다.

01 "수도권 아파트 미분양 현황" 문서를 열고 2020년의 개체를 선택한 후 [애니메이션] 탭-[애니메이션] 그룹에서 [자세히] 단추를 클릭한 다음 [날아오기]를 클릭합니다.

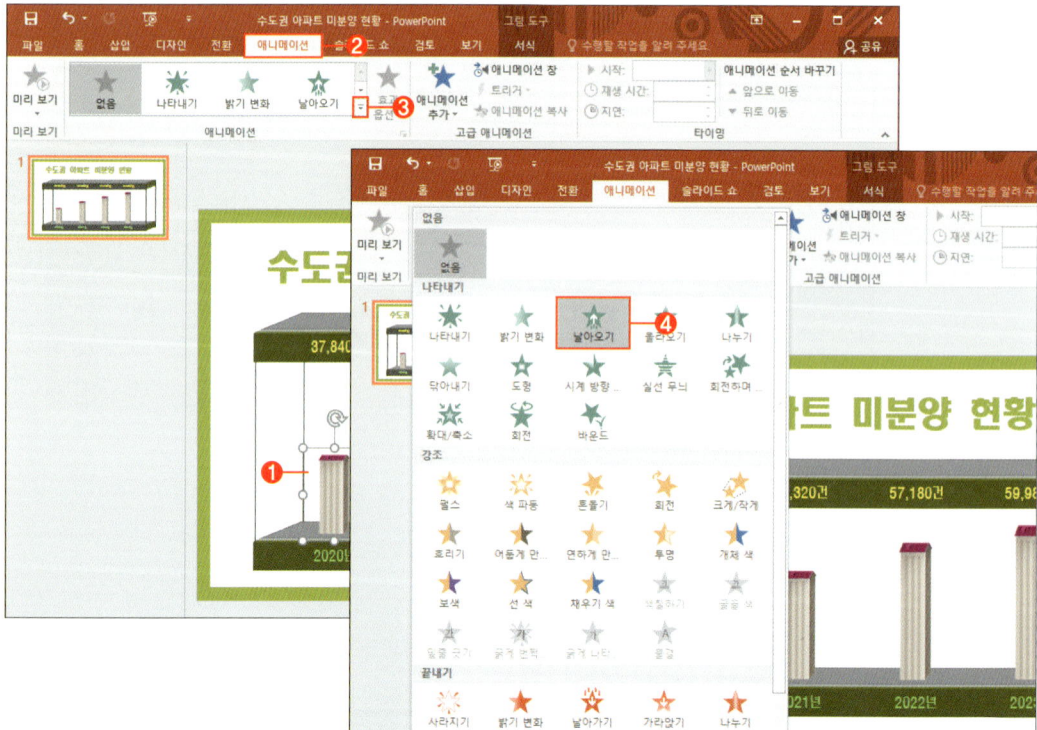

> *Tip*
>
> **실시간 애니메이션 확인**
>
> 애니메이션 스타일에 마우스를 올려 놓기만 해도 실시간으로 슬라이드에 스타일이 적용되므로 문서 테마 목록을 닫지 않아도 원하는 스타일을 확인할 수 있습니다.

02 2020년 개체에 선택한 애니메이션이 지정되면 애니메이션 지정 번호(1)가 개체의 왼쪽 위에 표시됩니다. 2021년 개체를 선택 후 [애니메이션] 탭-[애니메이션] 그룹에서 [자세히] 단추를 클릭한 다음 [추가 나타내기 효과]를 클릭합니다.

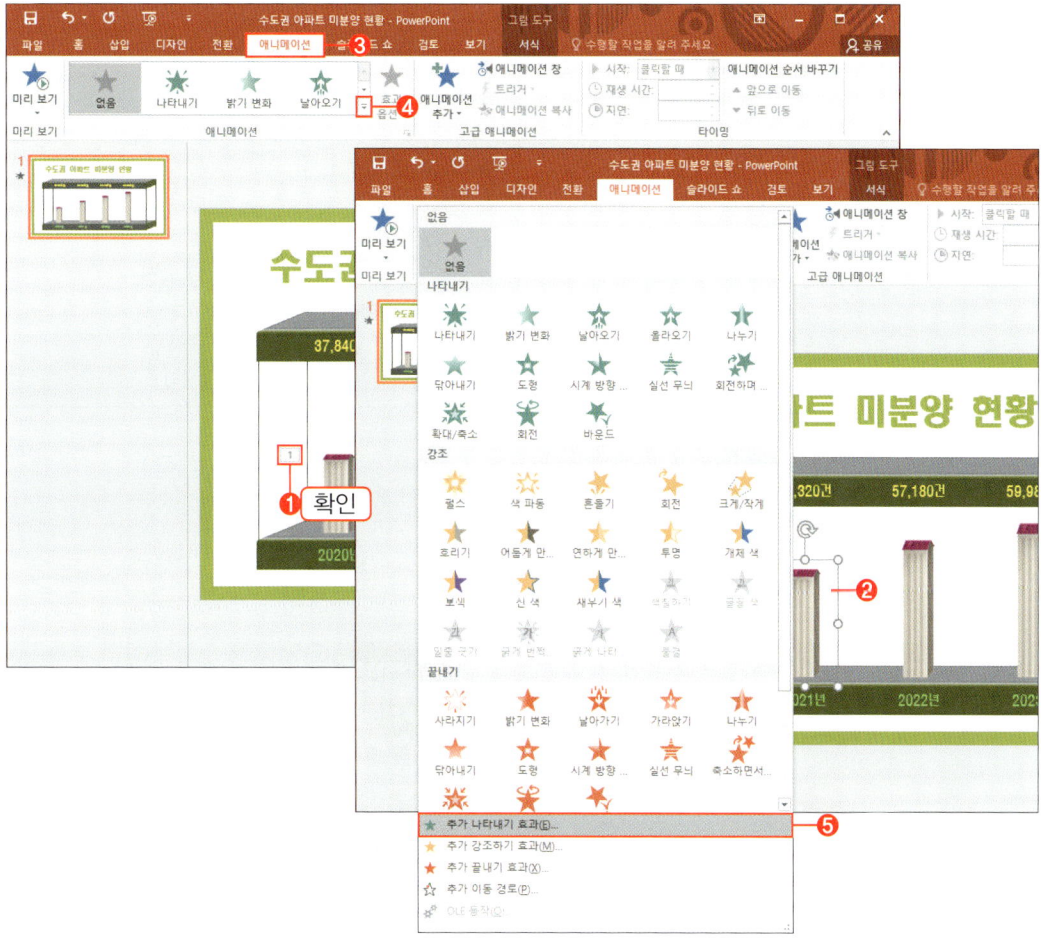

> *Tip*
>
> **애니메이션 미리 보기**
>
> [애니메이션] 탭-[미리 보기] 그룹에서 ★[애니메이션 미리 보기]를 클릭하면 슬라이드에서 애니메이션을 확인할 수 있습니다.

03 [나타내기 효과 변경] 대화상자가 나타나면 [회전]을 클릭한 후 [확인] 단추를 클릭합니다.

> **Tip**
> **추가 나타내기 효과**
> 애니메이션의 모든 나타내기 효과를 볼 수 있습니다.

04 같은 방법으로 나머지 개체에도 애니메이션을 지정합니다.
- 2022년 : 애니메이션(나타내기)
- 2023년 : 애니메이션(닦아내기)

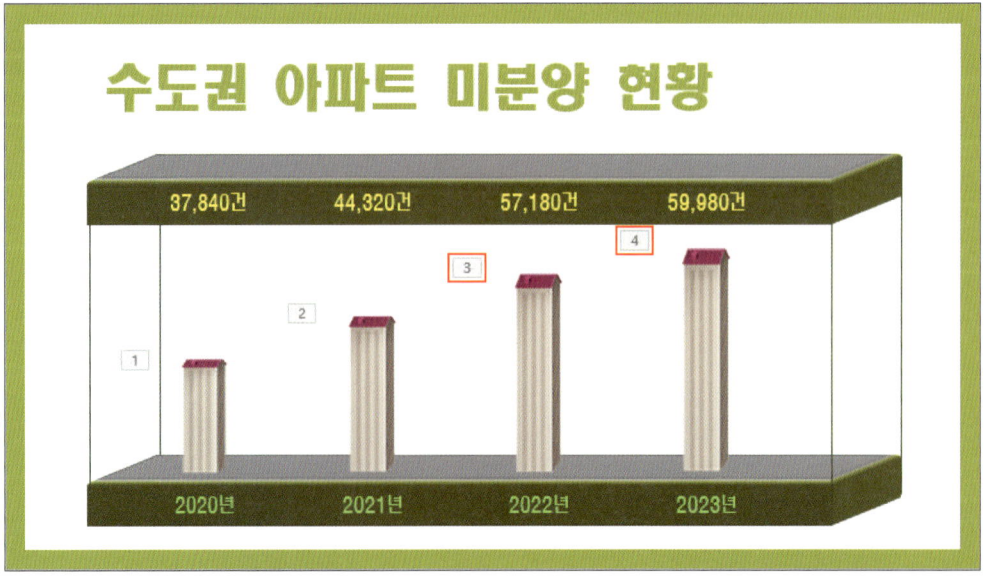

① "인구 변동 추이" 문서에 다음과 같이 사용자 지정 애니메이션을 설정해 보세요.

- 남자 개체만 묶은 후 애니메이션(올라오기) 지정
- 여자 개체만 묶은 후 애니메이션(닦아내기) 지정

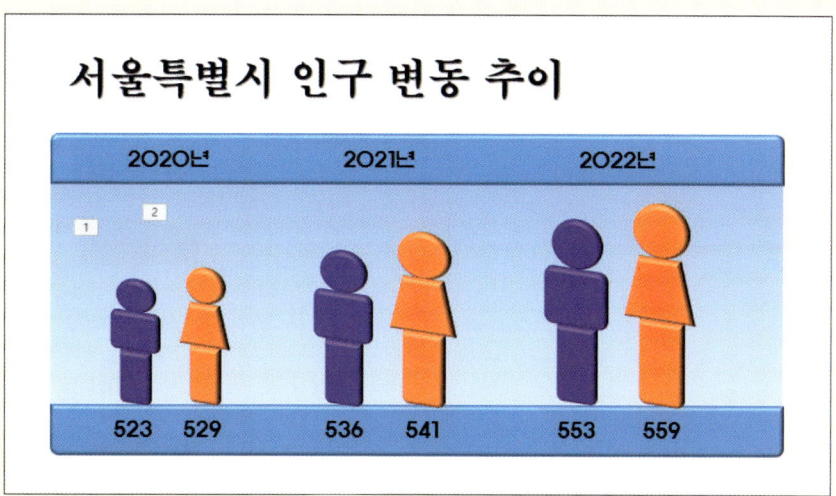

② "업무진행 스케줄표" 문서에 다음과 같이 사용자 지정 애니메이션을 설정해 보세요.

- 각각의 화살표 도형을 위쪽 도형부터 순서대로 애니메이션(날아오기)을 지정

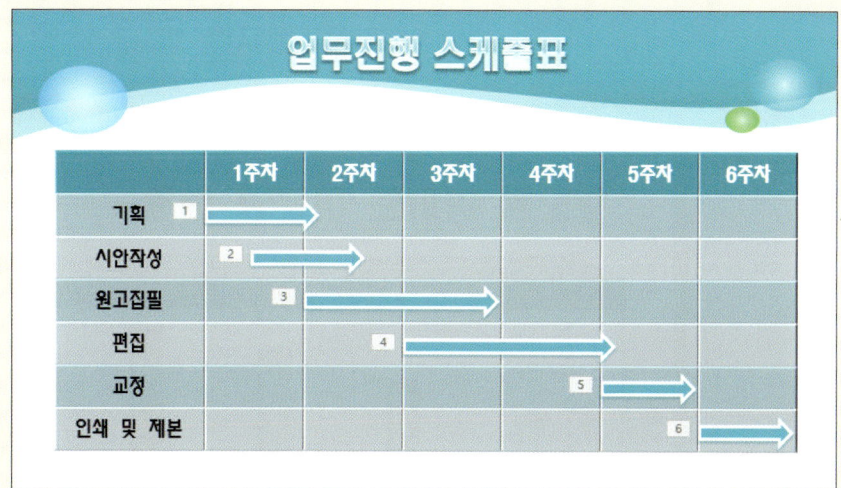

| Step 2 | **애니메이션 효과 수정하기**

애니메이션 효과는 효과 옵션을 이용한 방향 설정, 고급 애니메이션의 애니메이션 추가/복사, 타이밍 지정 등 다양한 방법으로 수정이 가능합니다.

01 2020년 개체를 선택한 후 [애니메이션] 탭-[애니메이션] 그룹에서 [효과 옵션]을 클릭한 다음 [왼쪽 아래에서]를 클릭합니다.

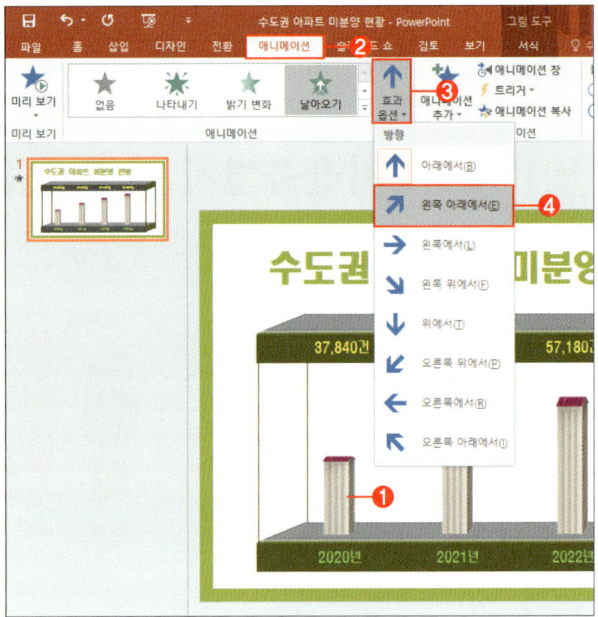

02 개체의 애니메이션 방향이 선택한 방향으로 변경되면 [애니메이션] 탭-[타이밍] 그룹에서 재생 시간(01:00)을 수정합니다.

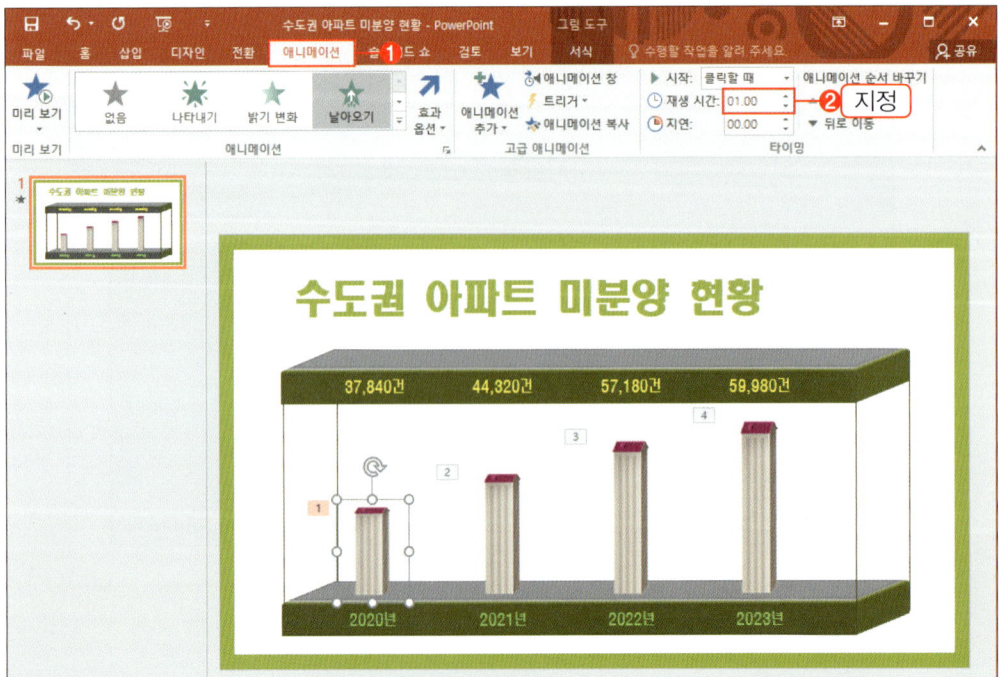

03 [애니메이션] 탭-[고급 애니메이션] 그룹에서 [애니메이션 추가]를 클릭한 후 ★[회전]을 클릭합니다.

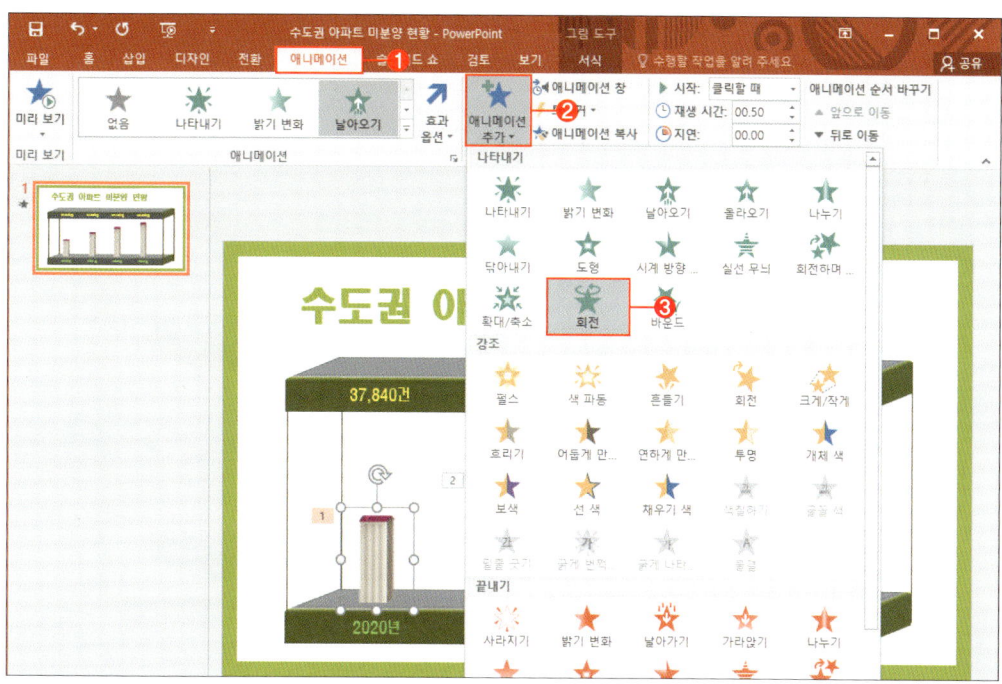

> *Tip*
> **애니메이션 추가**
> 개체에는 [애니메이션] 탭-[고급 애니메이션] 그룹에서 [애니메이션 추가]를 이용하여 하나 이상의 애니메이션을 지정할 수 있습니다.

04 선택된 개체에 회전 애니메이션이 추가로 지정됩니다.

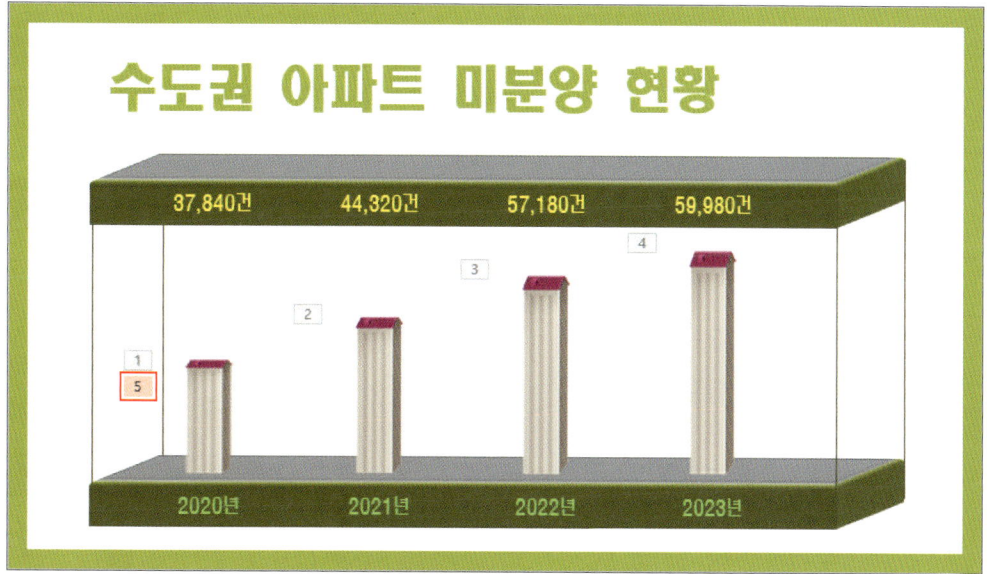

05 마지막 애니메이션이 선택된 상태에서 [애니메이션] 탭-[타이밍] 그룹에서 [앞으로 이동]을 3번 클릭하여 애니메이션의 순서를 두 번째로 변경합니다.

06 같은 방법으로 나머지 개체에도 애니메이션(회전)을 추가한 후 애니메이션 실행 순서를 변경합니다.

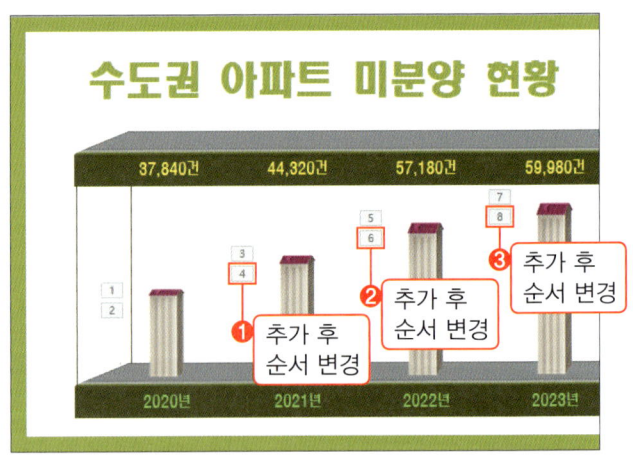

07 [애니메이션] 탭-[미리 보기] 그룹에서 ★[애니메이션 미리 보기]를 클릭하면 슬라이드에 지정된 모든 애니메이션을 순서대로 실행할 수 있습니다.

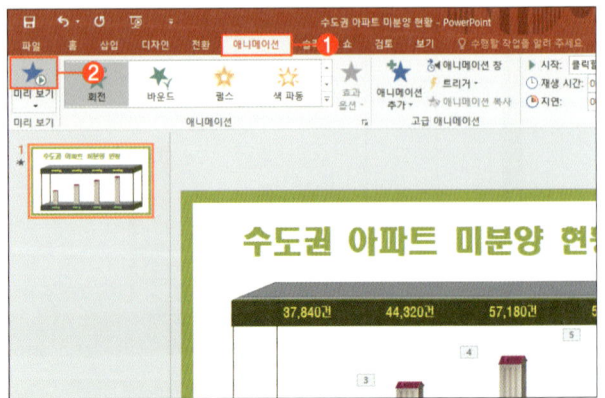

1 "인구 변동 추이" 문서에 다음과 같이 사용자 지정 애니메이션을 설정해 보세요.

❶ 애니메이션 시작(클릭할 때), 재생 시간(01:00)
❷ 애니메이션 시작(이전 효과 다음에), 재생 시간(01:00)

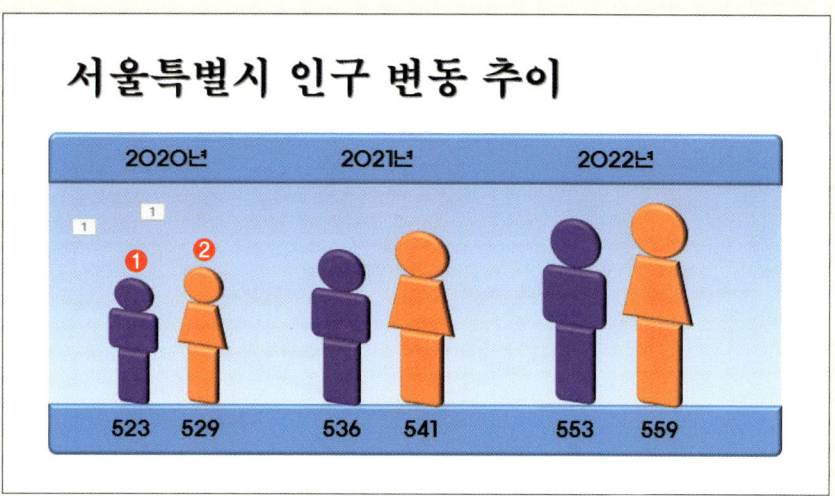

2 "업무진행 스케줄표" 문서에 다음과 같이 사용자 지정 애니메이션을 설정해 보세요.

❶ 애니메이션 시작(클릭할 때), 재생 시간(01:00)
❷ 애니메이션 시작(이전 효과 다음에), 재생 시간(01:00)

마무리 실전문제

1 "어린이 독서 치료" 문서에 다음과 같이 애니메이션을 지정해 보세요.

  ① 애니메이션(보색), 애니메이션 시작(클릭할 때), 재생 시간(01:00)
  ② 애니메이션(보색), 애니메이션 시작(이전 효과 다음에), 재생 시간(01:00)

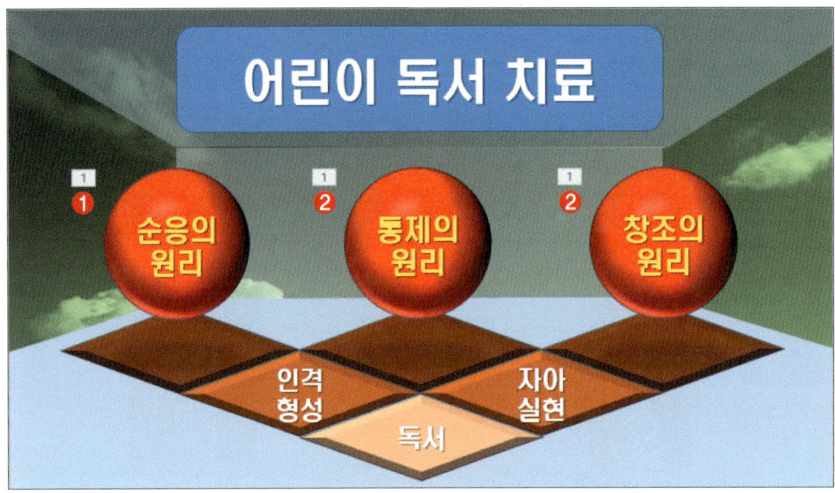

2 "목차만들기" 문서에 다음과 같이 애니메이션을 지정해 보세요.

  ① 애니메이션(흔들기), 애니메이션 시작(클릭할 때), 재생 시간(01:00)
  ② 애니메이션(흔들기), 애니메이션 시작(이전 효과 다음에), 재생 시간(01:00)

동영상 슬라이드로 청중들 시선 사로잡기

동영상은 제품이나 회사의 홍보 프레젠테이션을 사용할 경우 주로 사용하며, 기업이나 제품의 홍보 동영상 등 동영상 파일을 슬라이드가 시작할 때 삽입하거나 제품의 조작 방법 등을 동영상으로 작성하여 삽입하면 프레젠테이션의 효과가 매우 높아집니다.

Step 1 슬라이드에 동영상 삽입하기

동영상 삽입은 [삽입] 탭-[미디어 클립] 그룹에서 AVI, MPEG, ASF, WMC 등 다양한 형식의 파일을 삽입한 후 재생할 수 있습니다.

01 새 프레젠테이션 문서에 다음과 같이 작성합니다. 그런다음 [삽입] 탭-[미디어] 그룹에서 [비디오]를 클릭한 후 [내 PC의 비디오]를 클릭합니다.

- 슬라이드 레이아웃 : 제목만
- 글꼴(HY헤드라인M), 글꼴 크기(54)

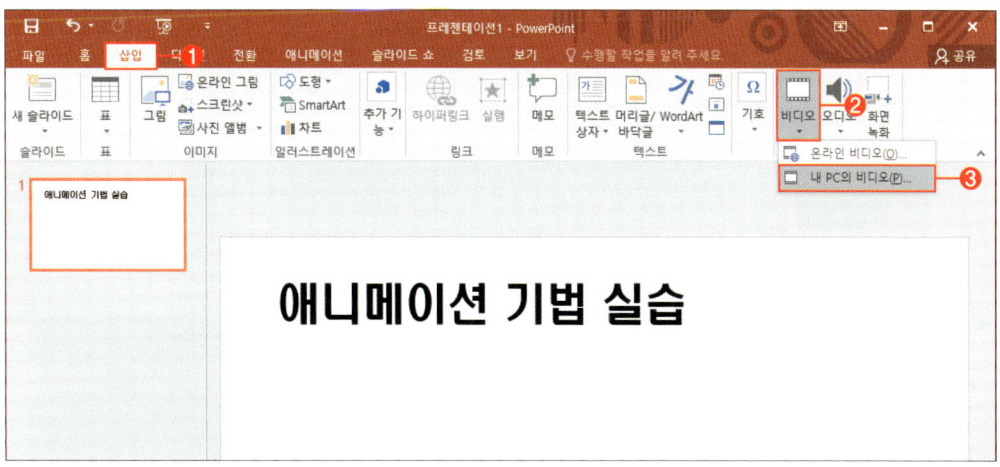

Tip

PC에 저장된 비디오에 연결
연결이 끊어지지 않도록 하려면 비디오를 프레젠테이션과 동일한 폴더로 복사한 후 연결하는 것이 좋습니다.

02 [비디오 삽입] 대화상자가 나타나면 위치((Lecture Note) 파워포인트 2016₩Part 3₩Chapter06)를 지정한 후 동영상 파일(동영상 1)을 선택한 다음 [삽입] 단추를 클릭합니다.

03 슬라이드에 선택한 동영상 파일이 삽입되면 크기 조절 및 위치를 이동합니다.

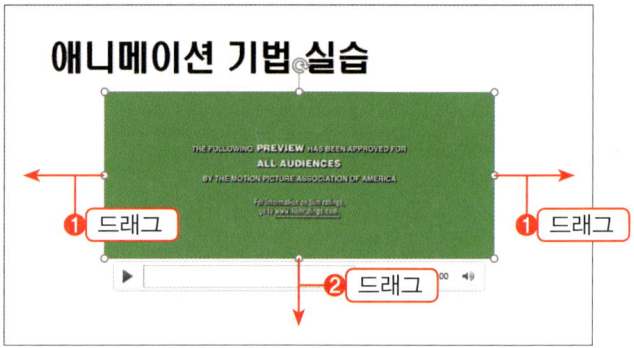

04 [비디오 도구] 정황 탭-[재생] 탭-[비디오 옵션] 그룹에서 시작 항목의 ▼[목록] 단추를 클릭한 후 [자동 실행]을 클릭합니다.

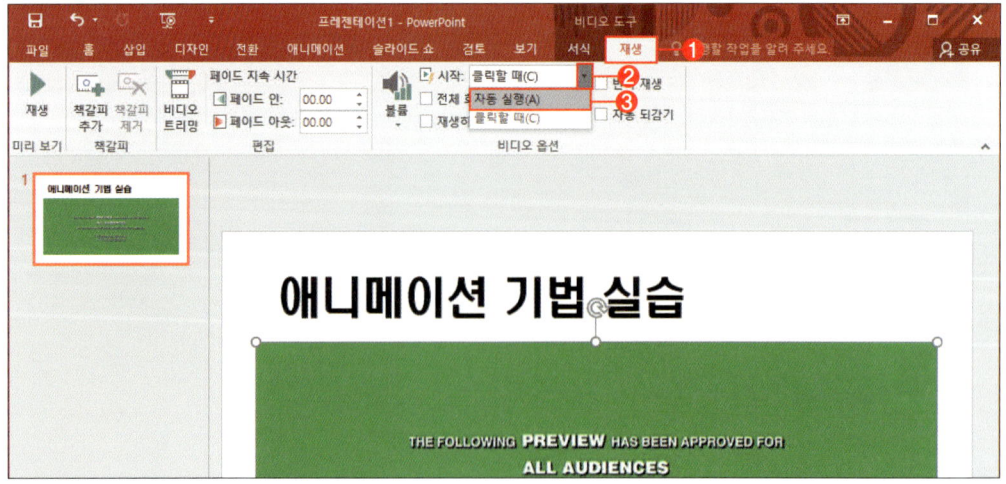

> **Tip**
>
> **실행 방법**
> • **자동 실행** : 슬라이드 쇼를 진행할 때 별도의 조작 없이 자동으로 동영상이 재생됩니다.
> • **클릭할 때** : 슬라이드 쇼를 진행할 때 동영상 부분을 클릭해야 재생됩니다.

▲ PLUS α

[비디오 도구] 정황 탭-[재생] 탭 살펴보기

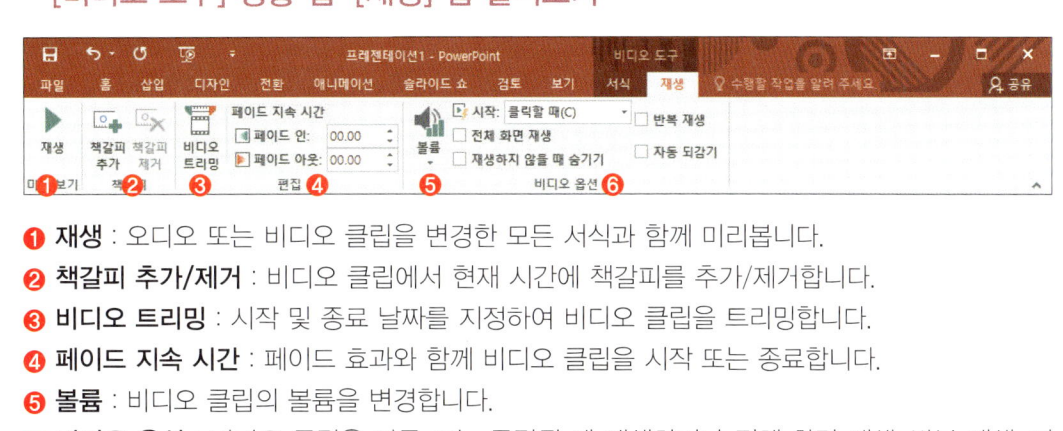

❶ **재생** : 오디오 또는 비디오 클립을 변경한 모든 서식과 함께 미리봅니다.
❷ **책갈피 추가/제거** : 비디오 클립에서 현재 시간에 책갈피를 추가/제거합니다.
❸ **비디오 트리밍** : 시작 및 종료 날짜를 지정하여 비디오 클립을 트리밍합니다.
❹ **페이드 지속 시간** : 페이드 효과와 함께 비디오 클립을 시작 또는 종료합니다.
❺ **볼륨** : 비디오 클립의 볼륨을 변경합니다.
❻ **비디오 옵션** : 비디오 클립을 자동 또는 클릭될 때 재생하거나 전체 화면 재생, 반복 재생, 자동 되감기, 재생하지 않을 때 숨기기 등을 지정합니다.

05 동영상에 비디오 스타일을 지정하기 위해 [비디오 도구] 정황 탭-[서식] 탭-[비디오 스타일] 그룹에서 ▽[자세히]를 클릭한 후 🖼[금속 프레임]을 클릭합니다.

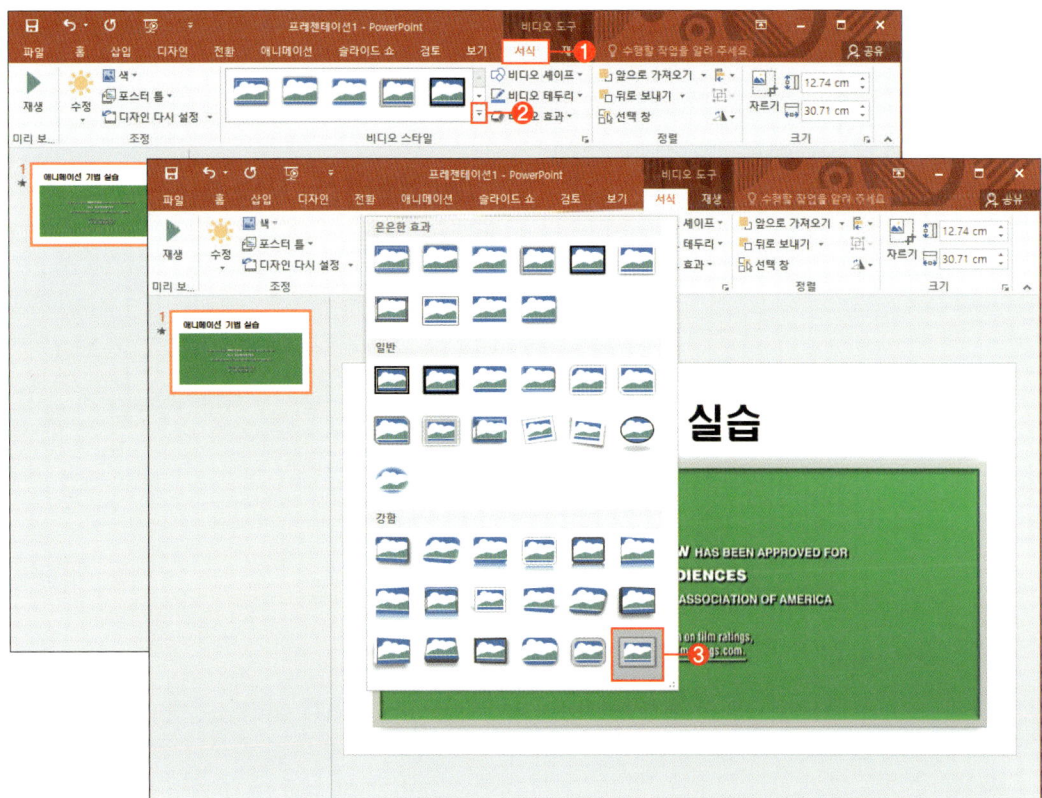

Chapter 06 동영상 슬라이드로 청중들 시선 사로잡기 **211**

06 동영상 개체에 스타일이 적용되면 [비디오 도구] 정황 탭–[서식] 탭–[미리 보기] 그룹에서 [재생]을 클릭하여 동영상이 재생되는지 확인합니다.

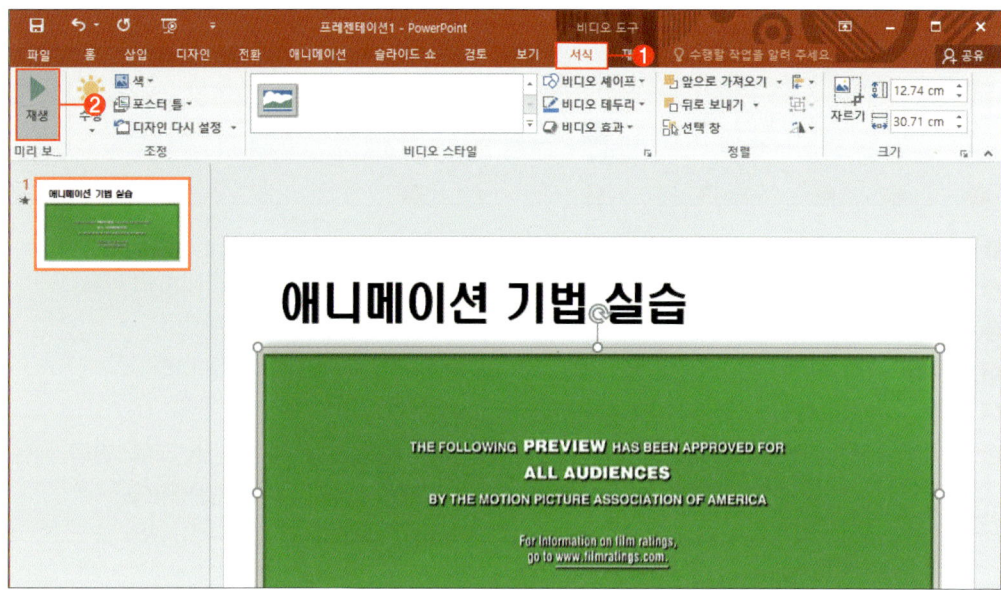

> Tip
> **동영상 재생**
> 동영상 개체의 아래에 표시된 [재생]을 클릭해도 동영상이 재생됩니다.

07 다음과 같이 애니메이션이 실행되는지 확인합니다.

▲ PLUS α

동영상 파일의 위치 살펴보기

프레젠테이션 문서에 삽입한 동영상 파일은 상대 경로를 읽어서 불러오는 방식을 사용합니다. 따라서 동영상 파일이 담긴 슬라이드를 저장 후 다른 장소 또는 다른 컴퓨터 환경으로 이동하여 재생하면 동영상 파일의 경로를 제대로 읽지 못해 재생이 되지 않을 수 있습니다. 그러므로 반드시 동영상 파일을 포함하여 이동하며, 파일의 경로를 정확하게 일치하도록 지정해야 합니다.

배운 내용을 확인하는!

1 새 프레젠테이션 문서를 열고 다음과 같이 작성해 보세요.

- 슬라이드(제목만), 테마(심플 테마), 글꼴(휴먼옛체), 글꼴 크기(54)
- 동영상 : [Chapter06] 폴더의 "반지의 제왕" 파일, 동영상 시작(자동 실행)
- 비디오 스타일(입체 프레임, 그라데이션) 지정 후 슬라이드 쇼 실행

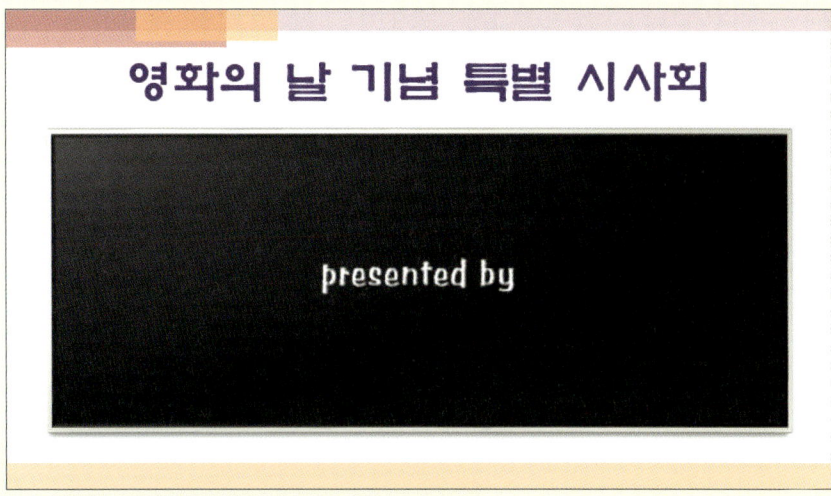

- 원하는 장면에 책갈피를 추가한 후 Alt + Home 과 Alt + End 를 이용하여 이동
- 동영상 시작(클릭할 때 재생), 전체 화면 재생 등을 지정 후 슬라이드 쇼 실행

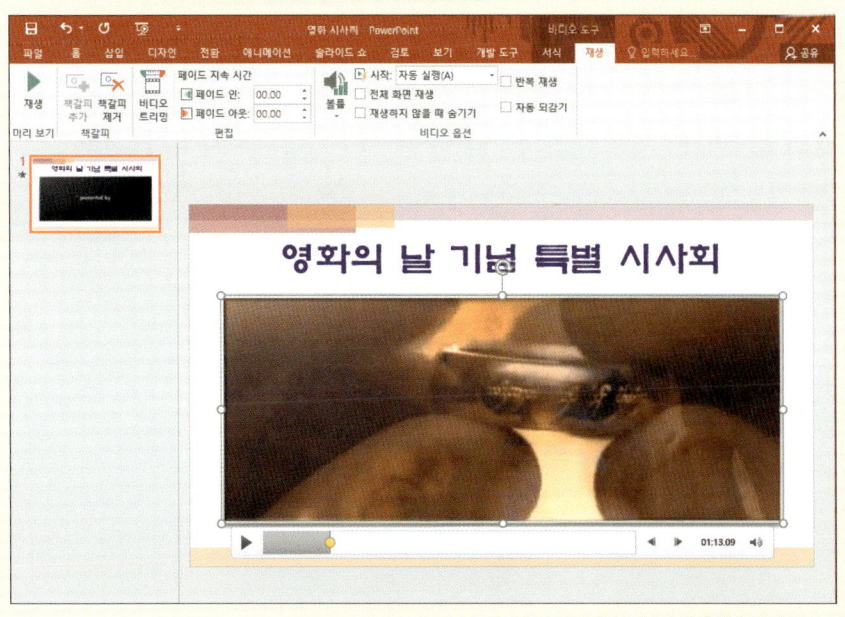

| Step 2 | ## 슬라이드에 윈도우 미디어 플레이어 삽입하기

동영상을 삽입하면 슬라이드 쇼를 실행했을 때 재생 화면만 보입니다. 그러면 동영상을 일시 정지, 재생, 정지, 볼륨 조절 등의 제어 기능을 할 수 없게 됩니다. 그럼 이번에는 동영상을 제어할 수 있는 윈도우 미디어 플레이어를 삽입하여 동영상을 재생할 수 있는 슬라이드를 작성해보겠습니다.

01 [홈] 탭-[슬라이드] 그룹에서 [새 슬라이드]를 클릭한 후 [제목만]을 클릭하여 슬라이드를 추가합니다.

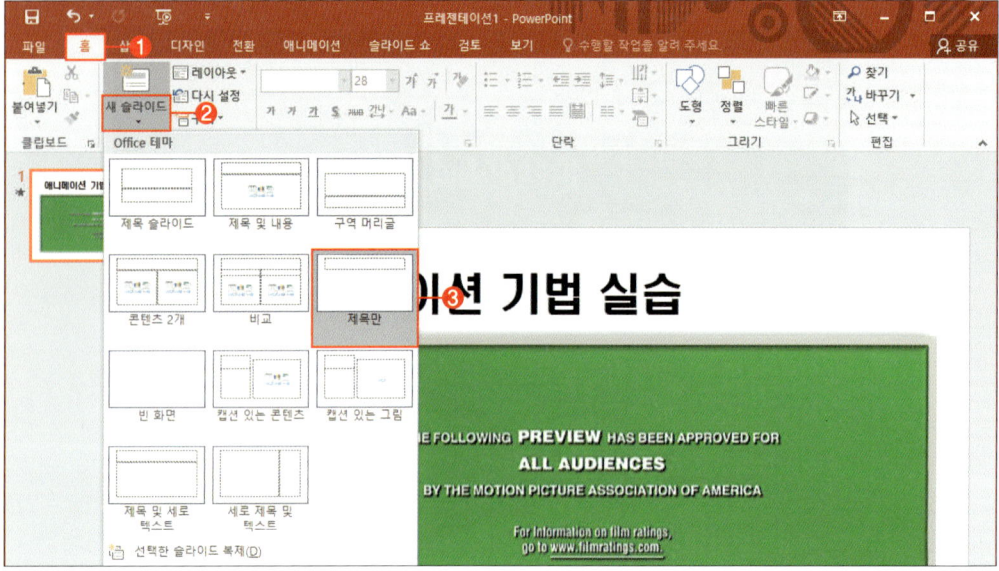

02 슬라이드가 추가되면 텍스트를 입력한 후 개체를 선택한 다음 [홈] 탭-[글꼴] 그룹에서 글꼴(HY헤드라인M) 및 글꼴 크기(54)를 지정합니다.

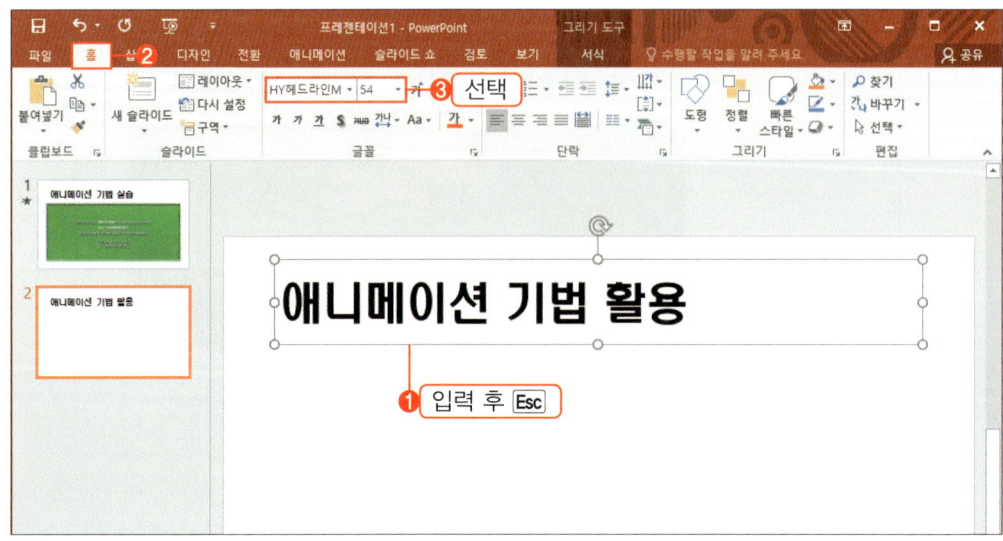

03 미디어 플레이어를 삽입하기 위해 [파일] 탭-[옵션]을 클릭합니다.

04 [PowerPoint 옵션] 대화상자가 나타나면 [리본 사용자 지정] 탭을 클릭한 후 [개발 도구]를 선택한 다음 [확인] 단추를 클릭합니다.

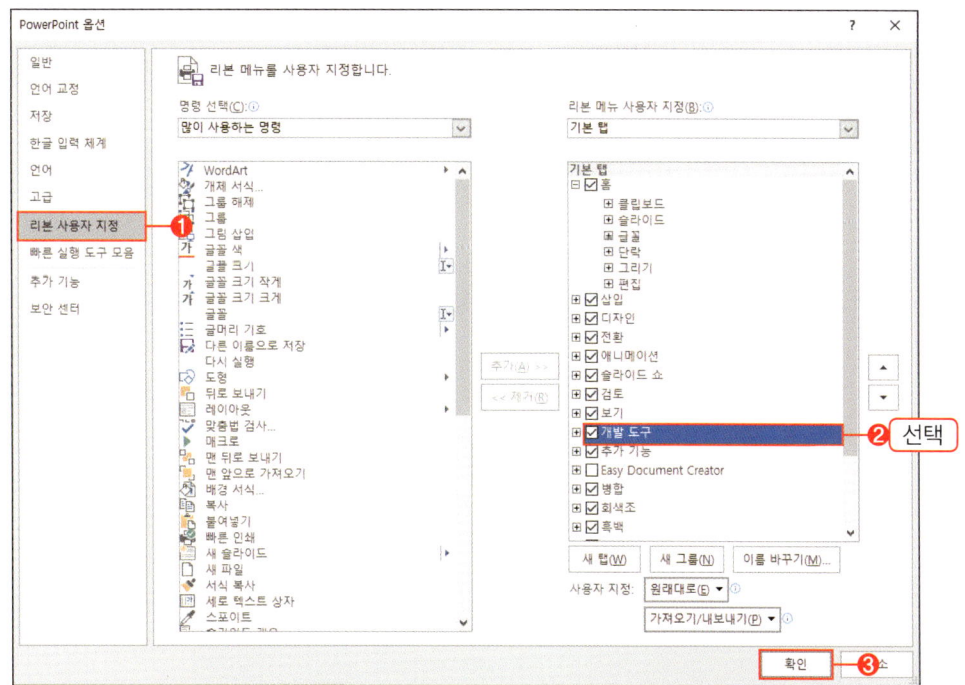

> **Tip**
>
> **[개발 도구] 탭**
> 리본 메뉴에서 바로 가기 메뉴의 [리본 메뉴 사용자 지정]을 클릭해도 [PowerPoint 옵션] 대화상자가 나타나며, [개발 도구] 탭에는 코드, 컨트롤, 수정 그룹이 생성됩니다.

05 리본 메뉴에 [개발 도구] 탭이 추가되면 [개발 도구] 탭-[컨트롤] 그룹에서 [기타 컨트롤]을 클릭합니다.

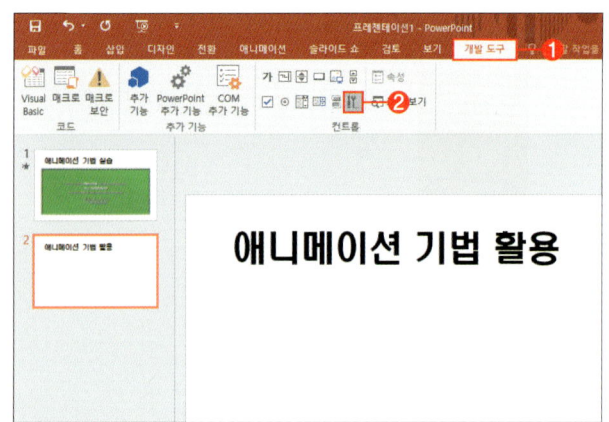

06 [기타 컨트롤] 대화상자가 나타나면 [Windows Media Player]를 클릭한 후 [확인] 단추를 클릭합니다.

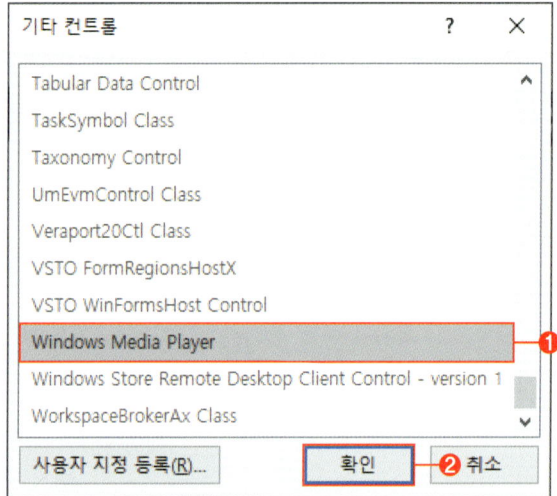

07 마우스 포인터 모양이 + 모양으로 변경되면 드래그하여 윈도우 미디어 플레이어를 삽입합니다.

08 재생할 파일을 불러오기 위해 [개발 도구] 탭-[컨트롤] 그룹에서 [속성]을 클릭합니다.

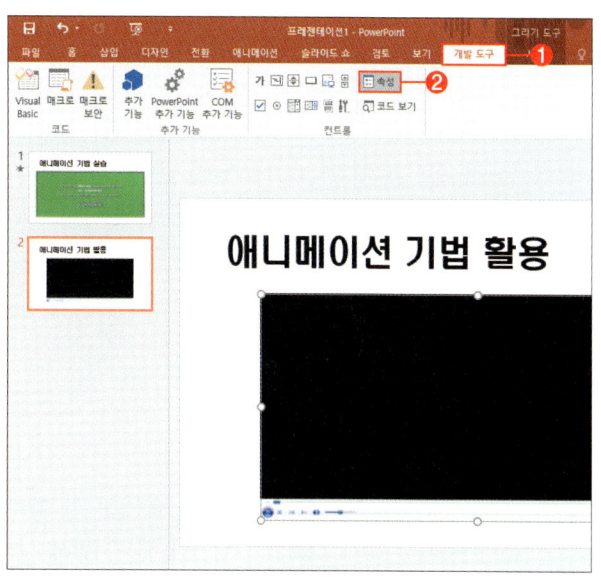

09 [속성] 대화상자가 나타나면 [사용자 정의]를 선택한 후 오른쪽 ... 단추를 클릭합니다. 그런다음 [Windows Media Player 속성] 대화상자가 나타나면 [찾아보기] 단추를 클릭합니다.

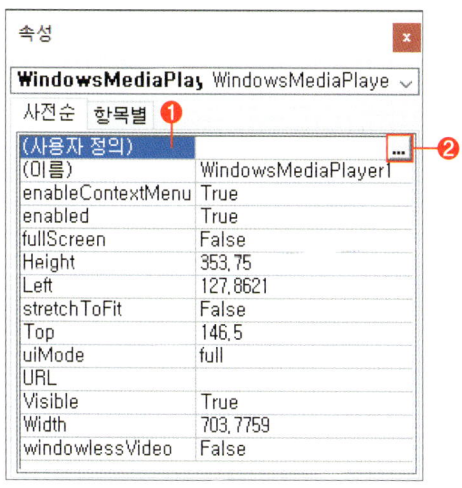 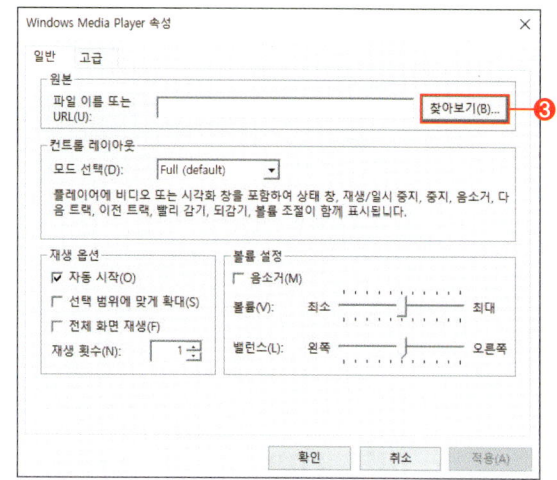

Tip

모드 선택

- **None** : 플레이어 컨트롤이 없으며 비디오 또는 시각화 창만 표시됩니다.
- **Mini** : 플레이어에 비디오 또는 시각화 창을 포함하여 상태 창, 재생/일시 중지, 중지, 음소거, 볼륨 조절이 함께 표시됩니다.
- **Full (default)** : 플레이어에 비디오 또는 시각화 창을 포함하여 상태 창, 재생/일시 중지, 중지, 음소거, 다음 트랙, 이전 트랙, 빨리 감기, 되감기, 볼륨 조절이 함께 표시됩니다.
- **Invisible** : 플레이어에 컨트롤이 없으며 비디오 또는 시각화 창, 기타 사용자 인터페이스가 표시되지 않습니다.

10 [열기] 대화상자가 나타나면 위치((Lecture Note) 파워포인트 2016₩Part 3₩Chapter06)를 지정한 후 동영상 파일(동영상2)을 선택한 다음 [열기] 단추를 클릭합니다.

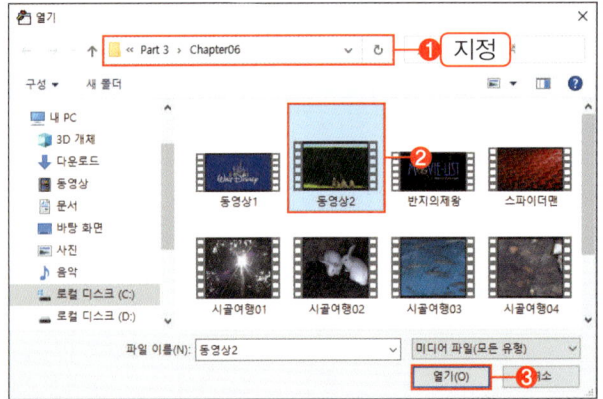

11 [Windows Media Player 속성] 대화상자가 다시 나타나면 [확인] 단추를 클릭합니다. 그런다음 [속성] 대화상자에서 ⊠[닫기]를 클릭합니다.

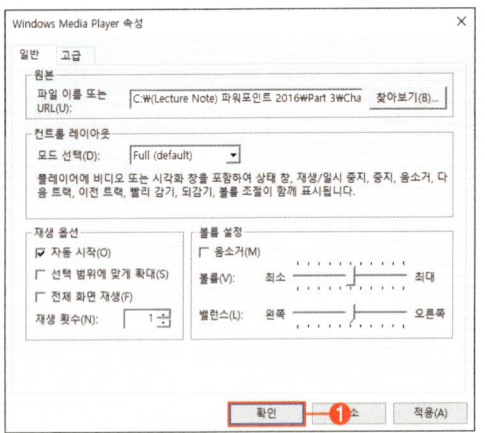 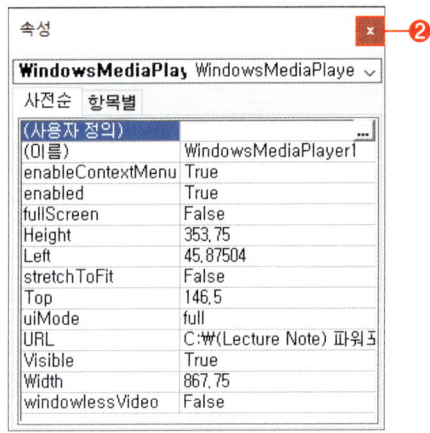

12 미디어 플레이어에 선택한 동영상이 연결되면 Shift+F5를 눌러 현재 슬라이드부터 슬라이드 쇼를 진행하여 동영상이 재생되는지 확인합니다.

배운 내용을 확인하는!

1 새 프레젠테이션 문서에 다음과 같이 작성해 보세요.

- 슬라이드(제목만), 글꼴(휴먼엑스포), 글꼴 크기(54), 텍스트 그림자
- 윈도우 미디어 플레이어를 슬라이드에 표시한 후 [Chapter06] 폴더의 "스파이더맨" 파일을 삽입하여 재생

- 도형(모서리가 둥근 직사각형)을 삽입한 후 도형 스타일(미세 효과 – 검정, 어둡게 1)을 지정, 맨 뒤로 보내기

마무리 실전문제

1 새 프레젠테이션 문서에 동영상 파일을 삽입해 보세요.

- 디자인 테마(줄기), 글꼴(HY목각파임B), 글꼴 크기(54), 텍스트 그림자
- 동영상 : [동영상] 폴더의 '시골여행01'~'시골여행06' 파일을 순서대로 삽입, 클릭하여 재생
- 동영상 스타일 : [바깥쪽 그림자 사각형]

- 비디오 트리밍을 이용하여 동영상의 원하는 부분만 재생 설정(동영상의 시작 및 끝 지정 수정)
- 6개의 동영상 중 원하는 동영상을 클릭하면 해당 동영상이 전체 화면에서 재생되도록 수정

 슬라이드 마스터 작성하기

슬라이드 마스터는 프레젠테이션을 구성하는 슬라이드의 배경 및 서식, 머리글/바닥글, 페이지 번호 등을 한꺼번에 설정해 놓는 기능입니다. 프레젠테이션을 제작하기 전에 슬라이드 마스터를 구성하면 프레젠테이션의 제목 슬라이드, 각 본문 슬라이드의 배경 및 서식 등이 자동으로 설정되어 편리하게 슬라이드를 만들 수 있습니다.

Step 1 슬라이드 마스터에서 디자인 테마 수정하기

슬라이드 마스터의 서식을 지정할 때 배경이나 개체 틀의 서식을 직접 지정하지 않고 테마로 만들어져 있는 디자인 서식을 적용하면 빠르게 슬라이드 마스터를 작성할 수 있습니다.

01 새 프레젠테이션 문서에 다음과 같이 작성합니다.

▲ 1번 제목 슬라이드

커피와 건강
rexmedia

▲ 2번 제목 및 내용 슬라이드

커피의 효과
• 위암 예방 효과
• 간암 예방 효과
• 혈압 강화 효과
• 계산력 향상 효과
• 다이어트 효과
• 음주 후 숙취 방지와 해소
• 입냄새의 예방

▲ 3번 제목 및 내용 슬라이드

커피의 부작용
• 숙면 방해
• 피로 증가
• 위장 장애 유발
• 심근 경색 유발
• 콜레스테롤 수치 증가
• 탈수 현상
• 불임, 조산 유발

▲ 4번 제목 및 내용 슬라이드

커피와 다이어트?
• 카페인은 인체에 에너지 소비량을 10% 정도 증가시켜 비만을 방지함
• 커피에 타 마시는 설탕, 크림은 당분과 고지방질로 구성되어 다이어트에는 좋지 않음
• 커피를 어떻게 마시는가?(다이어트의 핵심)

02 슬라이드 마스터를 편집하기 위해 [보기] 탭-[마스터 보기] 그룹에서 [슬라이드 마스터]를 클릭합니다.

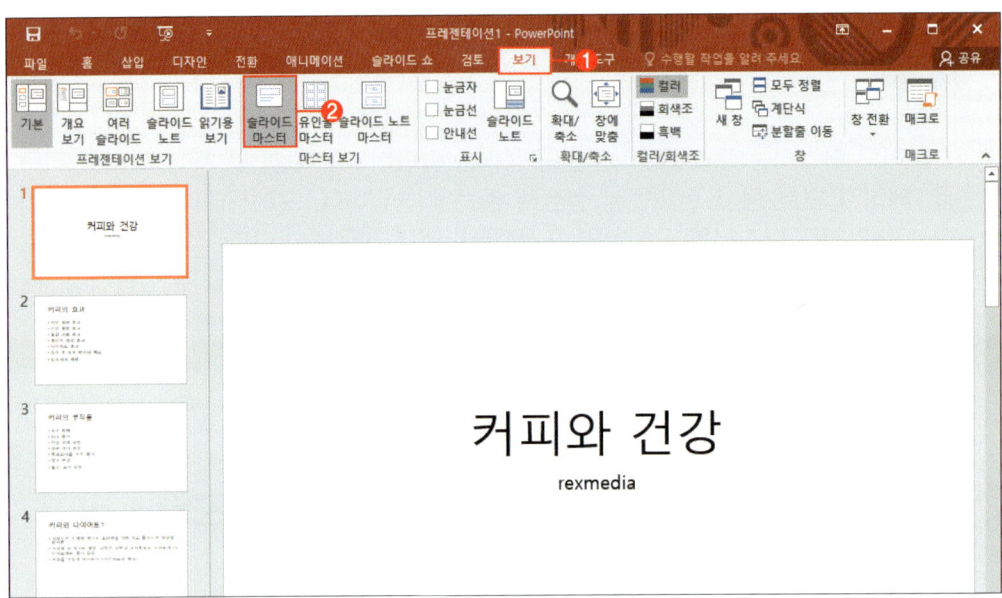

03 슬라이드 마스터 편집화면으로 변경되면 개요 및 슬라이드 창에서 [Office 테마 슬라이드 마스터: 슬라이드 1-4에서 사용]을 클릭합니다.

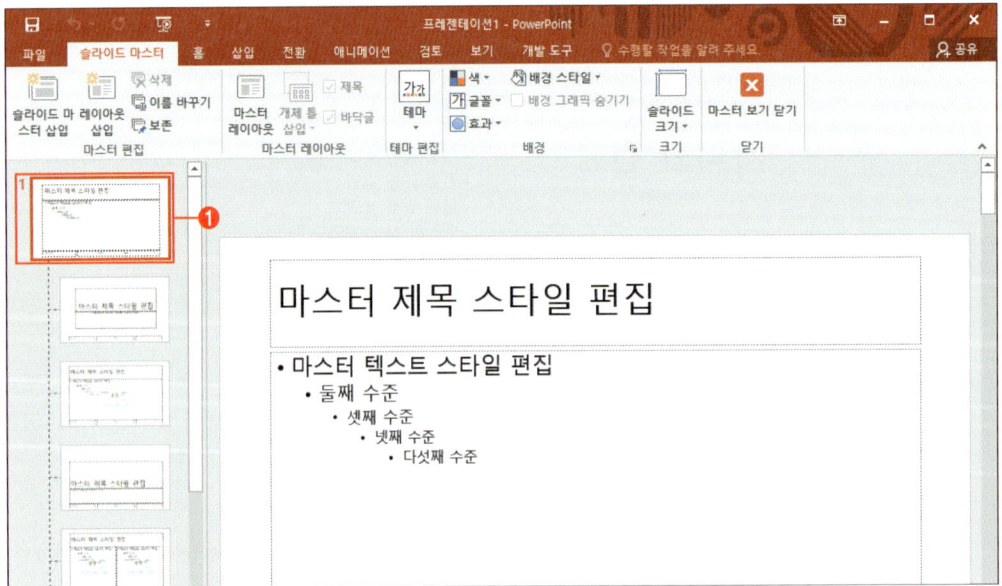

> **Tip**
>
> **마스터 슬라이드**
> - 창 왼쪽의 축소판 그림 창에서 맨 위에 있는 슬라이드입니다.
> - 슬라이드 마스터를 편집하면 해당 마스터에 기반한 모든 슬라이드에 변경 내용이 포함됩니다.

슬라이드 마스터 알아보기

슬라이드 마스터는 제목 및 본문 슬라이드의 서식을 지정할 때 사용하며, 기본적으로 하나의 슬라이드 마스터에 11가지의 레이아웃을 포함하고 있습니다.

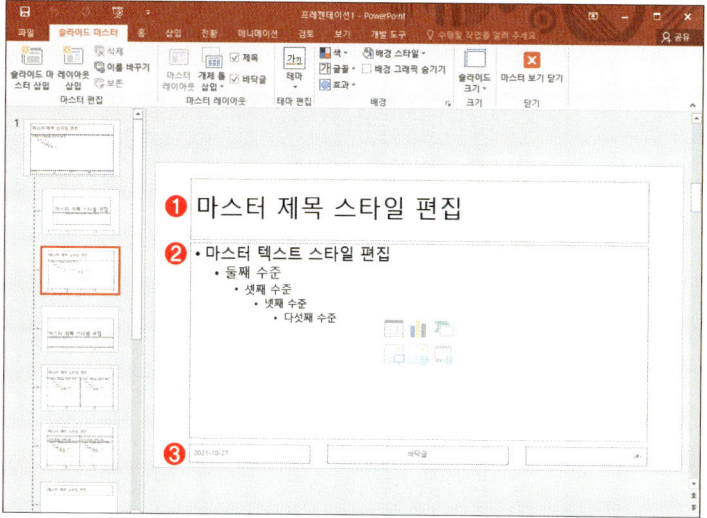

❶ **제목 영역** : 각 슬라이드에 제목으로 사용할 텍스트의 서식을 지정합니다.
❷ **개체 영역** : 각 슬라이드에 본문으로 사용할 텍스트의 서식을 지정합니다.
❸ **날짜/시간, 바닥글, 번호 영역** : 각 슬라이드에 표시되는 날짜/시간, 바닥글, 페이지 번호 등의 서식을 지정합니다.

04 디자인 테마를 수정하기 위해 [슬라이드 마스터] 탭-[테마 편집] 그룹에서 [테마]를 클릭한 후 [이온]을 클릭합니다.

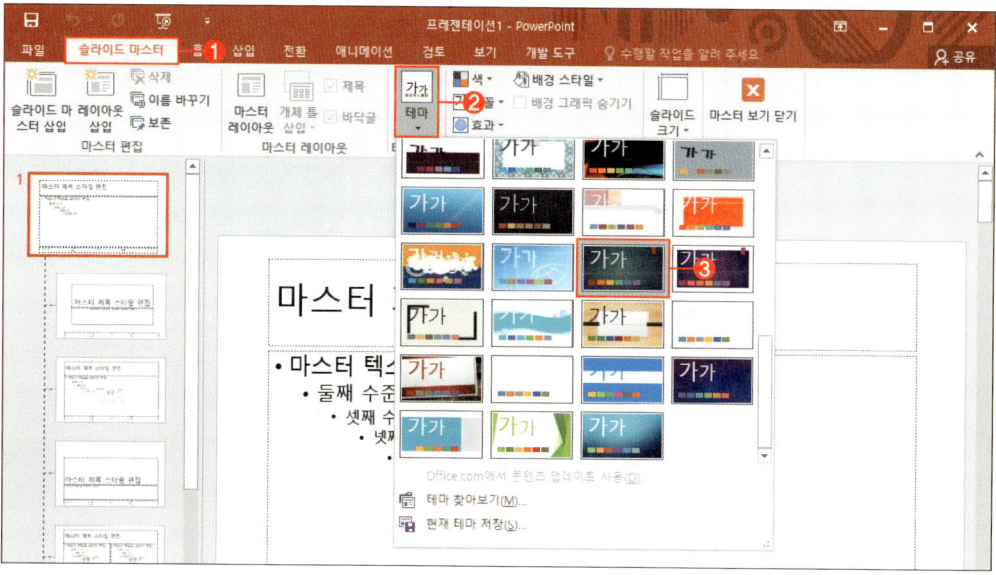

Chapter 07 슬라이드 마스터 작성하기 **223**

[슬라이드 마스터] 정황 탭-[디자인] 탭 살펴보기

❶ **슬라이드 마스터 삽입** : 프레젠테이션에 새 슬라이드 마스터를 삽입합니다.
❷ **레이아웃 삽입** : 슬라이드 마스터에 사용자 지정 레이아웃을 삽입합니다.
❸ **삭제** : 선택한 슬라이드 마스터 레이아웃을 삭제합니다.
❹ **이름 바꾸기** : 사용자 지정 슬라이드 마스터 레이아웃의 이름을 변경합니다.
❺ **보존** : 선택한 슬라이드 마스터를 사용하지 않더라도 프레젠테이션에 그대로 있도록 유지합니다.
❻ **마스터 레이아웃** : 슬라이드 마스터에 포함할 요소를 편집합니다.
❼ **개체 틀 삽입** : 여러 가지 개체 틀을 삽입합니다.
❽ **제목/바닥글** : 제목/바닥글 개체 틀을 표시하거나 삭제합니다.
❾ **테마** : 슬라이드 마스터의 테마를 설정합니다.
❿ **테마 색** : 슬라이드 마스터의 테마 색을 설정합니다.
⓫ **테마 글꼴** : 슬라이드 마스터의 테마 글꼴을 설정합니다.
⓬ **테마 효과** : 슬라이드 마스터의 테마 효과를 설정합니다.
⓭ **배경 스타일** : 현재 적용된 테마의 배경 스타일을 지정합니다.
⓮ **배경 그래프 숨기기** : 선택한 테마에 포함된 배경 그래픽을 숨깁니다.
⓯ **슬라이드 크기** : 슬라이드 크기를 설정합니다.
⓰ **마스터 보기 닫기** : 슬라이드 마스터 편집 화면을 닫습니다.

03 슬라이드에 디자인 테마가 적용되면 테마 색을 수정하기 위해 [슬라이드 마스터] 탭-[배경] 그룹에서 [색]을 클릭한 후 [주황]을 클릭합니다.

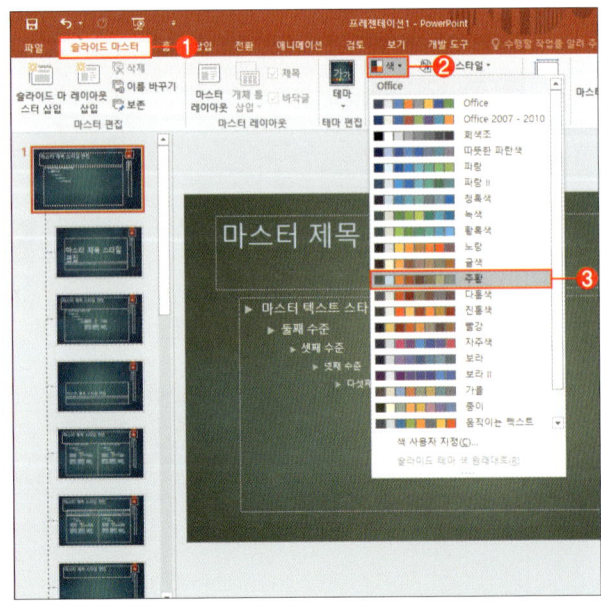

04 [슬라이드 마스터] 탭-[배경] 그룹에서 [글꼴]을 클릭한 후 [Franklin Gothic]를 클릭합니다.

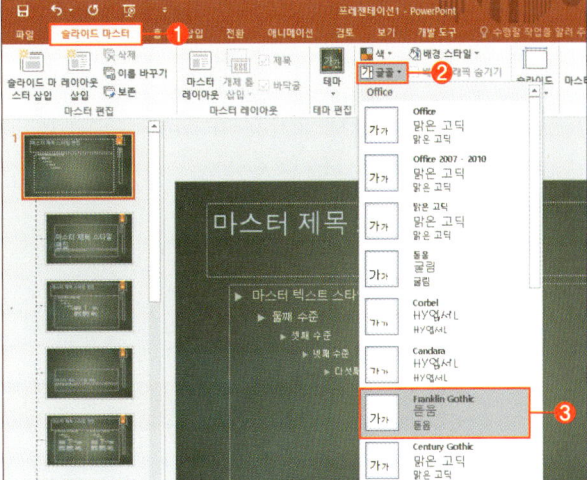

Tip

테마 글꼴
제목 및 본문 글꼴을 돋움으로 변경합니다.

05 제목 개체를 선택한 후 [홈] 탭-[글꼴] 그룹에서 글꼴 크기(48)를 선택한 다음 **가**[굵게]와 **S**[텍스트 그림자]를 선택합니다.

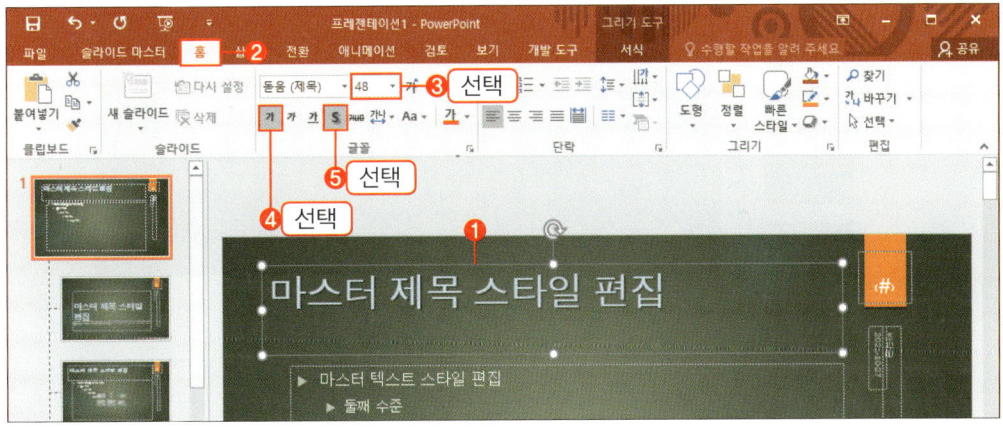

06 슬라이드 마스터 디자인을 모두 수정했으면 [슬라이드 마스터] 탭-[닫기] 그룹에서 [마스터 보기 닫기]를 클릭합니다.

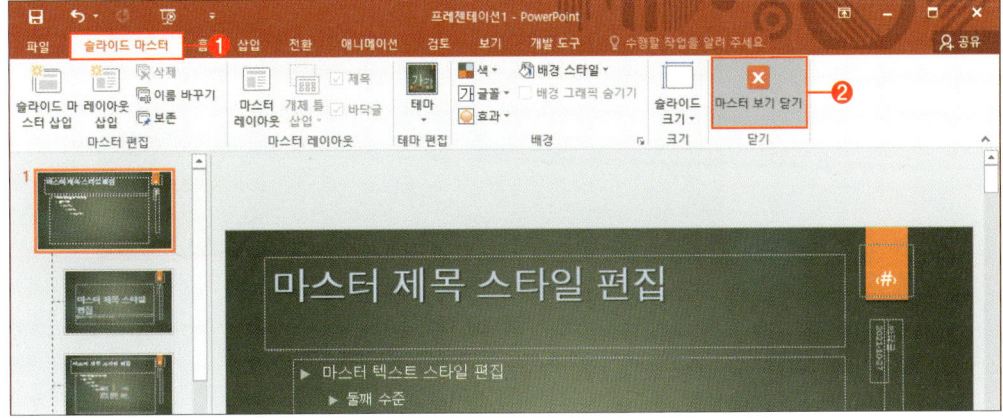

 **배운 내용을 확인하는!**

① 새 프레젠테이션 문서에 슬라이드 마스터를 이용하여 다음과 같이 작성한 후 "도서소개"로 저장해 보세요.

- 디자인 테마(베를린), 테마 색(보라),
  테마 글꼴(Consolas-Verdana, HY중고딕, 굴림)
- 내용 개체 : 글꼴 크기 크게 1번 클릭

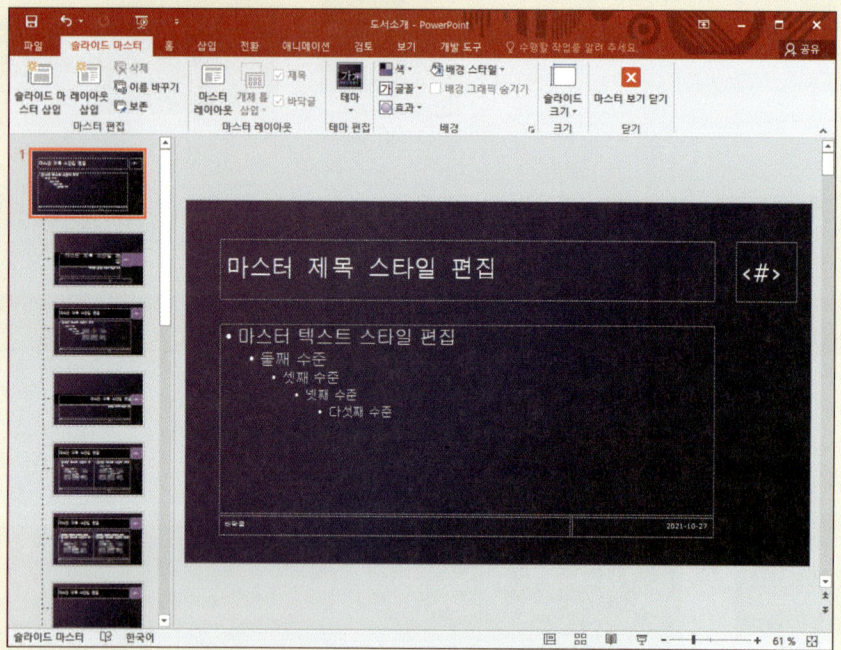

| Step 2 | **슬라이드 마스터에 도형 및 페이지 번호 삽입하기**

마스터 슬라이드에는 그림을 이용하여 회사 로고를 삽입한다거나 도형을 이용하여 제목 슬라이드를 꾸미는 등 다양하게 수정이 가능합니다. 또한 페이지 번호를 삽입하여 슬라이드가 삽입될 때마다 해당 슬라이드에 페이지 번호가 증가하도록 설정이 가능합니다.

01 마스터 슬라이드를 편집하기 위해 [보기] 탭-[마스터 보기] 그룹에서 [슬라이드 마스터]를 클릭합니다.

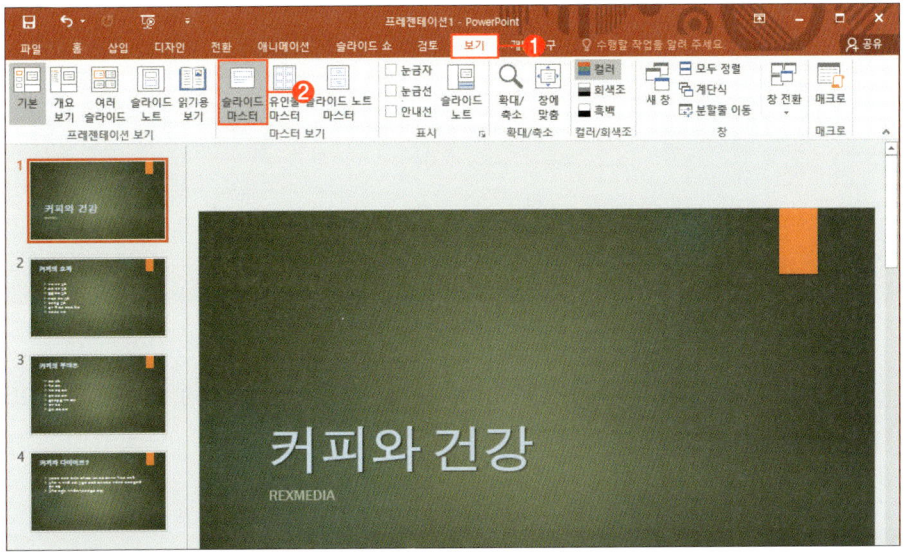

02 슬라이드 마스터 편집화면으로 변경되면 개요 및 슬라이드 창에서 [이온 슬라이드 마스터: 슬라이드 1-4에서 사용]을 클릭한 후 [삽입] 탭-[일러스트레이션] 그룹에서 [도형]을 클릭한 다음 ▢[빗면]을 클릭합니다.

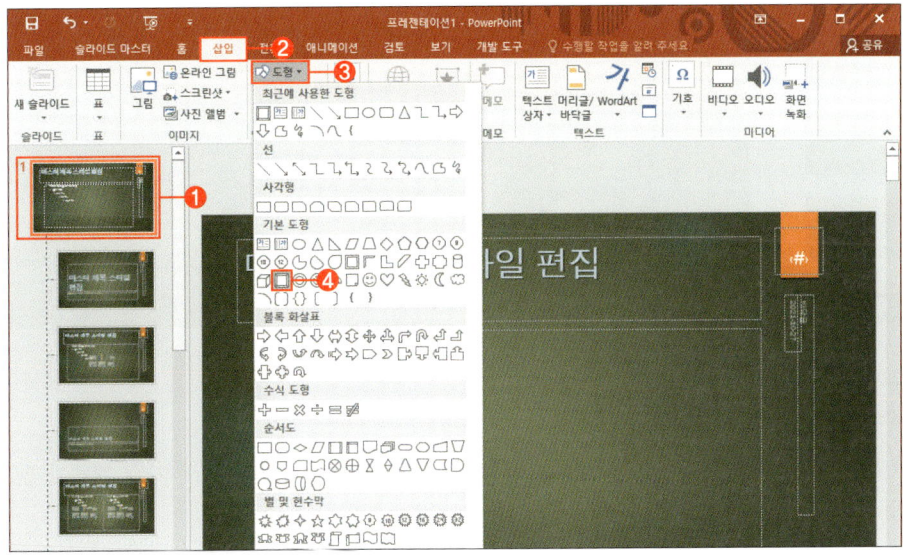

Chapter 07 슬라이드 마스터 작성하기 **227**

03 마우스 포인터 모양이 + 모양으로 변경되면 다음과 같이 드래그하여 제목 개체 부분에 도형을 삽입합니다.

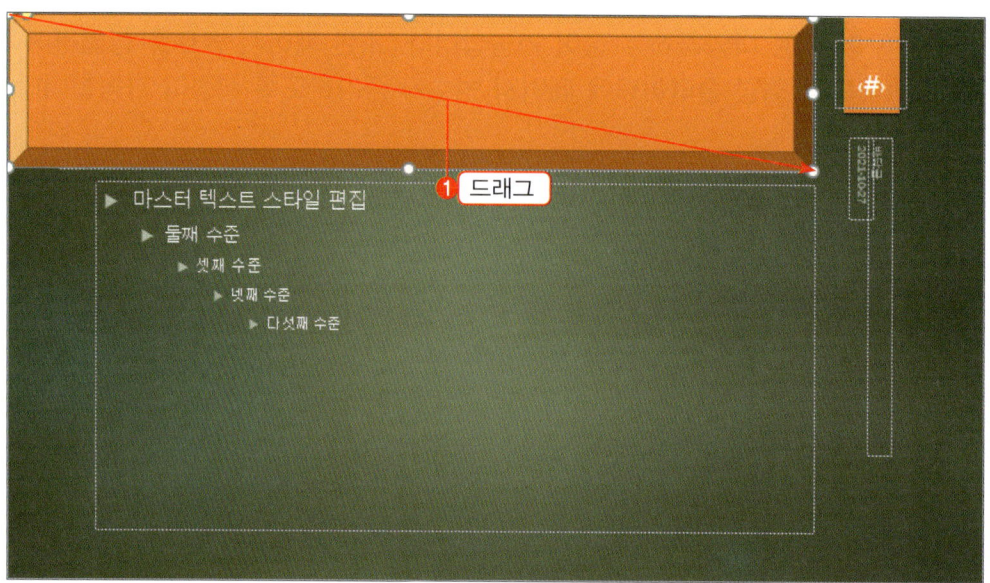

04 삽입된 도형의 정렬 순서를 변경하기 위해 도형이 선택된 상태에서 [그리기 도구] 정황 탭-[서식] 탭-[정렬] 그룹에서 [뒤로 보내기]의 [목록] 단추를 클릭한 후 [맨 뒤로 보내기]를 클릭합니다.

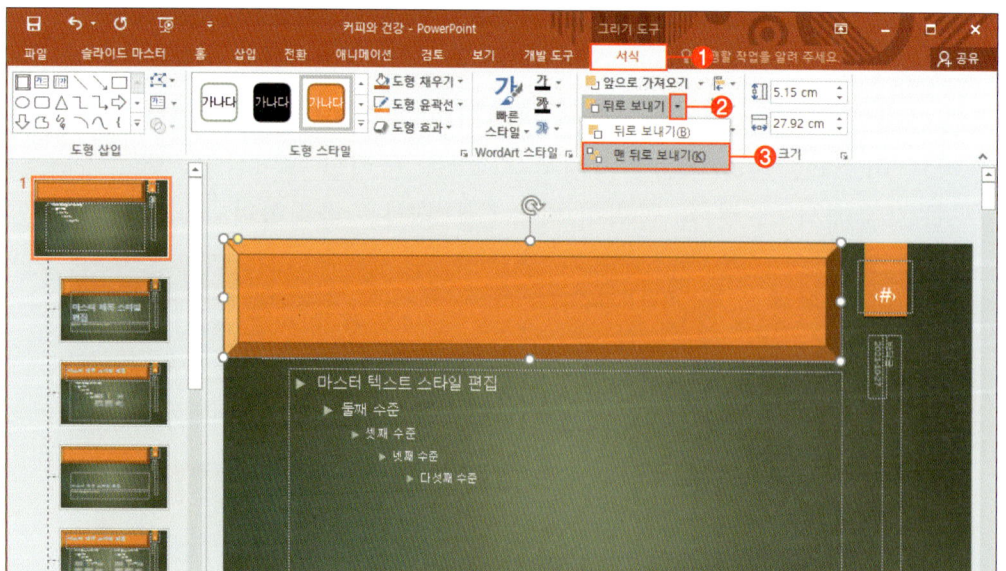

Tip

개체 정렬 및 이동
슬라이드 개체는 삽입한 순서에 따라 슬라이드에 배치되며, 가장 최근에 추가된 개체가 맨 위로 올라옵니다. 정렬 그룹에서 다시 정렬할 수 있습니다.

05 제목 슬라이드에는 도형이 표시되지 않게 하기위해 개요 및 슬라이드 창에서 [제목 슬라이드 레이아웃: 슬라이드 1에서 사용]을 클릭한 후 [슬라이드 마스터] 탭-[배경] 그룹에서 [배경 그래픽 숨기기]를 선택합니다.

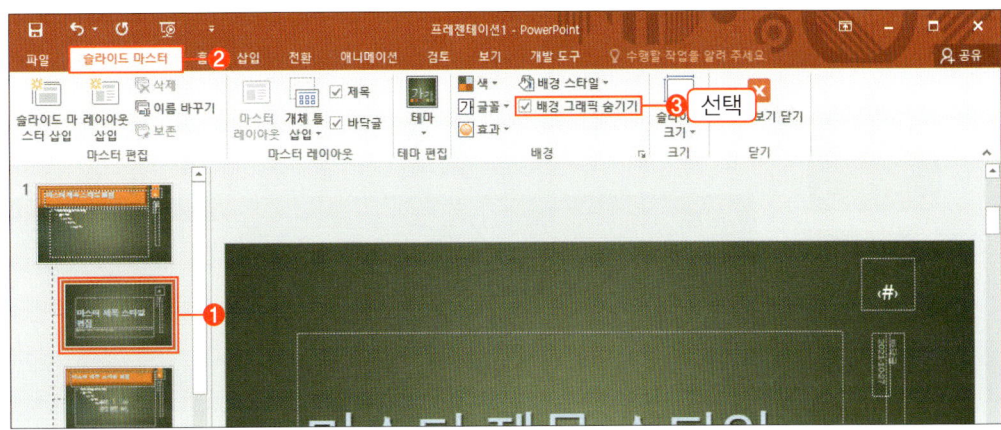

06 모든 슬라이드마다 페이지 번호를 삽입하기 위해 [삽입] 탭-[텍스트] 그룹에서 [머리글/바닥글]을 클릭합니다.

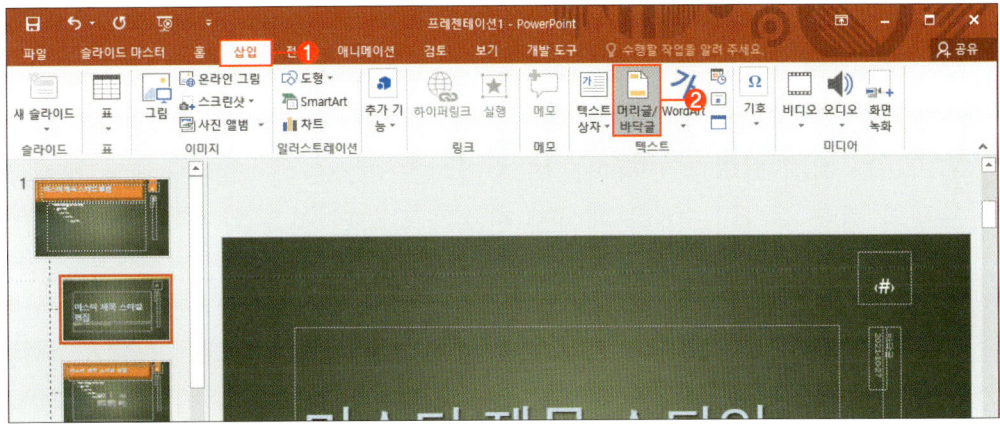

07 [머리글/바닥글] 대화상자가 나타나면 [슬라이드 번호]를 선택한 후 [제목 슬라이드에는 표시 안 함]을 선택한 다음 [모두 적용] 단추를 클릭합니다.

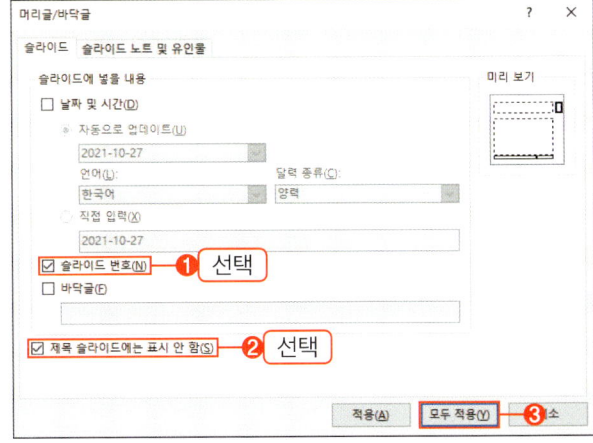

08 슬라이드 마스터 디자인을 모두 수정했으면 [슬라이드 마스터] 탭-[닫기] 그룹에서 [마스터 보기 닫기]를 클릭합니다.

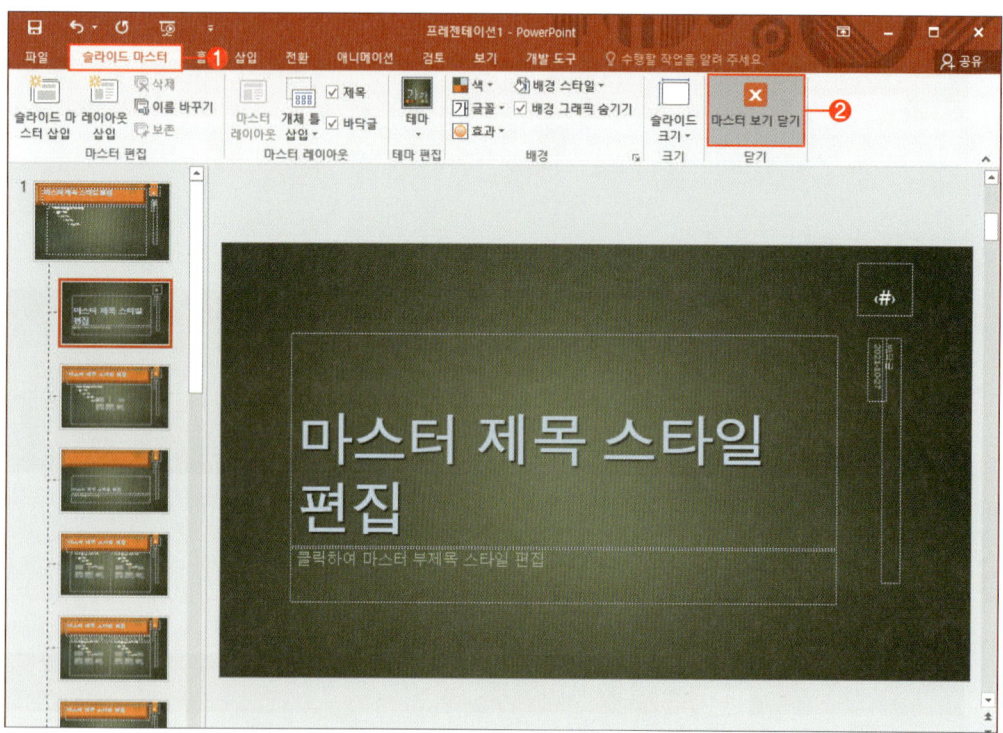

09 슬라이드 편집 화면으로 돌아오면 슬라이드 마스트에 적용한 제목 개체 부분에 도형과 해당 슬라이드마다 페이지 번호가 삽입된 것을 확인할 수 있습니다.

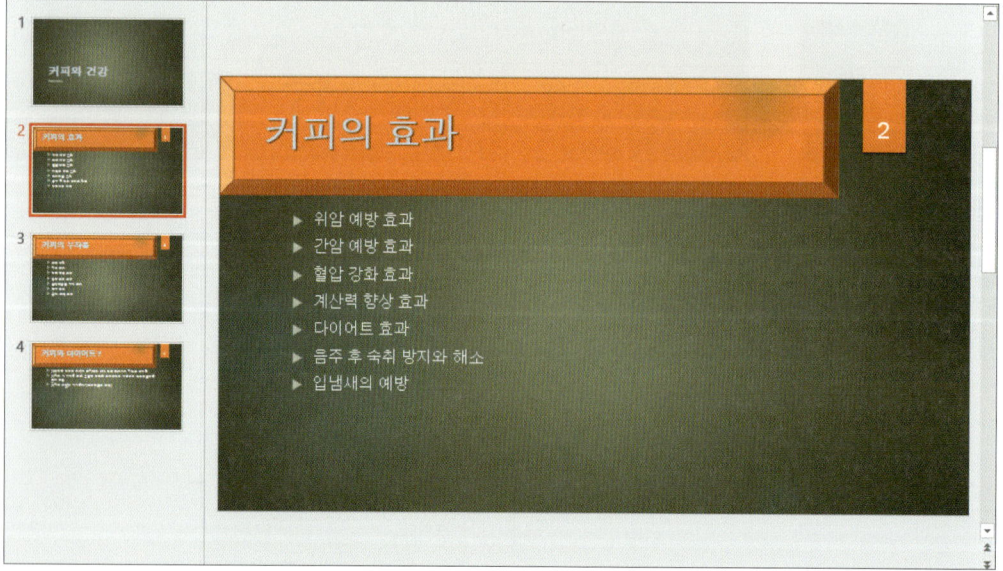

배운 내용을 확인하는!

1 "도서소개" 문서를 열고 슬라이드 마스터를 다음과 같이 수정한 후 제목 및 내용 슬라이드를 작성해 보세요.

- 텍스트 상자 : 글꼴(돋움), 글꼴 크기(20), 텍스트 그림자
- 그림 : logo.jpg, 그림 스타일(반사형 모서리가 둥근 직사각형)
- 제목 슬라이드 레이아웃 : 배경 그래픽 숨기기

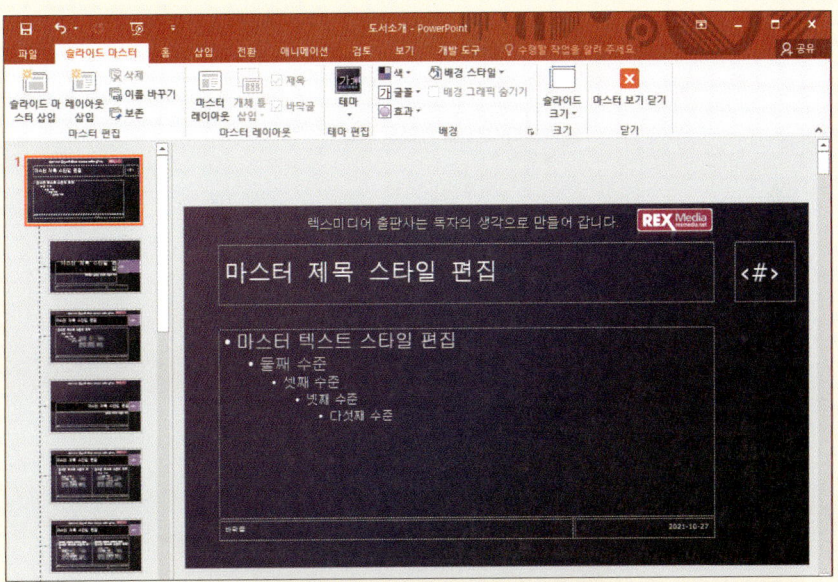

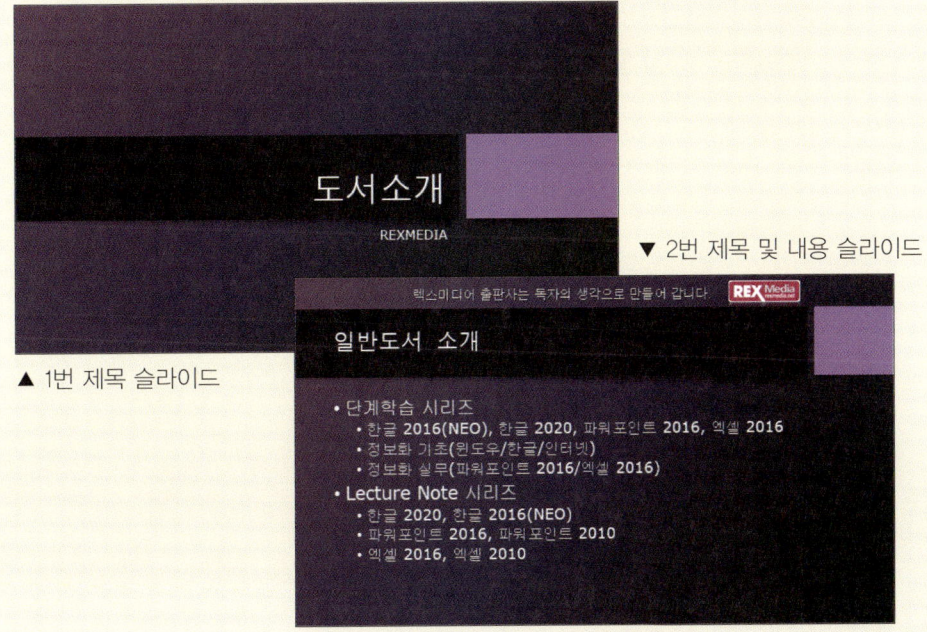

▲ 1번 제목 슬라이드

▼ 2번 제목 및 내용 슬라이드

마무리 실전문제

1 새 프레젠테이션 문서에 다음과 같이 슬라이드 마스터를 작성해 보세요.

- Office 테마 슬라이드 마스터 : 그림 삽입(Master2.jpg) 후 맨 뒤로 보내기
- 제목 슬라이드 레이아웃 : 그림 삽입(Master1.jpg) 후 맨 뒤로 보내기, 배경 그래픽 숨기기
- 그림 글머리 기호를 이용하여 결과 화면과 같이 글머리 기호 수정

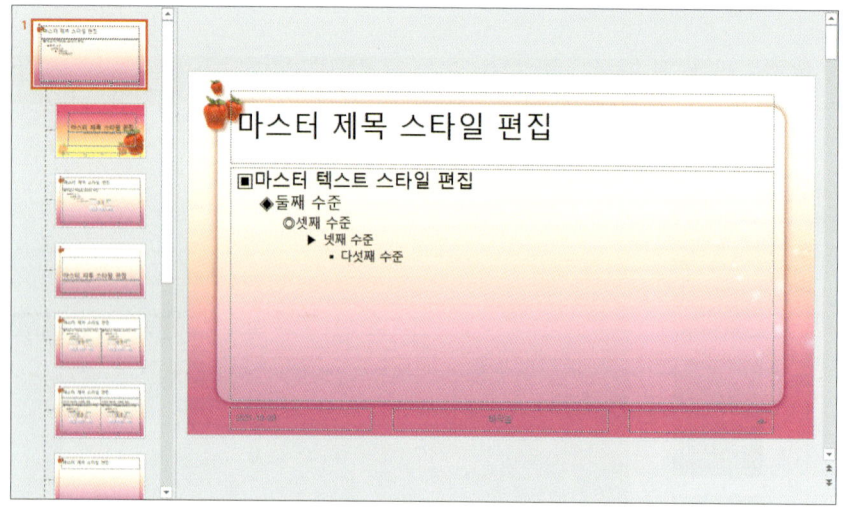

▲ 1번 제목 슬라이드

▲ 2번 제목 및 내용 슬라이드